基于跨文化背景的
对外汉语教学研究

张金海　著

吉林文史出版社

图书在版编目（CIP）数据

基于跨文化背景的对外汉语教学研究 / 张金海著
. — 长春：吉林文史出版社，2024.4
ISBN 978-7-5752-0209-1

Ⅰ.①基… Ⅱ.①张… Ⅲ.①汉语－对外汉语教学－
教学研究 Ⅳ.① H195.3

中国国家版本馆 CIP 数据核字 (2024) 第 091901 号

基于跨文化背景的对外汉语教学研究
JIYU KUA WENHUA BEIJING DE DUIWAI HANYU JIAOXUE YANJIU

著　　者：张金海
责任编辑：高丹丹
出版发行：吉林文史出版社
电　　话：0431-81629359
地　　址：长春市福祉大路 5788 号
邮　　编：130117
网　　址：www.jlws.com.cn
印　　刷：河北万卷印刷有限公司
开　　本：710mm×1000mm　1/16
印　　张：16
字　　数：215 千字
版　　次：2024 年 4 月第 1 版
印　　次：2024 年 4 月第 1 次印刷
书　　号：ISBN 978-7-5752-0209-1
定　　价：98.00 元

【前言】

随着我国在国际舞台上的影响力日益增强，吸引了越来越多的外国人学习我国文化。在国内，众多高校纷纷开设对外汉语教学课程；在国外，孔子学院的设立更是推动了汉语教育的普及。这些标志着对外汉语教学已经步入一个新的发展阶段。对外汉语教学的核心目标，在于帮助学习者掌握汉语知识和技能，能够阅读中文和流利地进行交流。汉语不仅仅是一种交流工具，也是我国丰富文化的载体。因此，在教学过程中，教师不仅需要传授基础的语言知识，更要采取恰当的教学方法和策略，融合我国的传统文化元素，使汉语教育与文化传承相得益彰。

基于此，笔者撰写了《基于跨文化背景的对外汉语教学研究》一书，其理论与实践意义自是不言而喻。本书在编排上设置了七章内容，各章具体内容如下：

第一章，主要阐述了对外汉语教学的相关理论，包括对外汉语教学的内涵、特点与原则，在此基础上，从整体上回顾了对外汉语教学的发展历程，对其发展前景做出了展望。

第二章，从跨文化角度出发，围绕对外汉语教学的相关理论进行了论述。先阐述了跨文化交际的相关内容，然后介绍了跨文化背景下对外汉语教学的目的与内容，接着论述了跨文化背景下对外汉语教学的发展历程，最后分析了其开展意义。

第三章，立足于跨文化背景，论述了对外汉语语言要素教学，包括汉语语音教学、汉语词语教学以及汉语语法教学。

第四章，立足于跨文化背景，论述了对外汉语语言技能教学，包括汉语听力技能教学、汉语口语技能教学、汉语阅读技能教学以及汉语写作技能教学。

第五章，先介绍了跨文化交际能力，又介绍了跨文化交际意识，在此基础上重点论述了如何在对外汉语教学中培养学生的跨文化交际能力。

第六章，首先分析了作为国际汉语教师应该具备的基本素质，接着论述了对外汉语教师的文化移情，最后论述了对外汉语教师的专业发展。

第七章，结合社会和时代发展趋势，对跨文化背景下对外汉语教学的新发展做出了研讨，包括网络教学、个性化教学、自主学习以及人工智能，以促进跨文化背景下对外汉语教学的创新性发展。

由于笔者知识和水平有限，书中存在错漏之处不可避免，恳请各位读者多提建设性意见，以便改进与完善。

目录

第一章　对外汉语教学概述

第一节　对外汉语教学的内涵

一、对外汉语教学的概念

"对外汉语教学"中的"对外"主要指的是我国与其他国家的交流。自"对外汉语教学"这一概念诞生以来，随着社会不断发展以及相关理论研究的持续深入，其内涵处于不断变化之中。《中国大百科全书·语言文字》中将"对外汉语教学"定义为"对外国人的汉语教学"。[①]"对外汉语教学"这一名称虽然至今还在沿用，但随时间演化其概念有着清晰的轨迹。"对外汉语教学"这一概念最初指在我国境内对非我国籍人士进行的汉语教学。随着我国在全球影响力的日益扩大，学习汉语的人群范围迅速扩大，"对外汉语教学"的概念也相应地发生了一定转变。现在，"对外汉语教学"不局限于我国国内，还包括了全球范围内以汉语作为第二语言的教学。无论是在我国境内还是境外，只要是面向非母语汉语人士的汉语教学，都可归类为"对外汉语教学"。这一转变不仅反映了汉语学习的全球化趋势，也展示了汉语作为国际语言的重要性日益提升。

实际上，"对外汉语教学"这一概念在不同国家有着不同的表述方

---

① 中国大百科全书出版社编辑部.中国大百科全书·语言文字[M].北京：中国大百科全书出版社，1988：60.

式：在美国被称作"中文教学"；在东南亚地区被称为"华文教学"；等等。这些多样化的称谓反映了不同文化和语言背景下的命名习惯。鉴于这种现实状况和国际化的趋势，我国教育部在 2012 年对《普通高等学校本科专业目录》进行了修订，将"对外汉语"这一专业名称正式更改为"汉语国际教育"。

对外汉语教学作为一种特殊的教育形式和学科领域，其发展是一个动态的、不断进化的历史过程。对外汉语教学不仅是教育事业的一部分，而且属于一个独特存在的学科体系。为了更加清晰地理解对外汉语教学，需要区分"对外汉语教学""国际汉语教学"两个概念。"国际汉语教学"具有三个显著的特征：第一，教学环境是国际的，国际汉语教学通常是在非汉语国家和地区进行的汉语教学；第二，教学对象主要是中小学生，换言之，国际汉语教学更多地针对青少年和儿童；第三，国际汉语教学通常依据所在国家或地区的国民教育政策来进行，这意味着汉语作为一门课程被纳入某国的国民基础教学体系中。因此，这与在高校开展的面向留学生的"对外汉语教学"有明显的差异。从教学目标的角度来看，两者差别也十分明显："对外汉语教学"的主要目标是为大学预科阶段的学生提供汉语教育，而"国际汉语教学"侧重于基础教育中的外语教学。这就说明"对外汉语教学"更注重学生的语言技能提高和学术准备，而"国际汉语教学"更加关注语言的基础学习和早期教育。尽管如此，两者之间的共同点在于：都将汉语作为第二语言进行教学。这一共性体现了汉语作为国际语言在不同教育阶段的普及和传播。通过这样的教学模式，汉语的全球影响力得以增强，同时促进了跨文化交流和理解。

综合已有文献研究，笔者认为，对外汉语教学是指针对以其他语言为母语的人群进行的汉语教学活动。对外汉语教学专门为那些非汉语母语者提供汉语学习的机会，使其能够掌握并使用汉语。在高等教育体系当中，对外汉语专业不仅旨在培养学生的汉语语言技能，还强调外语文化修养，使学生能够熟练使用外语作为工作语言。

二、对外汉语教学的性质

（一）对外汉语教学是语言教学

对外汉语教学作为语言教学的一个重要分支，其核心任务是教授语言——汉语，以使学习者掌握这一交际工具。在对外汉语教学中，主要的目的是培养学习者运用汉语进行交际的能力，而不仅仅是传授语言学的知识和理论。对外汉语教学强调的是语言运用的实践技能，即使学习者能够有效地使用汉语进行沟通和表达。在进行对外汉语教学时，虽然涉及语言知识和规律，但这些知识的传授必须服务于提升学习者的语言运用能力。换句话说，教师需要确保所教授的语言知识和规律能够帮助学习者更好地掌握和运用汉语。这种教学方法使得学习者不仅学会了汉语这种语言，更重要的是学会了如何在实际交际中有效地使用它。因此，对外汉语教学不单纯是一个知识传授的过程，更是一个技能培养的过程。它通过结合语言知识与实际应用，使学习者能够在多元文化的交流中自如地运用汉语。

对于对外汉语教学是语言教学的这一性质，如果教师不能清晰地认识到这一点，可能会错误地采用类似于高校中文系教授语言学的方法来讲授汉语的语法和词语，这种教学方法往往导致教学效果不佳。对外汉语教师在进行教学时，应该专注于如何有效地提升学习者的语言运用能力，而不仅仅是理论知识的灌输；在教学内容和方法上，应与纯粹的语言学教学有明显区别，更多地采用互动、实践和情景模拟等方式，使学习者在实际交流中灵活运用汉语，从而达到真正的语言学习效果。这种教学方式更能激发学习者的学习兴趣，提高教学的有效性。

（二）对外汉语教学是第二语言教学

对外汉语教学是第二语言教学的这一性质，有效地区分了对外汉语教学以及汉语作为母语的语文教学之间的差异。

在母语教学中，学生通常已经掌握了汉语的基本技能，如听、说、读、写，并能熟练地运用这些技能进行母语交际。因此，母语教学的重点在于提升学生使用母语的能力，同时注重培养学生的道德品行和文学修养。与母语教学不同，对外汉语教学的学习者往往没有一定的汉语基础，不仅语言技能（听、说、读、写）较差，而且缺乏对汉语相关的社会和文化背景知识。许多学习者甚至可能是第一次接触汉语。因此，在进行对外汉语教学时，教师需要充分考虑到这些学习者的特殊性。教学计划必须从基本的汉语发音和口语表达开始，循序渐进地引导学习者了解和掌握汉语。

（三）对外汉语教学是汉语作为第二语言的教学

汉语是对外汉语教学的主要教学内容。因此，对外汉语教学的开展不仅要遵循第二语言教学的普遍规律，还要考虑到汉语自身的特点以及中华文化的影响。汉语作为一种独特的语言，与英语、法语、俄语、日语等其他第二语言教学有着本质的区别，主要体现在汉语的语音、语法、词语以及汉字等方面。汉语的语音系统与西方语言差异显著，其四声调式的发音特点为学习者带来了特殊的挑战。语法结构上，汉语的简洁性和灵活性与其他语言也有所不同。在词语方面，汉语词语的组成和使用也有其独特性。最显著的区别是汉字，这种表意文字与西方的字母文字系统迥异。因此，对外汉语教学需要特别考虑这些特点，采用适当的教学方法和策略，以帮助学习者更好地理解和掌握汉语。

（四）对外汉语教学是针对外国人的第二语言教学

对外汉语教学主要教学对象是外国人，这使得其在本质上成为了针对外国人的第二语言教学。对外汉语教学与针对国内少数民族的汉语教学存在显著差异。国内少数民族学习汉语时，虽然也存在语言上的学习需求，但他们是在中华文化的背景下成长起来的，因此在学习和使用汉语时面临的文化差异较小。相比之下，外国学生在学习汉语时，不仅要克服语言上的难点，还要跨越与其母语文化大不相同的中华文化障碍。

外国学生的文化背景、思维习惯和学习方式可能与我国有很大差异，这些因素都可能成为学习汉语的障碍。因此，在进行对外汉语教学时，教师需要深入理解外国学生的文化特点和学习需求，制定个性化和贴合实际的教学策略。

三、对外汉语教学的主要目的

对外汉语教学的主要目的包括三方面，如图 1-1 所示。

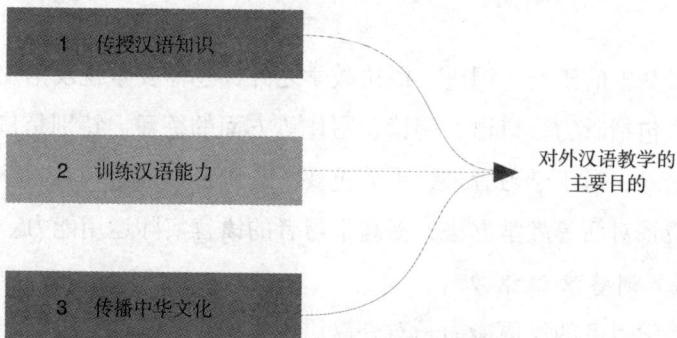

图 1-1　对外汉语教学的主要目的

（一）传授汉语知识

对外汉语教学的主要目的之一是传授汉语知识，这一目的是对外汉语教学开展与实施的导向。传授汉语知识不仅仅意味着教授汉语的基本元素，如语音、词语、语法等，还包括教授汉语的综合运用能力，使学习者能够在实际的交际中灵活运用汉语。

汉语语音的教学是对外汉语教学的起点。由于汉语的语音系统与多数外国语言有很大的不同，特别是四声的声调系统，对非母语学习者来说是一个巨大的挑战。因此，对外汉语教学在一开始就需要注重正确的语音、声调的教学，这对于学习者后续的汉语学习至关重要。对外汉语教学主要通过各种语音练习和听力训练，帮助学习者逐渐掌握汉语的基本发音和声调特征。词语的教学也是对外汉语教学的重要组成部分。汉语词语量庞大且丰富，对外汉语教学需要有选择地将常用词语教授给学习者。在教学过程中，教师不仅需要讲解每个词语的意思，还要教授它们的正确使用方法，如搭配、语境等。语法教学是对外汉语教学中的另一重要部分。汉语的语法结构有其独特性，与许多外国语言存在明显差异。因此，在教学过程中，教师需要系统地向学习者介绍汉语的基本语法规则，包括词序、时态、语态、句式等，通过丰富的练习和实例分析，帮助学习者理解和掌握汉语的语法结构，提高他们构建准确句子的能力。

除了基本的语音、词语、语法教学之外，还需要重视汉语交际能力的培养，包括听力、口语、阅读、写作等方面的练习，特别是口语交际能力的培养，对于学习者来说十分重要。教师可以通过角色扮演、话题讨论、情景对话等教学方法，提高学习者的语言实际运用能力。

（二）训练汉语能力

训练学习者的汉语能力是对外汉语教学的主要目的之一，具体包括听、说、读、写四项基本语言技能的培养。听力能力的培养是对外汉语教学的基础。听力是语言学习的入口，良好的听力能力能帮助学习者更好地理解语言和文化，是提高说、读、写能力的基础。对外汉语教学中的听力训练应包括对不同语速、语调的适应，以及对各种生活场景、学术讲座等不同语境下的理解。通过广泛的听力材料和多样的听力练习，学习者可以逐步提升对汉语口语和各种语音现象的理解和反应能力。口语能力的培养是对外汉语教学中非常重要的一部分。口语交际能力不仅体现了学习者的语言运用水平，也是其融入汉语社会和文化的重要方式。在教学中，除了传授正确的发音和语调外，还应重视对话、讨论、陈述等不同形式口语交际的训练。阅读能力的培养是对外汉语教学的关键组成部分。通过阅读，学习者不仅可以扩大词语量、加深对语法结构的理解，还能通过大量阅读材料来了解中华文化和社会。阅读教学应包括对不同类型文本的理解，如新闻、故事、文学作品、学术文章等。写作能力的培养同样重要。写作不仅是语言表达的一种形式，也是思维和文化理解的体现。对外汉语教学中的写作训练应覆盖从基础句式到复杂文本的写作，包括日常交际、学术论文、商务文件等不同风格和体裁的写作。

（三）传播中华文化

汉语不仅仅是一种语言工具，还是中华文化的重要载体。通过对外汉语教学，教师不仅要传授语言知识，还要向学习者传达我国的国情、文化背景以及文化价值观，增强学习者对中华文化的理解能力和欣赏能力，从而提高学习者的文化素养。中华文化有着几千年的悠久历史，涵盖了丰富多样的内容。在对外汉语教学中，介绍我国的传统节日、习俗、文学、艺术、历史、哲学、民俗等内容是非常重要的。通过这些文化要素的介绍，学习者不仅能够了解到中华文化的多样性和深厚底蕴，还能更好地理解汉语中的文化内涵和语境背景。例如，通过学习我国的传统诗词、成语故事、历史事件，学习者能够更深入地理解汉语中的表达方式和思维模式。此外，传播中华文化还包括了解现代我国的社会发展、国家政策、经济情况等国情。随着我国在国际舞台上的角色日益重要，对我国的现代化进程、社会变迁有一个全面了解，对学习者来说尤为重要。

四、对外汉语教学与其他学科的关系

汉语作为第二语言教学的实践，经过数十年的发展，吸收了语言学、心理学、教育学等学科的理论，已成为一个独立的学科领域，并在全球范围内受到越来越多学者的关注和重视。对外汉语教学与其他学科之间存在密不可分的关系，具体如下：

（一）对外汉语教学与语言学

语言学及其分支学科普通语言学、理论语言学、社会语言学、心理语言学、应用语言学等的研究成果对第二语言教学（包括对外汉语教学）起着重要的作用。普通语言学主要是关于语言的基本知识和理论，为对外汉语教学的基本教学内容和方法提供了理论支持。理论语言学深入探讨了语言结构和功能的复杂性，为理解汉语的复杂特性提供了理论框架。社会语言学关注语言与社会环境的互动，帮助理解语言在不同社会文化背景中的使用方式。心理语言学研究语言与认知的关系，为理解学习者的语言习得过程提供了心理学角度的见解。应用语言学则将这些理论知识应用于实际的语言教学中，指导教师如何更有效地进行教学。

（二）对外汉语教学与心理学

心理学研究揭示了语言学习者的心理活动规律，帮助教育者理解学习者在学习过程中的心理变化、学习动机和认知过程。这对于设计有效的教学策略和提高教学效率至关重要。在对外汉语教学中，运用心理学的原理可以帮助教师更好地理解学习者的需要，调整教学方法以适应不同学习者的学习风格和心理状态。例如，通过心理学理论，教师可以了解到学习者对语言焦虑的反应，从而采取措施减轻学习者的紧张感和恐惧感，提高他们的学习兴趣和积极性。同样，理解学习者的认知过程对于教材的选择和教学方法的设计也至关重要。通过将心理学原理融入教学实践，对外汉语教学不仅能更有效地传授语言知识，还能促进学习者的心理全面、健康地发展，从而提高整体的教学质量和效果。

（三）对外汉语教学与教育学

教育学的发展历史悠久，它与语言教学（尤其是对外汉语教学）的关系非常密切。教育学提供了关于课堂教学方法、技巧和手段的基本理论，这些理论对于对外汉语教学实践来说十分重要。对外汉语教学要遵循语言教学的特定规律，同时要融入教育学和教学论的一般原理，使得教学科学、系统和高效。在对外汉语教学过程中，教师运用教育学的原理来设计教学内容、选择教学方法，并针对不同学习者的特点进行个性化教学。同时，对外汉语教学的实践也为教育学和教学论的发展提供了新的视角和研究材料，推动了这一学科的不断进步和创新。通过这种相互作用，对外汉语教学不断完善，更好地适应了全球化的教育需求，同时促进了教育学理论的发展和丰富。因此，对外汉语教学与教育学之间的联系不仅是相互依存的，更是相互促进、共同发展的。

（四）对外汉语教学与文化学

语言与文化的关系十分密切，二者相互影响和塑造。在对外汉语教学中，文化因素起着重要的作用。语言不仅是交流信息的工具，更是文化的载体和表达方式。每种语言都蕴含着其所属社会、民族、地域和历史背景下形成的独特文化。因此，语言学习和文化理解是相辅相成的过程。对外汉语教学中，教师不仅教授汉语这一语言本身，更重要的是引导学习者深入理解汉语所承载的丰富中华文化，包括我国的历史、传统习俗、文学艺术、价值观念等。通过学习汉语，学习者不仅能够提高语言技能，更能获得进入中华文化深层次理解的钥匙。这种深入的文化理解有助于学习者自然地使用语言，提高跨文化交流的能力。同样，对于学习者来说，了解和学习汉语所承载的文化是掌握这一语言的重要部分。文化内容的融入使得语言教学不再是枯燥的语法和词语教学，而是一次生动的文化体验。通过学习语言中的文化元素，学习者可以更好地理解语言中的隐含意义和语境，从而有效地提高语言运用的真实性和准确性。

第二节 对外汉语教学的特点与原则

一、对外汉语教学的特点

对外汉语教学作为一种跨文化的语言传播活动，具有其独特的特点，如图 1-2 所示。

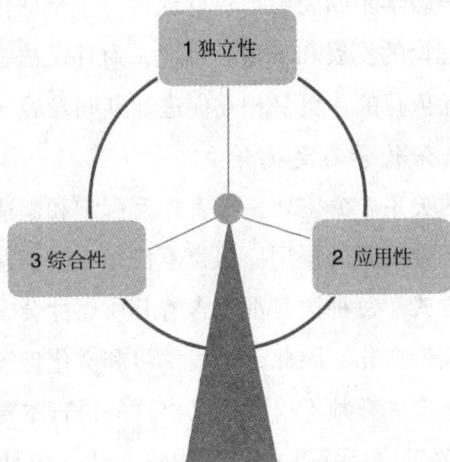

图 1-2　对外汉语教学的特点

（一）独立性

对外汉语教学具有独立性特点，这一特点主要指的是对外汉语教学是一门独立的学科。具体来说，对外汉语教学的独立性主要表现在以下几方面：

1.研究对象的独立性

从研究对象来看，对外汉语教学具有显著的独立性。对外汉语教学的研究对象主要包括以下三个：

其一，对外汉语教学的原理、规律、现象、原则与方法等。这涉及特定于汉语的教学方法、课程设计、教材编写等方面。

其二，对外汉语教学的过程。对外汉语教学过程包括教学策略的选择、教学活动的组织、评估和反馈机制的建立等。这些方面都需要考虑到学生的文化背景、学习动机、认知特点等因素，确保教学活动能够高效且具有针对性。

其三，对外汉语教学的内外影响因素及其相互作用。主要包括文化差异、学生个体差异、社会环境、教育政策等因素。

2.研究任务的独立性

对外汉语教学作为一个独立的学科，其研究任务的独立性体现在深入探究对外汉语教学的特有规律，并将这些规律应用于教学实践中，以提升教学质量和效率。

其一，研究对外汉语教学的规律。包括了解非母语者学习汉语的心理和行为模式，以及汉语教学的有效方法和策略。

其二，研究如何将对外汉语教学的规律有效运用于具体的教学实践之中，确保教学方法与学生需求相适应。

其三，研究如何有效解决对外汉语教学实践中出现的问题。

其四，研究如何不断提高对外汉语教学的质量与效率。

3.学科理论体系的完备性

目前，对外汉语教学已经形成了一个完整的学科理论体系，这一体系深受相关学科理论的影响。一方面，对外汉语教学的学科理论基础涵盖了哲学、心理学、语言学等领域。这些学科为对外汉语教学提供了深入的理论支撑，帮助理解语言学习的心理机制、语言的结构和功能，以及教学过程中的哲学原理。另一方面，对外汉语教学的教学理论涉及对外汉语教学的性质、教学原则与方法等。这部分理论关注如何高效、有效地进行汉语教学，包括课堂教学方法、教材设计、学生需求分析等方面。

4.教学任务的特殊性

对外汉语教学与其他教学相比，在教学任务方面呈现出鲜明的特殊性。对外汉语教学着重于培养外国学生利用汉语进行有效语言交际的能力，不仅包括语言知识的传授，还包括让学生能够在真实的语境中灵活运用汉语，包括听、说、读、写四个方面。对外汉语教学特别强调将语言教学与中华文化的传播紧密结合。对外汉语教学不仅是语言教学，更是一种文化交流。使学生在学习语言的同时，能够深入地理解和欣赏中华文化。

5.研究队伍的成熟性，研究成果的丰富性

随着对外汉语教学学科的不断成熟，科研队伍也日益壮大，科研人员素质不断提高。这些专业人员通过持续的研究和实践，不仅丰富了对外汉语教学的理论体系，也推动了教学方法和教材的创新。对外汉语教学的研究成果不断增多，涵盖了教学法、课程设计、评估方法等多个方面，为全球汉语教学实践提供了宝贵的参考和指导。

（二）应用性

对外汉语教学作为一门应用学科，其核心在于将理论知识与实践紧密结合，强调理论研究在实际教学中的应用和效果。对外汉语教学的应用性特点主要是指对外汉语教学不仅仅关注理论的建构和完善，更注重这些理论如何被应用于具体的教学活动中，以解决实际教学过程中遇到的问题，并提升教学效果。对外汉语教学的应用性特点体现在多个层面：在教学方法上，对外汉语教学要求教师根据理论指导选择合适的教学策略，如交际式教学法、任务型教学法等，以提高学生的语言运用能力和文化理解力；对外汉语教学还注重教材的设计与选用，强调教材内容的实用性和文化的内涵，使之能够更好地服务于学生的实际需求。

单纯的实践，缺乏理论的指导，可能使得教学过程变得盲目和随意，缺乏科学性和系统性。教师在实际教学中难以针对具体问题采取有效的策略，也难以对教学效果做出准确评估。相反，仅依赖理论而缺乏实践的检验，同样无法确保理论的完整性和实用性。理论需要在实践中不断地得到验证和修正，以确保其适应性和有效性。因此，对外汉语教师在教学活动中应该平衡理论学习和实践操作。通过将最新的理论知识应用于教学实践，并根据实践反馈调整理论指导，教师可以更有效地提升教学质量，满足学生的需求。

（三）综合性

对外汉语教学作为一门综合性学科，融合了多个学科的理论和方法，不仅包括教育学、心理学、语言学等领域，还涵盖了现代教育技术、跨文化交际等多方面内容。对外汉语教学不仅关注汉语语言的教授，还涉及教学方法的选择、教学手段的应用，以及如何利用现代技术来提高教学效果。此外，还需要考虑到学生的心理特点、文化背景和学习需求，使教学更具针对性和有效性。因此，从事对外汉语教学的研究和实践人员需要具备广泛的理论知识和高度的综合素质，不仅需要深入理解汉语语言学的基本原理，还要熟悉教育学和心理学的相关理论，以便更好地理解学生的学习过程和需求。同时，对外汉语教师还需要掌握现代教育技术，利用各种教学工具和平台来提升教学效果。

二、对外汉语教学的原则

教学原则的确立应着眼于以下三点：一是影响教学全局的关键性因素，二是学科的现状和可预见的趋势；三是教学原则自身的性质和特点。基于此，对外汉语教学的开展应该遵循以下几大原则，如图1-3所示。

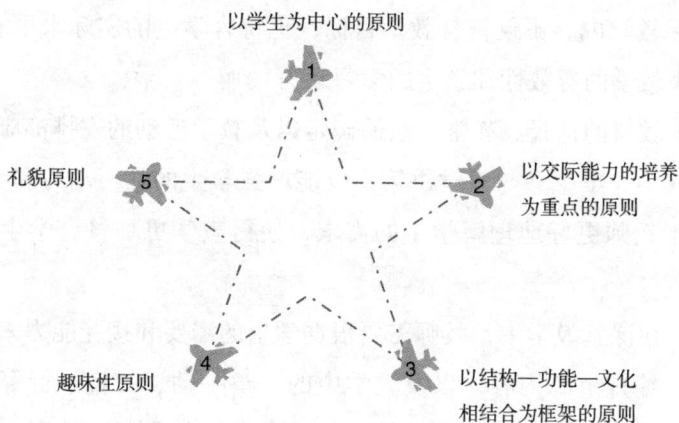

图 1-3 对外汉语教学的原则

（一）以学生为中心的原则

从教学过程上看，教学过程是一种认识过程，而学生作为认识活动的主体，扮演着最关键的角色。学生是教学活动的主体和认识过程的主动参与者。教材或教学内容则作为客体存在，为学生提供学习和探索的对象，是学生实现学习目标的必要条件和工具。与此同时，教师的角色是辅助性的，他们是教学过程的设计者和指导者。教师通过设计教学活动、引导探究过程、解答疑问等方式，帮助学生有效地实现学习目标。因此，对外汉语教学的开展要遵循以学生为中心的原则。以学生为中心的基本要求有以下几点：

（1）要认识学生、了解学生，包括学生的性格、学习动机、心理特征以及认知策略和规律。了解学生不仅有助于教师更好地适应学生的学习需求，还能使教学内容和方法更加贴合学生的实际情况。了解学生是确保教学有效性的前提，因为教学的内容和方法应该基于学生的学习情况来决定。

（2）教学目标的设定、教学大纲的制定以及教材的编写都应以学生为中心。教师需要从学生的角度出发，充分考虑学生的需求、愿望和能力，确保教学内容不仅符合教学目标，也符合学生的实际水平和兴趣，从而提高教学的有效性和学生的学习动力。

（3）教材的选择、教学方法的确定以及教学活动的安排都应该让学生参与其中。学生参与教学决策不仅能增强学生的学习动力和参与感，还有助于教师更好地理解学生的需求，使得教学更加符合学生的实际情况。

（4）在课堂教学中，教师需要根据学生的需要和接受能力来确定教学环节、编排讲练内容，以及教学中的一举一动、一言一行等都应考虑学生的反应和参与度，目的是通过激发学生的积极参与来实现教学目标。

（5）建立民主课堂环境对于以学生为中心的教学同样重要。这要求教师在课下积极听取学生的意见，尊重并接受他们的合理建议，并对不合理或不可行的意见给予合理解释。课堂上，教师应实施公平、民主的教学态度，确保所有学生，包括学习成绩较差的学生，都有平等的参与和发展机会。

（6）教师要对学生的个体差异和特殊需求给予足够关注。这包括对不同学生的学习方式、兴趣点和学习目标进行研究，并根据这些研究成果开发满足不同学生需求的特殊汉语课程，如旅游汉语、工程汉语、媒体汉语和经贸汉语等，提高教学的实效性。

（二）以交际能力的培养为重点的原则

对外汉语教学中，以交际能力培养为重点的原则强调，教学的主要目的不仅是让学生掌握汉语的语言知识，还要培养学生使用汉语进行有效交际的能力。在全球化和跨文化交流日益频繁的今天，语言不仅仅是一种沟通的工具，更是一种文化和思维方式的表达。交际能力的培养涉及到语言的各个方面，包括听、说、读、写四项基本技能。这些技能的培养不仅需要语言知识作为基础，更需要在实际语境中的应用和实践。例如，对话练习、角色扮演、情景模拟等教学活动可以有效提升学生的口语交际能力，而阅读和写作练习有助于提高学生的理解能力和表达能力。交际能力的培养还要求学生具备一定的语言运用策略，包括学习如何在不同的交际场合中选择合适的语言进行表达、如何理解对方的意图和情感、如何处理交际中可能出现的误解和冲突等。语言运用策略的学习和应用能够使学生在实际的交际活动中得心应手。

（三）以结构—功能—文化相结合为框架的原则

20 世纪 50 年代以来，对外汉语教学经历了从重视结构教学，到结构与功能结合，再发展至结构、功能、文化"三结合"的历程。这一发展过程不仅是对外汉语教学实践经验的总结，而且体现了对教学规律深入的认识。"三结合"原则具有坚实的理论基础，融合了语言学、社会语言学和跨文化交际理论，强调了语言教学与文化因素的紧密联系。在"三结合"的框架下，对外汉语教学不仅关注语言结构的教学，也强调语言功能的实际应用，以及文化背景对语言运用的影响。"三结合"原则强调学生不仅要掌握语言本身，还要理解和适应不同的文化背景，提高跨文化交际能力。

"三结合"原则作为对外汉语教学的总原则，昭示了对外汉语教学在未来的发展方向。"三结合"原则强调了语言结构是教学的基础，语言功能的实现是目的，同时突出了文化教学对语言教学的服务性作用。然而，尽管"三结合"原则为对外汉语教学提供了一个坚实的理论框架，但在功能和文化方面的研究还需要深入。语言功能的教学与实际应用之间的关联，以及文化教学在语言教学中的实际作用，仍需在教学实践中探索和完善。在未来的教学实践中，加强对功能和文化方面的研究，将会使"三结合"原则完善，更好地服务于对外汉语教学的发展。

（四）趣味性原则

在对外汉语教学中，趣味性原则强调在教学过程中要激发学生的兴趣，使学习过程成为一种愉快的体验。趣味性原则基于认知心理学和教育学的研究，认为兴趣是学习的动力之一。首先，趣味性原则能够增强学生的学习动机。对于学生来说，有趣的教学活动能够激发其好奇心和学习兴趣，从而提高其参与度和学习动力。例如，通过游戏、故事、角色扮演等教学方法，可以使学习过程更加生动有趣，使学生在愉悦的环境中学习。其次，趣味性原则有助于提高学习效率。兴趣是最好的老师，当学生对学习内容产生兴趣时，就会更加投入和专注，从而提高学习效率。有趣的教学内容和活动能够刺激学生的感官和情感，使记忆更加深刻。再次，趣味性原则能够减轻学生的学习压力。学习一门新语言往往伴随着挑战和困难，有趣的教学方式可以使学习过程变得轻松愉快，减轻学生的焦虑和压力，尤其是对于初学者来说尤为重要。最后，趣味性原则有助于培养学生的创造性思维。通过参与有趣的教学活动，学生可以在轻松的氛围中自由表达、探索和创新，这不仅有助于语言技能的提升，还能促进学生的创造性思维和问题解决能力的发展。

（五）礼貌原则

生活中遵循礼貌原则有利于更好地进行交际活动；课堂上遵循礼貌原则会让学生体会到自己的主体地位，体现出教师对其的尊重。礼貌原则在对外汉语教学中起着重要的作用，不仅影响着教学环境的营造，还关系到教学效果的优化。在对外汉语教学中，遵循礼貌原则主要体现在以下几方面：

1.策略准则和慷慨准则

策略准则主要是指教师在教学过程中采取的不同策略以保持与学生之间的良好互动和沟通。这包括在语言表达上的适当调节，确保语言既准确又体现出对学生的尊重。例如，教师在提问、反馈或是指导时，需要考虑到学生的感受，避免使用可能造成误解或不适的措辞。

慷慨准则强调教师在教学过程中要展现出对学生的理解和支持。这意味着教师不仅要传授知识，还要关注学生的情感需求和个人发展。例如，对于不同文化背景的学生，教师需要有适应他们文化习惯的能力，以及在必要时给予他们额外支持和鼓励。

2.赞扬准则和谦虚准则

赞扬准则强调在对外汉语教学过程中给予学生适时的正面反馈和肯定。对外汉语学习者面临的挑战很大，尤其是初学者，他们在学习过程中可能会经历挫折和困难。在这种情况下，适当的赞扬不仅能提升学生的信心，还能激发他们对学习的热情。赞扬应当具体、真诚，针对学生的努力和进步，而不仅仅是结果。这样的正面反馈有助于学生认识到自己的成长和进步，从而增强学习的内在动力。

谦虚准则要求教师在教学过程中保持谦虚的态度。对外汉语教师应当认识到，自己不仅是知识的传递者，也是学生的合作者。教师的谦虚态度能够促进师生间的平等交流，使学生感到更加舒适，可以自由地表达自己的想法和疑问。此外，教师的谦虚也体现在对学生意见的尊重和接纳上，鼓励学生提出自己的见解和建议，甚至是对教学方法的批评和反馈。

结合赞扬准则和谦虚准则，对外汉语教学能够创造一个鼓励性和支持性的学习环境，有助于减轻学生的学习焦虑，提高学生的语言表达能力和自信心。同时，这有助于建立起教师与学生之间的互信和尊重，为有效的语言学习奠定基础。

3.赞同原则和同情原则

赞同原则强调在教学过程中，教师应当尽可能地支持和肯定学生的意见和想法。在对外汉语教学中，学生往往来自不同的文化背景，对汉语和中华文化的理解可能各异。教师通过赞同学生的合理观点和想法，可以鼓励学生积极参与课堂讨论，表达自己的观点。赞同原则的运用有助于增强学生的自信心，让他们感受到自己的意见被尊重和重视，这对于提高学生的学习兴趣和参与度非常重要。同情原则主要是指教师对学生的情感和遭遇表示理解和同情。在学习过程中，学生可能会遇到各种困难和挑战，如语言障碍、文化适应问题等。教师通过展现同情和理解，可以帮助学生减轻焦虑和挫折感。这种理解和支持的态度有助于建立教师与学生之间的信任关系，使学生愿意在遇到困难时寻求帮助，从而有效地促进他们的学习进步。赞同原则和同情原则的实践有助于创造积极、支持和包容的学习环境，促进学生对于汉语技能的学习，同时让学生更好地理解和接受中华优秀传统文化。

第三节　对外汉语教学的历程回顾

一、我国对外汉语教学的发展历程

从20世纪50年代初开创至今，对外汉语教学事业已有多年的历史。从整体上来看，我国对外汉语教学事业大体经历了以下几个发展阶段，如图1-4所示。

1　初创阶段	20世纪50年代初期至60年代初期
20世纪60年代初期至中期	2 巩固和发展阶段
3　恢复阶段	20世纪70年代初期至后期
20世纪70年代末以后	4　蓬勃发展阶段

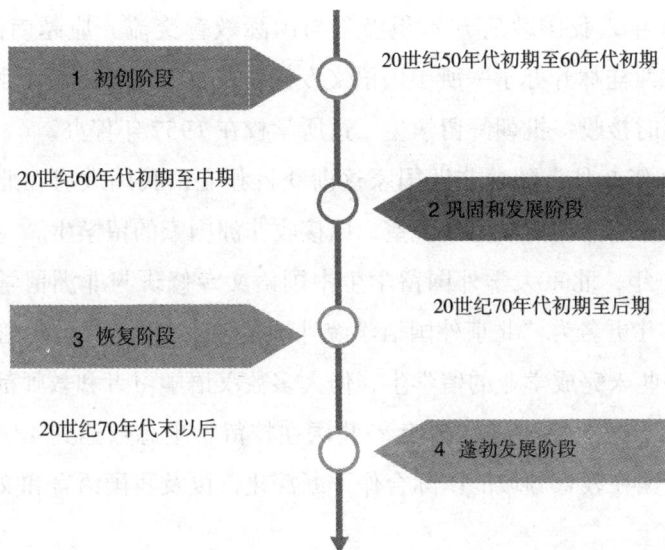

图1-4　中国对外汉语教学的发展历程

（一）初创阶段（20世纪50年代初期至60年代初期）

在 1950 年，东欧国家捷克斯洛伐克、波兰向我国提出了交换留学生的请求。我国对此做出了回应，并决定与这两个国家分别交换 5 名留学生。为了满足这一需求，教育部在清华大学设立了一个特别的班级——东欧交换生中国语文专修班。这一班级的成立标志着我国对外汉语教学的初步尝试，并成为我国第一家专门从事此类教学的机构。东欧交换生中国语文专修班在 1951 年正式开课，学制为两年。该班级共接受了来自上述东欧国家的 33 名留学生，为他们提供了一个学习中文和了解中华文化的宝贵机会。语言学家吕叔湘担任了清华大学外籍留学生管理委员会主席，并负责该专修班的业务工作。这个班级的教师团队由 6 名任课教师组成，包括有在美国和英国教授汉语经验的邓懿和王还。1952 年，由于全国高等学校院系调整，东欧交换生中国语文专修班被迁移到北京大学，并更名为"北京大学外国留学生中国语文专修班"。班主任由北京大学教务长周培源担任，副主任是郭良夫。

1953 年，我国政府开始积极参与国际教育交流。应越南的要求，我国在广西桂林开办了一所中国语文专修学校，专门为越南留学生提供教育，同时接收一批朝鲜留学生。这所学校在 1957 年停办。

1960 年 9 月，随着非洲国家逐渐获得独立，我国政府在北京外国语学院设立了非洲留学生办公室，以接收非洲国家的留学生。

1961 年，北京大学外国留学生中国语文专修班与非洲留学生办公室合并，并更名为"北京外国语学院外国留学生办公室"。尽管北京大学仍有一些未完成学业的留学生，但大多数汉语学习者和教师都转移到了北京外国语学院。到 1961 年，我国在校留学生总数达到 471 人，这反映出我国在教育领域的国际合作不断深化，以及我国语言和文化对外传播的加速。

1951 年至 1961 年，我国接待了来自 60 多个国家的 3315 名留学生，这批留学生首先接受一至两年的汉语预备教育，随后被分配到相关院校学习专业课程。除了正规的学校教育，对驻华外交人员的汉语教学也是对外汉语教学的形式之一。通过这种方式，我国政府希望增进与其他国家的外交关系，并促进文化交流。此外，我国还根据政府间协议向海外派遣汉语教师，1952 年，语言学家朱德熙等人首次赴保加利亚教授汉语，标志着新中国成立后向海外派遣教师教授汉语的开始。

《中国建设》杂志于 1955 年开设了《中文月课》专栏，而厦门大学于 1956 年创办了华侨函授部。

为满足出国师资的需求，从 1961 年开始，从各大学中文系中选拔优秀应届毕业生，派遣他们到北京外国语学院和北京大学学习外语，为期三年，作为储备出国汉语师资。虽然这一计划在提高汉语教师的外语水平方面取得了一定成效，但它并没有提供全面的对外汉语教学专业培训，因此在培养全能型汉语教师方面仍存在不足。

从总体上看，初创阶段奠定了我国对外汉语教学事业的基础。第一，我国建立了专门的对外汉语教学机构，如各种专修班和外国留学生办公室，这些机构的成立标志着对外汉语教学从无到有的重大转变。第二，除了学校教育外，我国还发展了刊授、函授以及对驻华外交人员的汉语教学形式，这些多样化的教学方式大大扩展了对外汉语教学的范围和受众。第三，我国培养了一支具有一定外语水平的对外汉语师资队伍。这些教师不仅具备中文教学能力，还能够用外语进行有效沟通，这对于海外汉语教学至关重要。

（二）巩固和发展阶段（20世纪60年代初期至中期）

20世纪60年代，随着我国国际地位的提升，接收外国留学生和向国外派遣留学生的规模显著扩大。为了加强统一领导和集中管理，1962年，北京外国语学院外国留学生办公室和出国留学生部合并，经国务院批准成立了"外国留学生高等预备学校"。这一举措不仅提高了对外汉语教学的稳定性，而且标志着对外汉语教学事业的重要发展。外国留学生高等预备学校的任务在此后扩大。除了继续提供外国留学生的汉语预备教育外，学校还尝试开设汉语翻译专业。从1964年开始，培养储备出国汉语师资的任务也转移到了这所学校。这些变化反映了对外汉语教育的多样化和深化。1965年1月，考虑到学校日益扩大的功能和重要性，高等教育部决定正式将其更名为"北京语言学院"在1996年更名为"北京语言文化大学"，并于2002年改名为"北京语言大学"。这所学院至今仍是我国唯一主要承担对外汉语教学与研究任务的高等学校。在教学、科研、师资培养和学术交流等多个领域，北京语言大学始终保持着基地、骨干和领导者的地位。

1965年暑期，越南政府向我国派遣了2000名留学生，这些越南留学生被分配到北京语言学院、北京大学、中国人民大学等23所高等教育机构接受汉语预备教育。这不仅大幅增加了我国对外汉语教学的规模，而且促进了这一领域的快速发展。为了有效应对这一挑战，北京语言学院在同年暑期承担了重要任务，为22所院校准备教授越南留学生的教师举办了培训班。这是我国首次举办全国性的对外汉语教师培训班，对未来的对外汉语教学产生了深远影响。

在 1962 年至 1965 年的短短 3 年间，我国接收的外国留学生人数达到了 3944 名，超过了前 11 年的总和。到 1965 年底，我国的在校留学生数量更是达到了 3312 人，是 1961 年的 7 倍多。这一显著增长不仅体现了我国对外开放和国际交流的加速，也反映了对外汉语教学在全球范围内的迅速扩展。为了加强各院校在对外汉语教学方面的经验交流，高等教育部做出了重要决定：由北京语言学院创办《外国留学生基础汉语教学通讯》。这一专业刊物于 1965 年创刊，是我国首个对外汉语教学专业刊物，共出版了 11 期。

这一阶段其他教学形式也有所发展。1962 年，中国国际广播电台开办了《学中国话》和《汉语讲座》两个节目，在国际上扩大了汉语的影响力，为全球听众提供了学习汉语的机会。同年，厦门大学华侨函授部扩充为"海外函授部"，加强了对海外华侨和其他国际学习者的汉语教育服务。与此同时，为了培养更多专业的对外汉语教师，1964 年 5 月，北京语言学院设立了"出国汉语师资系"，开始独立培养本科生，专门用于对外汉语教学。这个系的教学内容是中文专业课程和外语专业课程的结合，基于这样一个认识：从事对外汉语教学的主要条件是既懂中文又懂外语。

从 1962 年到 1966 年上半年短短的几年内，我国的对外汉语教学事业得到了显著发展和巩固。其一，教学规模的迅速扩大和学生数量的大量增加，标志着对外汉语教学在我国的普及和重要性的提升。随着北京语言学院成为对外汉语教学的中心和基地，全国范围内的教学点也随之增加，形成了一个广泛的教育网络。其二，教学类型趋于多样化。除了继续发展汉语预备教育，还新增了汉语翻译专业，这一举措不仅丰富了对外汉语教学的内容，也满足了多样化的学习需求。同时，以学校教育为主的体系得以建立，辅以广播、函授等多种教学形式，扩大了教育的覆盖面和影响力。其三，师资队伍规模不断扩大。1961 年和 1962 年接受外语进修的储备出国汉语师资陆续完成了培训任务，成为这一领域的重要力量。此外，专业刊物的创办，如《外国留学生基础汉语教学通讯》，为教师和学者提供了交流和获取信息的一个平台，从而促进了教学和科研的发展。

（三）恢复阶段（20世纪70年代初期至后期）

在20世纪70年代初，我国的国际地位和对外关系经历了显著的变化和进展。1971年10月，中华人民共和国在联合国的合法地位得到恢复，这是我国在国际舞台上的重要里程碑。随后的1972年2月，美国总统尼克松的访华以及随后与中国签署的《上海联合公报》，标志着中美关系发生了重大转折。同年9月，中日双方发表联合声明，实现了邦交正常化。1973年12月，联合国大会第28届会议决定将汉语列为大会和安全理事会的工作语言之一，这不仅彰显了汉语的国际地位，也反映了我国日益增长的全球影响力。这一系列的国际事件和外交进展，显著提升了我国在世界上的地位和影响力。

此时部分高等学校已恢复招生，许多因历史原因中断在华学习的留学生要求复学。1972年，超过40个国家表达了向我国派遣留学生的愿望。北京交通大学于1972年6月首先接受了来自坦桑尼亚和赞比亚的200名铁路专业技术人员，并为他们提供汉语教学。1972年10月，周恩来总理亲自批示恢复北京语言学院，这一决定标志着对外汉语教学在我国的加强和系统化。经过半年多的紧张筹备，北京语言学院于1973年秋季开始招生，当年共接收了来自42个国家的383名学生。该校还成立了我国第一个专门从事对外汉语教材编写和教学研究的机构——编辑研究部，这在提升教学质量和研究水平方面起到了关键作用。与此同时，北京大学、复旦大学等其他一批高等院校也陆续建立了对外汉语教学机构，主要为在本校学习专业课的留学生提供汉语补习，扩大了对外汉语教学的覆盖范围和深度。

这一阶段其他形式的对外汉语教学也有所恢复。中国国际广播电台于1973年恢复了《汉语讲座》节目；于1976年恢复了《学中国话》节目。

（四）蓬勃发展阶段（20世纪70年代末以后）

党的十一届三中全会作出了实行改革开放的重大决策，这一决策不仅改变了我国的经济和社会发展轨迹，也在全球范围内掀起了一股"中国热"。对外汉语教学事业在这样一个大环境中获得蓬勃发展。

1.建立了国家专门的领导管理机构

对外汉语教学的迅速发展迫切需要加强统一领导和协调。为了应对这一挑战，1987年7月，国务院批准成立了国家对外汉语教学领导小组，由国家教育委员会负责归口管理。国家对外汉语教学领导小组的任务包括以下几点：①在国务院的领导下，负责制定国家开展对外汉语教学工作的方针政策、发展战略、事业规划以及有关规定；②审定在汉语教学方面的援外计划和对外交流与合作的大项目；③协调有关部委和省、自治区、直辖市的对外汉语教学工作；④领导我国对外汉语教学学会；⑤处理对外汉语教学工作中的重大问题；⑥审核对外汉语教学专项经费预算。

国家对外汉语教学领导小组汇集了多个政府部门和机构的领导，包括国家教委、国务院侨务办公室、国务院外事办公室（后改为国务院新闻办公室）、外交部、广播电影电视部、文化部、新闻出版署、国家语言文字工作委员会以及北京语言学院等。历任领导小组组长均由国家教育委员会（后更名为教育部）的负责人担任，确保了该领导小组在教育系统中的核心地位和影响力。其常设机构——国家对外汉语教学领导小组办公室，负责日常工作的组织和执行。这一组织结构的建立，为对外汉语教学提供了强有力的领导和协调，确保了各项教学活动和项目的顺利进行。

2.拥有了较为完善的教学体制

学校教育除了汉语预备教育有了进一步发展以外，又有了一些新的教学类型。

1978年，北京语言学院正式创办了针对外国留学生的四年制现代汉语本科专业，旨在培养专业的汉语教师、翻译及汉语研究人才，以满足国际上日益增长的国际对汉语学习的需求。继北京语言学院之后，南开大学、南京大学、复旦大学等多所院校也相继设立了类似的专业。1996年，北京语言文化大学扩展了对外汉语教育的领域，开设了外国留学生四年制我国语言文化本科专业，专注于培养具有广泛语言文化知识的通用型人才。近年来，越来越多的学校开始招收汉语言专业的外国留学生本科生，这一趋势反映了对外汉语教学在全球范围内的普及和影响力的提升。

1986年，北京语言学院获批开始招收现代汉语专业的外国硕士研究生。1997年，北京语言文化大学建立了对外汉语教学课程与教学论硕士专业及带有对外汉语教学方向的语言学及应用语言学博士专业。从1999年起，北京语言文化大学开始招收攻读对外汉语教学方向的博士学位的外国学生。随后北京师范大学、中山大学、上海师范大学等多所高校也加入了这一行列。

3.确立对外汉语教学学科

1978年，在北京地区语言学科规划座谈会上，吕必松提议应当把对外国人的汉语教学作为一个专门的学科。这一建议得到了与会者的广泛支持，标志着对外汉语教学在我国教育体系中的重要地位得到认可和提升。为了推动对外汉语教学学科的建设和发展，我国政府、相关院校以及对外汉语教学工作者投入了长期努力。

4.开始培养专职对外汉语师资

1983年，北京语言学院首先开设了对外汉语本科专业。后来，北京外国语学院、上海外国语学院、华东师范大学、暨南大学等院校也开设了这一专业。

1986年，北京大学和北京语言学院在我国对外汉语教育领域迈出了重要一步，开始培养对外汉语专业的硕士研究生。这一举措对提升对外汉语教师的专业水平和研究能力产生了深远影响。随后，南开大学、南京大学、四川大学、华东师范大学、上海师范大学等多所高校也相继开设了这一专业，为对外汉语教育注入了新的活力和专业人才。

1992年至1995年，北京语言学院采取了一种独特的方式来培养对外汉语教师，即从中文系和外语系毕业生中招收对外汉语教学第二学士学位生。

1997年，北京语言文化大学建立了全国第一个对外汉语教学课程与教学论硕士专业，并获准建立了全国第一个带有对外汉语教学方向的语言学及应用语言学博士学位点。这标志着对外汉语师资培养体系从本科到博士研究生形成了一个完整的学历教育链条。

在1987年至1998年这一时期，我国积极加强了对国内外在岗对外汉语教师的培训工作，以帮助他们完善知识结构和能力结构，同时补充新知识。北京语言文化大学在这一时期共举办了85期汉语教师培训班，培训了来自海外30多个国家和地区、内地60多所大学的汉语教师共1700多名。这些培训班不仅覆盖了广泛的地区和学校，而且对提升在岗教师的专业水平和教学能力产生了显著影响。除北京语言文化大学外，其他部分高校也参与了主要面向海外的师资培训工作。此外，派遣教师到海外进行讲学和培训汉语师资的工作也得到了拓展，从东南亚等周边国家发展到美国、加拿大等地。这种国际化的培训和交流活动不仅加深了国际间对汉语教育的了解，也为我国教师提供了宝贵的国际教学经验。

为了规范和提升我国对外汉语教师的管理与培养，1990年，原国家教育委员会颁布了《对外汉语教师资格审定办法》，随后在1996年，又对《〈对外汉语教师资格审定办法〉实施细则》进行了修订，促进了对外汉语教师资格审查工作的科学化和规范化。1991年以来，全国已有近3000人通过了对外汉语教师资格审定考试，并获得了对外汉语教师资格证书。从2005年开始，对外汉语教师资格证书被改成对外汉语能力证书。

二、国外对外汉语教学的发展历程

（一）法国的汉语教学

法国的汉语教学拥有悠久而丰富的历史，最早可追溯至 19 世纪初。1814 年 11 月 29 日，法兰西学院创立了"汉语和塔塔尔、满族语言文学讲座"，标志着汉学首次成为大学专业课程。从 19 世纪初期直至 19 世纪 50 年代，汉学在法国大学的汉语教学中占据着主导地位。到了 20 世纪 50 年代初期，法国的汉语教学主要集中在巴黎东方语言学院的中文系。随后到了 50 年代后期，巴黎大学、波尔多大学和里昂大学等高等教育机构也相继设立了汉语专业。这些新设立的专业在某种程度上改变了法国大学以汉学研究和教学为主导的局面，现代汉语教学开始成为这些大学的主要教学内容。进入 21 世纪初，汉语教学在法国的发展进入了一个新的阶段。汉学家白乐桑（Joël Bellassen）被任命为第一任法国国家汉语教学总督学，负责推广全国中学的汉语教学。自那时起，汉语教育在法国得到了广泛推广，汉语和中华文化逐渐成为法国乃至欧洲人的热门学习和研究领域之一。中国的文化和语言在法国乃至整个欧洲的影响力显著增强，中国成为欧洲人向往的国家之一。

（二）美国的汉语教学

美国汉语教学的起源和发展与中国向美国的移民潮有着密切的关系。早在 1888 年，中国驻旧金山领事馆为了满足当地华人子女学习汉语的需求，建立了旧金山中西学堂。从整体上来看，第二次世界大战之前，美国的中文教育发展相对缓慢。在第二次世界大战期间及战后，中文教育开始迅速发展。特别是在中美建交和我国改革开放之后，美国的汉语教学进入了一个成熟发展的阶段。

1994 年 5 月 10 日，全美汉语学校协会在华盛顿成立，标志着美国汉语教育进入了一个新的发展阶段。全美中文学校协会的成立和发展不仅体现了汉语教育在美国的普及，也反映了对汉语学习的高度重视和需求。

除了汉语学校的迅猛发展之外，美国的大学中开设汉语课程的数量及学习汉语的学生人数也呈现增长趋势。在众多大学中，美国明德学院在汉语教学方面的成就尤为突出。与此同时，高中、小学乃至幼儿园的汉语教学也在逐步推广和深化。进入 21 世纪后，美国大学汉语学生的总人数保持逐渐增长的态势，这主要得益于新增中文项目。

（三）波兰的汉语教学

波兰华沙大学自 1816 年建校以来，在汉语教学方面取得了显著成就。波兰华沙大学在 1925 年开设了汉语课程，1933 年成立了远东学院汉语教研室，并于 1937 年设立了汉学系，归属于东方学院。汉学系共包括三个教育层次，即本科、硕士和博士，分为全日制白班学生和夜班学生。自 1984 年起，我国政府开始向波兰华沙大学汉学系派遣汉语教师。主要开设的课程包括实用汉语、古代汉语、汉语阅读、我国历史和我国文学等。2006 年 12 月，波兰的第一所孔子学院在克拉科夫成立，是由北京外国语大学和雅盖隆大学共同建立的。2008 年 6 月和 10 月，波兹南孔子学院和奥波莱孔子学院相继成立，分别由天津理工大学与密茨凯维奇大学、北京工业大学与奥波莱工业大学共建。同年 12 月，弗罗茨瓦夫孔子学院由厦门大学和弗罗茨瓦夫大学联合成立。到了 2015 年 9 月，格但斯克孔子学院正式成立，由我国青年政治学院和格但斯克大学共同建立。这些孔子学院的成立，极大地促进了波兰的汉语教育和中华文化的传播。

总体来说，对外汉语教学在国际上的影响和发展呈现出明显的增长趋势，主要表现在以下几个方面：

（1）汉语教学逐步被很多国家纳入主流教育体系。在美国、加拿大、日本、韩国、泰国、澳大利亚等国，汉语已被列为大学入学考试的外语科目之一。特别值得注意的是，泰国教育部决定在全国中小学广泛开设汉语课程，并在皇家教育电视台播出汉语教学节目，显示了汉语在这些国家教育体系中的重要地位。

（2）学习汉语的学生数量不断增加，汉语教学的排位也在全球范围内普遍提高。在日本，汉语已成为仅次于英语的第二大外语；在韩国，汉语也成为了第二大外语。在美国大学中，选修汉语作为外语的学生人数增长幅度最大。此外，汉语还被选作儿童启蒙语言，进入了一些国家和地区的教育体系。

（3）汉语学习者的成分和学习目的发生了显著变化。汉语学习的目的已由过去对中华文化的兴趣和爱好，转变为掌握一门外语技能以提升职业竞争力。为了与我国进行经贸、科技、外交、文化交流而学习汉语已成为主流。汉语学习者已经从过去集中在非洲、东欧的少数国家，扩展到世界各地，呈现全球化趋势。

第四节　对外汉语教学的前景展望

一、技术的进步影响着对外汉语教学的方式和效率

技术的进步对对外汉语教学产生了深远的影响，尤其是在个性化学习和教学效率方面。随着人工智能、大数据和在线教育平台的发展，人们正见证着汉语教学方式的一次重大变革。

人工智能在对外汉语教学中的应用，为个性化学习提供了强大的技术支持。人工智能技术能够根据学生的学习历史和表现，智能推荐适合其水平和兴趣的学习内容。例如，基于人工智能的应用程序能够识别学生在语音、语法、词语等方面的弱点，并提供针对性的练习和解决方案。此外，通过自然语言处理技术，人工智能可以帮助学生进行语音识别和语音反馈，使学生能够实时纠正发音错误，提高语言学习的效率。

大数据在对外汉语教学中的应用，提高了对外汉语教学的精准性。第一，通过收集和分析大量的学习数据，学校和教师可以准确地了解学生的学习习惯、进步速度和学习成效。所收集的学习数据不仅可以帮助

教师调整教学方法和内容，以更好地满足学生的需求，还可以用于预测学生的学习趋势和潜在问题，从而及时进行干预和指导。第二，在线教育平台的发展为对外汉语教学带来了空前的便利性和可及性。通过在线课程和虚拟课堂，学习汉语不再受到地理位置的限制。学生可以在世界任何地方，只要有互联网连接，就能接受优质的汉语教学。这些在线平台通常提供丰富的学习资源，如视频课程、互动练习、在线测试和论坛等，使学习过程生动和高效。此外，线上线下结合的混合式学习模式也日益流行，这种模式结合了线上自主学习的灵活性和线下面对面教学的互动性，有助于提高对外汉语教学的效率。

值得一提的是，技术进步给对外汉语教学带来的挑战也不容忽视。首先，技术的普及和接入是一个重要问题。并非所有学生都能轻松使用最新的教育技术，特别是在资源较少的地区。其次，教师需要适应新技术。许多教师可能需要额外的培训来有效使用这些新工具。最后，保持学习的人际互动和文化体验也是在线教育需要考虑的。

二、国际教育交流的加深推动对外汉语教学的发展

国际教育交流的加深无疑为对外汉语教学提供了广阔的发展空间和机遇。在全球化时代，随着各国之间文化、经济和教育联系的加强，对外汉语教学的重要性日益凸显。

第一，全球化带来的国际交流和合作需求使得汉语成为一个重要的交际工具。随着我国经济的快速增长和国际影响力的提升，越来越多的国家和地区认识到学习汉语的重要性。这不仅仅是为了商业和贸易合作，也包括文化交流、教育合作、科技交流等多个方面。因此，各国政府和教育机构开始重视汉语教学，纷纷在学校中增设汉语课程，甚至将其纳入国家教育体系。

第二，国际交流项目的增多为对外汉语教学提供了实践平台。随着越来越多的学生选择到我国留学或参加交换生项目，他们对汉语学习的

需求不断增长。这些国际学生不仅在学习汉语，还在体验我国的文化和生活，从而深入地了解我国。反过来，我国学生和专业人士赴海外学习和工作，也促进了汉语在国外的传播。

第三，随着信息技术的发展，国际教育交流变得便捷。网络教学和远程教育平台使得学习汉语不再受地理位置的限制。这为全球范围内的人们提供了学习汉语的机会，无论他们身处何地。此外，这些平台提供了丰富的教学资源和交流工具，使得汉语教学生动和高效。

三、对外汉语教学成为传播中华优秀传统文化的主要途径

对外汉语教学作为传播中华优秀传统文化的主要途径，在全球化的大背景下扮演着日益重要的角色。通过对外汉语教学，不仅可以传授语言知识，更为世界各地的人们提供了深入了解我国历史、文化和现代社会的窗口。首先，汉语作为中华文化的载体，其教学过程自然而然地融入了对中华文化的传播。汉语不仅仅是一种语言工具，更是承载着丰富历史和文化信息的交流媒介。例如，在学习汉语的过程中，学生会接触到我国的诗歌、成语故事、历史典故等内容，这些都是理解中华文化的重要切入点。通过学习汉语，学生能更深入地感受到中华文化的博大精深和独特魅力。其次，汉语教学常伴随着对我国传统节日、习俗和艺术的介绍。例如，通过庆祝春节、端午节、中秋节等传统节日，学生可以直观地了解我国的节日习俗和文化内涵。此外，书法、国画、茶艺、武术等我国传统艺术形式也经常被纳入汉语教学的内容，这些艺术形式不仅丰富了汉语教学的内容，也使学生能够亲身体验和欣赏我国的传统艺术。最后，随着我国在国际舞台上的地位日益提升，越来越多的人开始对中华文化产生兴趣。对外汉语教学成为了满足这一需求的有效途径。通过学习汉语，学生不仅能够提升语言能力，还能够获得更多关于我国的知识和理解。这种理解超越了语言本身，延伸到文化、历史、哲学、政治等多个层面。

第二章　跨文化背景下的对外汉语教学

第一节　跨文化交际理论概述

一、文化的概念

"文"与"化"两字最早使用出现在古代典籍《周易》："观乎天文、以察时变；观乎人文，以化成天下。"① 其中，"观乎人文，以化成天下"的意思是"注重伦理道德，用教化推广于天下"。句中"人文"与"化成天下"相结合，实际上已经具备了"文化"一词的基本含义，即通过教育和道德教化来引导人们的自觉行为。

《辞海》中对文化概念的理解有广义和狭义之分：广义的文化概念是指人类社会历史实践过程中所创造的物质财富和精神财富的总和；狭义的文化概念是指社会的意识形态以及与之相适应的制度和组织机构。②

英国文化人类学家爱德华·伯内特·泰勒（Edward Burnett Tylor）在《原始文化》一书中，第一次将文化作为一个概念提出，并对文化的定义做了系统的表述："文化或文明，就其广泛的民族学意义来讲，是一个复合整体，包括知识、信仰、艺术道德、法律、风俗以及其余社会上学得的能力与习惯。"③

---

① 姬昌，靳极苍.周易 [M].太原：山西古籍出版社，2003：36.
② 陈至立.辞海 [M].上海：上海辞书出版社，2020：28.
③ 泰勒.原始文化 [M].连树声，译.上海：上海文艺出版社，1992：5.

中西方关于文化的内涵可谓见仁见智。结合已有文献研究，笔者认为，文化是一个广泛的概念，既是人类认知、思想、语言和行为的总和，也是不同民族在其独特生态环境中创造和塑造形成的产物。不同的文化背景产生了丰富多样的社会习俗和行为模式，文化在影响着每个人的同时，在不断地被新的实践和交流所改变和发展。因此，文化既是遗传的产物，也是不断进化的过程。

二、跨文化的定义

所谓跨文化，从学理上讲，指的是在不同文化背景的交往中，参与者不仅依赖于自己的文化代码、习惯、观念和行为方式，同时也需经历、理解并接纳对方的文化特点；从文化学理论来看，是指跨越不同国家和民族的文化差异，实现文化的相互理解和融合。笔者认为，跨文化指的是认识和理解不同于本民族的文化现象、风俗和习惯，在认识和理解的基础上，采取包容和适应的态度。跨文化能力的培养对于全球化时代的个体尤为重要，不仅是语言交流的必要条件，也是理解和适应多元文化环境的关键。

三、交际的定义

"交际"一词起源于拉丁语的"commonis"，意为"共同""共享"。交际的词源揭示了交际的核心本质：通过沟通与交流实现共享和共鸣的目的。交际不仅仅是信息的传递，更深层次地涉及到理解、共情和互动。在同一文化背景下长大的人们，由于共享相似的价值观、习俗和语言，往往能够更容易地进行有效沟通。这些人的交流无形中建立在一套共同的理解和预设之上，从而使得交流顺畅和高效。

同"文化"一样，作为学术上的专业术语，"交际"的定义也是多种多样的。

关世杰将跨文化交际中的"交流"定义为"信息发送者与信息接受

者共享信息的过程"。①

贾玉新指出，交际不仅受到文化和心理等多种因素的影响，而且不总是主观意识的产物。交际有时也可能是无意识或非故意的活动，展示了人类在无形中通过符号共享意义的能力。② 这一观点提出了交际的复杂性，不仅包含了有意识的信息交换，也包括了人们在日常生活中无意识地使用符号进行沟通的情形。

蔡静认为，交际是人们活动的基础，是人们运用符号与语言的一种能力。③

随着交际学在美国的发展与成熟，"交际"的概念连同这门学科已迅速传播到全球各地。笔者认为，交际是指个体之间为了传递信息、分享想法和情感、解决问题等目的而进行的互动过程。这个过程不仅涵盖了语言交流，即通过口头或书面的方式表达和接收信息，还包括非言语交流，如肢体语言、面部表情、目光接触和姿势等。交际在人类社会中扮演着重要的角色，不仅是信息传递的手段，也是建立和维护社会关系、表达个人身份、进行思维和情感交流的重要渠道。

四、跨文化交际

（一）跨文化交际的含义

跨文化交际涉及的不只是指本族语者与非本族语者之间的沟通，还包括任何在语言和文化背景上存在差异的人们之间的交流。由于不同的民族和国家具有独特的生态、物质和社会环境，以及不一样的宗教信仰，因此在语言习惯、社会文化以及风土人情等方面都存在显著的差异，这就导致了人们在表达方式和交流习惯上的不同。在跨文化交际

---

① 关世杰.跨文化交流学：提高涉外交流能力的学问 [M]. 北京：北京大学出版社，1995：33.

② 贾玉新.跨文化交际学 [M].上海：上海外语教育出版社， 1997：10.

③ 蔡静.跨文化交际中的文化自信研究 [M].北京：新华出版社，2022：1.

中，由于习惯于使用自己的语言和表达方式，人们往往倾向于以自己的文化背景来解释和理解他人的言语。这种基于自身文化视角的解读可能导致对对方话语的误解，从而引发交际冲突和故障。这就需要人们具备开放和包容的态度，以及对不同文化的理解和尊重。

胡文仲教授定义跨文化交际为具有不同文化背景的人们进行的交际过程，并强调跨文化交际可以发生在国家与国家、民族与民族、个人与个人之间，内容广泛，涉及政策、政治观点、价值观、风俗习惯、礼貌、称谓、服饰、饮食等各个方面。①

顾嘉祖教授将跨文化交际理解为具有不同语言文化背景的民族成员之间的交往活动，同时包括同一语言不同民族之间的交际。②

从对外汉语教学的角度来看，跨文化交际指的是不同语言文化背景的人们之间的交流与沟通。跨文化交际不仅仅涉及语言技能的运用，更重要的是理解和尊重不同的文化背景和习俗。在对外汉语教学中，教师需要培养学生的跨文化交际能力，这不仅包括语言的掌握，也包括对中华文化的理解和尊重。

（二）影响跨文化交际的因素

1.思维方式差异

在跨文化交际中，思维方式的差异源于每个民族特定的文化环境。文化环境包括生产方式、历史传统、哲学思想和语言文字等元素，这些因素共同塑造了思维习惯。其中，语言不仅是感知和认识世界的重要工具，也是影响思维习惯形成的重要部分。换言之，语言不仅体现着思维方式，而且在思维习惯的形成中发挥着关键作用。

尽管人类的认知结构是相同的，但由于不同民族在不同的文化环境中生存，使用不同的语言，因此人们的思维方式存在显著差异。这些差异在跨文化交际中尤为明显，可能导致理解和沟通的障碍。例如，某些

---

① 胡文仲.跨文化交际面面观[M].北京：外语教学与研究出版社，1999：5.

② 顾嘉祖，陆升.语言与文化[M].上海：上海外语教育出版社，2002：1.

文化可能倾向于直接和明确的表达方式，而其他文化倾向于含蓄和间接的沟通方式。这些思维和表达方式的差异，如果不被充分理解和尊重，可能会导致误解和沟通障碍。

2.交际风格差异

交际风格是指人们在传递和接收信息时喜欢或习惯采用的方式。以中美交际风格为例，美国人在交际中通常倾向于直接、线性、自信、侃侃而谈、详尽和以任务为中心的风格，喜欢开门见山、按部就班地直奔主题，关注信息的清晰传递和问题的有效解决。而中国人在交际时表现出更多的间接性、谦卑、沉默寡言、简洁和以关系及地位为中心的特点，习惯于言简意赅、点到为止，喜欢用含蓄、委婉的方式表达意见，注重在交流中的和谐与面子。因此，在中华文化中，人际交流的一个主要目的是建立并促进双方的关系，强调的是内容的和谐性。相比之下，美国文化中的交际注重直接性和任务的完成。因此，中美两国人民交流时，如果不了解对方的交际风格，很容易产生文化冲突。

3.价值观差异

价值观作为文化的重要组成部分，在交际中扮演着关键角色。人们的言语行为和非言语行为都能反映出其背后的价值观。因此，在跨文化交际领域，对不同文化的价值观进行比较研究是至关重要的。与跨文化交际关系较为密切的价值观念主要包括六个方面：

（1）人与自然的关系，是天人合一还是天人相分。

（2）人际关系，是群体取向还是个人主义取向。

（3）人对"变化"的态度，是求变还是求稳。

（4）动与静，是求动还是求静。

（5）人之天性观，是"性本善"取向还是"性本恶"取向。

（6）时间取向。

（三）跨文化交际的分类

跨文化交际涉及来自不同文化结构体系的人们之间的交际。但根据不同的标准和要求，跨文化交际的分类也有所不同。

1.按照跨文化交际范畴的不同划分

按照范畴的不同，跨文化交际可以分为"宏观跨文化交际"和"微观跨文化交际"两种。

所谓宏观跨文化交际，指国际性的跨文化交际，是跨越国界的交际，如中国人与日本人之间的交流。宏观跨文化交际通常涉及广泛的文化差异，包括语言、宗教信仰、价值观念、生活习俗等方面。

微观跨文化交际是指发生在同一国家内但涉及不同文化圈、民族、种族或地域的人们之间的交际，包括同一国家内来自习俗不同的民族、种族、地域的人们之间的交际。例如，中国内部不同民族的交流就属于微观跨文化交际。尽管共处一国，不同群体之间仍可能存在显著的文化差异，如生活习惯、饮食文化、语言使用等。

2.根据交际群体的不同划分

根据交际群体的不同，可以将跨文化交际划分为两大类，即"文化圈内的交际"和"文化圈际的交际"。

文化圈内的交际是指同一主流文化内不同个体之间的交际。例如，中华大文化圈内南北方地区之间的个体，尽管共享一定的文化特征，却也有许多独特的地域性习惯和风俗差异。这些差异可能体现在语言方言、饮食习惯、生活方式等多个方面，对交际有着一定的影响。

文化圈际的交际是指来自不同主流文化的个体之间的交际。例如，分属阿拉伯文化圈和非洲黑人文化圈的个体之间的交际。文化圈际的交际通常面临更大的挑战，因为不同文化圈的个体在价值观念、交际习惯、行为模式等方面可能存在显著的差异。例如，某些文化中直接表达意见被视为诚实和效率的体现，而在其他文化中可能被认为是粗鲁和不敬的。

（四）跨文化交际的原则

在日益全球化的今天，跨文化交际的重要性日渐凸显，它成为了联结不同国家和文化的重要桥梁，对于促进国际合作、商务交易、教育交流以及社会融合都具有深远的意义。跨文化交际的原则主要包括以下几点，如图 2-1 所示。

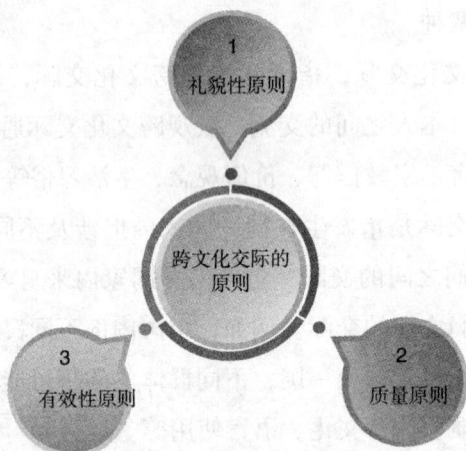

图 2-1 跨文化交际的原则

1. 礼貌性原则

交际过程中的每个细节，无论是肢体语言还是口头表达，都对沟通的效果产生重要影响。礼貌是实现有效交际的关键要素，它既体现在行为举止上，也体现在语言使用中。

行为举止的礼貌要求因地域、民族甚至不同的社会群体而异。以我国为例，存在着多种的体态礼仪要求，如"行如风，坐如钟，站如松"等，体现了对个人形象和行为的细致要求；在异性交往中，"男女授受不亲"反映了一种传统的交往礼节；餐饮礼仪中的"东家不请，西家不饮"则展现了对餐桌礼节的重视。

交谈不仅是信息交换的过程，更是双方心理沟通的重要环节。交际中，应该耐心倾听对方，通过专注的眼神、点头、赞许或鼓励的手势等积极响应对方。即使对对方的观点不赞同，也应等对方讲完，避免急于争辩或打断。这种尊重和耐心的态度有助于营造良好的沟通氛围。

2.质量原则

质量原则强调在跨文化交际中的交际话语要既准确又充分，以确保信息的有效传递和接收。质量原则包含两个关键部分：质和量。质的部分强调信息的准确性，确保所传达的内容真实无误。量的部分则要求信息充分，不过量也不缺乏，以便使接收方能够完整地理解信息。交际本质上是信息在参与者之间的不断传送和反馈的互动过程。若未能遵循质量原则，即信息既不准确又可能导致交际的误解甚至失败。因此，遵循质量原则是实现有效沟通的关键，它有助于确保信息传递的准确性和完整性，避免交际障碍和误解。

3.有效性原则

跨文化交际的过程固然重要，但有效沟通才是跨文化交际的关键，因此，有效性原则指导下的跨文化交际强调任务的完成，同时也强调在不同文化背景下的有效互动。交际者在跨文化环境中必须谨慎选择话语和表达方式。不恰当的话语不仅会削弱交际效果，甚至可能导致交际失败。因此，交际者必须深入考虑交际内容，恰当地选择交际的形式与风格。在合适的语境中进行交际，能够有效推进跨文化交际活动，并实现有效沟通的目的。

（五）跨文化交际的四个阶段

1.兴奋期

在兴奋期，个体初次接触新文化时，通常会体验到强烈的兴奋和好奇心。这兴奋期阶段，个体对新文化的一切都感到新鲜和惊奇，表现出极高的热情和接纳度，渴望体验和了解新文化的各个方面。

2.困惑期

个体开始深入地理解这种非本民族文化，可能会出现焦虑、困惑、孤独和沮丧等情绪。这是因为个体开始意识到文化差异的深度和复杂性，可能会对新文化的某些方面感到不适应或不理解。

3. 调整期

调整期是指个体在经历了初期的兴奋和随后的困惑之后，开始逐渐适应新文化环境。在这个阶段，人们开始重新评估自己与异质文化之间的关系，并寻找更有效的方法来增进对该文化的理解。语言能力的提升和与当地人进行深入的交流帮助个体解决了许多之前的误解和矛盾，从而逐步减少了文化冲突。调整期的特点是个体对新文化环境的认识变得更加成熟和理性。不再像兴奋期那样无条件接受新文化的一切，也不再像困惑期那样完全否定。而是在理解和比较两种文化的基础上，识别和理解它们之间的差异。

4. 新体验期

在跨文化交际的适应过程中，经历一段时间的调整后，个体对异质文化的理解和适应达到了一个新的层次。在新体验期阶段，个体能够更加客观地对待不同文化，对于能够接受的文化元素，已经学会适应并融入其中；对于难以接受的部分，则能够保持客观和理性的态度。这种理解和适应不再局限于表面的模仿或简单的接纳，而是基于对文化深层次风俗习惯、价值观念的尊重和理解。例如，一些刚到中国的留学生可能会穿上唐装或旗袍，试图通过这种外在的方式来迅速融入当地文化，却发现这种做法并未达到预期的效果，反而引来了异样的目光。随着时间的推移和文化交流的深入，这些留学生开始意识到，真正的文化认同不应仅仅体现在服饰上，而应是对中华文化更深层次特征的理解和尊重。这包括对中国的传统习俗、价值观念的学习和理解。

第二节　跨文化背景下对外汉语教学目的与内容

一、跨文化背景下对外汉语教学目的

（一）以"培养语言能力"为基础

1."语言能力"的内涵

在语言学与应用语言学的研究中，"语言能力"这个概念使用得非常普遍，其定义和理解因不同学者的研究角度而异。语言能力的定义涉及到人类理解和使用语言的能力，包括词语、语法、语音和语用等方面。在语言教学领域，"语言能力"是一个使用频率相当高的概念，并且有着不同的理解。例如，刘戈认为："语言能力是人类与生俱来的能力，其核心是语法规则和语言官能。"[①]王景忠指出："学生在特定情境下参观与某一主题相关的语言活动，并且在这些活动当中进行语言理解和表达，如此培养出来的能力就是语言能力。"[②]

从对外汉语教学角度来看，"语言能力"通常被理解为语言的理解和运用能力，不仅包括基础的语言技能，如听、说、读、写，还涉及这些技能的综合运用以及交际能力的培养。语言能力是学生掌握语言的基石，是语言能力的基本组成部分，涵盖了从字词到句法结构的各个方面。语言的运用则是在实际交际中应用这些技能的能力，需要学生不仅理解语言本身，还要能够在不同的社交和文化背景下有效地使用语言。因此，对于对外汉语教学而言，语言能力是指对语言的理解能力和运用

---

① 刘戈.语言学习中语言能力和交际能力的关系研究：概念内涵、研究内容和应用[J].南宁师范大学学报（哲学社会科学版），2022，43（2）：86-92.

② 王景忠.基于真实情境的语言能力培养研究[J].中学生英语，2023（40）：121-122.

能力，语言技能、交际能力等都涵盖在"语言能力"的范畴之内，可以看作语言能力中相互关联的几个不同层面。

2."语言能力"的组成要素

按照由低到高的次序，外语教学的目标可以划分为五个不同的行为阶段：第一阶段是机械记忆阶段，学生通过模仿和背诵来习得目的语知识。这个阶段主要是对语言的基本元素如词语、句型进行初步了解和记忆。第二阶段是学习知识阶段，学生开始系统地学习目的语的基础知识、语法规则及其他相关内容。这一阶段不仅仅是对语言形式的理解，还包括对语言结构和用法的基本掌握。第三阶段是知识迁移阶段，学生将所学的语言知识应用到不同的实际场合中。在这个阶段，学生开始将语言知识与实际使用情境结合起来，进行有效的语言运用。第四阶段是自然交际阶段，学生使用外语及其文化知识作为工具进行自然的交流和沟通。这一阶段标志着学生能够在多种社交和文化背景下灵活运用语言进行交际。第五阶段是创造阶段，学生运用所获得的语言知识进行创造性的分析、评价或研究。这是语言学习的最高阶段，体现了学生对目的语有深入理解和高度运用能力。

斯特恩在其著作《语言教学的基本概念》中提出，语言能力的获得应包括四个主要方面：语言形式的掌握、语义的获得、交际能力的培养及创造性地运用语言。[①]斯特恩的这一观点强调了语言学习不仅是简单的规则掌握，而是一个多维度的、动态的过程，包括了从语言形式到实际应用再到创造性运用的各个层面。

《欧洲语言共同参考框架：学习、教学、评估》由欧洲理事会历时九年精心制定并于2003年修订后正式出版，为欧洲乃至全球的语言教学和评估提供了重要的理论和实践框架。该框架全面描述了语言学习者为进行有效交际所必须掌握的知识与技能、语言活动类型、语言运用的

---

① 斯特恩.语言教学的基本概念[M].北京：商务印书馆，2018：204-209.

环境以及水平标准。在该书中，"语言能力"被分为两个主要组成部分：综合能力和语言交际能力。其中，综合能力涵盖了学习者的知识、能力与技能、精神境界和学习能力；语言交际能力包括语言能力、社会语言能力和语用能力三个方面。①《欧洲语言共同参考框架》不仅为欧洲各国提供了外语教学和评估的标准，还对全球语言教学的大纲设计、课程指南、测试和教材编写等方面产生了深远影响。

　　基于此，笔者认为语言能力是指一个人在其母语或外语方面的语言处理和运用能力，包括听、说、读、写四个方面的能力。

（二）以"促进文化交流"为旨归

1.自觉推广本国文化

　　对外汉语教学不仅是一种语言教学活动，也是传播和推广中华文化的重要途径。在对外汉语教学过程中，维护和传承中华文化的价值至关重要，因为这不仅涉及语言的学习，还涉及到对中华文化的理解和认同。语言工具论过分强调语言作为交际工具的功能，而忽视了语言与文化之间不可分割的联系，导致中华文化元素的缺失，削弱了汉语教学在文化传播和推广方面的作用。因此，从跨文化角度出发的对外汉语教学应当重新审视教学与文化的关系，摒弃单纯的语言工具观，强化教学的文化维度。这意味着教学内容不仅包括语言知识的传授，还应包含中华文化的介绍和讨论，如历史、艺术、传统习俗等。如此一来，汉语学习者不仅可以学习到一种语言，还能更深入理解和欣赏中华文化，促进跨文化交流和理解。

　　对外汉语教师肩负着向外国学生传播中华文化的重要使命。教师在教学中不仅要传授语言知识，更要真实、客观地介绍中华文化，以消除外国学生对中华文化的陌生感或误解。在介绍文化时，教师需要避免过度复杂或过于简化地表达，既不能使文化内容高深莫测，难以理解，也

---

① 欧洲理事会文化合作教育委员会.欧洲语言共同参考框架：学习、教学、评估[M].北京：外语教学与研究出版社，2008：21-24.

不能过分概括，失去文化的真实性和丰富性。对外汉语教师的主要任务之一是将中华文化的精粹介绍给世界，让外国学生体验到中华文化的独特魅力和深厚内涵。通过有效的文化传播，教师不仅能使中华文化在世界范围内得到更广泛的认识和欣赏，还能促进跨文化交流和理解。

文化传播是一个缓慢而深入的过程，需要教师和学生投入极大的耐心和毅力。在向外国学生传授中华文化时，对外汉语教学的目标不仅是分享中国的语言和文化，更重要的是让这些丰富而深厚的文化内涵在他们心中生根发芽。教师通过不懈的努力，将中华优秀传统文化的精髓深植于外国学生的心灵，让外国学生不仅理解和欣赏中华文化，而且加深与中国人民之间的友谊。这种文化的传播和交流不仅是关于语言的学习，更是一种文化理解和认同的建立。如此一来，不仅能够向世界展示中华文化的魅力，还能够促进不同文化背景下人们之间的相互理解和尊重。最终，这种文化的熏陶和影响能够实现语言和文化传播的互补与共鸣，为促进全球文化多样性和谐共处做出贡献。

2. 理解并尊重异国文化

在多元文化发展和国际理解的框架下，对外汉语教学成为了一种促进文化交流、增进国际理解的有效途径。通过这样的教学，学习者不仅学习一种语言，更是在学习如何在多元文化的世界中生活、交流和理解。这种教育不仅拓宽了学习者的文化视野，也培养了他们成为具有国际视野和多元文化理解能力的全球公民。对外汉语教师的责任之一在于培养学生的文化敏感性和跨文化沟通能力。教师应确保课堂上每位学生的语言、文化和宗教背景都得到充分尊重和肯定。通过展现各种文化的独特价值和美，教师能够帮助学生认识到不同文化间的平等和多样性，消除因文化差异产生的偏见和不平等。

在对外汉语教学中，要坚决抵制文化单边主义的做法，采取双向文化互动的模式。这种模式强调不同文化间的共同参与和交流。在这一过程中，学生被鼓励打破文化界限，从多个文化角度理解和审视事件和观念。外语学习是一种开放性的过程，学生在这一过程中能够认识到不同文化提供的不同参考框架，学会平等地看待各种文化。

文化平等强调所有人类文化群体在本质上具有同等的地位和发展权利，不存在高低、贵贱之分。每种文化都是其特定群体生存方式的反映，是在长期历史发展中形成的独特民族特质。尽管不同文化具有各自的形态、特征、历史和成就，但它们都是人类文明宝库中不可或缺的部分。对外汉语教学应当立足于中国五千年的文明传统，在保持自身文化独立性的同时，审时度势，深入了解世界文化的多样性和复杂性。对外汉语教学不仅是语言知识的传授，更是一种文化交流和理解的过程。在这一过程中，对外汉语教学应当审慎吸收和借鉴其他文化的内容，在保持中华文化特色的基础上，进行创新和发展，避免流于表面的模仿或庸俗化。同时，面对来自不同国家和地区、具有不同文化背景的学生，对外汉语教师应采取客观、公正、包容和理解的态度来对待文化差异，解决文化冲突，促进文化之间的和平共存。

二、跨文化背景下对外汉语教学内容

（一）文化内容的选择

1.文化资源的存在状态

文化通常可以被分为物质文化、制度文化和精神文化三大类。这三大类文化共同构成了人类社会的复杂结构和丰富的文化景观。物质文化是指为满足人类的生存和发展需求而创造的各种物质产品及其所体现的文化。包括日常生活中的饮食、服饰、建筑、交通工具，以及生产活动中的工具和技术等。物质文化是文化要素的具体物质表现，反映了一个社会的技术水平和生活方式。制度文化是人类为了社会的有序运行而创造的各种组织规范体系，包括婚姻家庭制度、社会组织结构、政治组织形式、等级制度等。制度文化体现了一个社会的组织原则和管理方式，是社会秩序和稳定的基础。精神文化是人类在物质生产活动基础上产生的特有意识形态，包括价值观念、宗教信仰、心理意识、行为规范、风俗习惯、民间技艺等。精神文化是文化的深层次表现，反映了一个社会的思想信念和精神追求。

文化内涵的复杂性和文化分类的多样性，为对外汉语教学提供了广阔的文化资源。文化资源丰富多元，涵盖了从自然到社会的各个层面，从显性到隐性的不同表现形式，从虚无精神到实物物质的各种元素，以及从动态活动到静态事物的多样性，都为对外汉语教学提供了丰富的资源，使其能够全面、深入地展现中华文化的丰富性和多样性。在对外汉语的文化教学中，每一个文化点都是一个包含众多文化方面内容的综合体。例如，介绍一处名胜古迹时，不仅仅是在谈论一个地理位置，更是在介绍一个包含地理文化、气候特征、历史背景、建筑艺术、哲学思想、审美趣味和古典诗词等多种文化元素的综合体。这些不同的文化元素相互交织、互相影响，共同构成了一个丰富多样、生动活泼的文化画面。因此，对外汉语教学中的文化也具有复杂多样的特点。

文化资源的多样性和动态性由其所处的地理环境、历史传统和文化主体的差异所决定。在相同的文化大背景下，不同地区的文化资源在其组成和表现形式上也存在着显著的差异。这些差异不仅体现在资源的类型和风格上，还体现在文化的传承和创新方式上。随着社会的发展和时代的变迁，文化资源不是静止不变的，而是处于一个持续的动态演变过程中。社会发展的每一步都可能激发新的文化形式，促使现有的文化资源发生变化。在信息时代的推动下，全球化的进程使得不同文化之间的交流和互动变得频繁，文化的融合和相互影响加深。这种趋势不仅缩短了不同人群、种族和文化之间的距离，也促进了文化间的趋同。

2.文化内容的选择取向

文化资源存在的广泛性、差异性和变化性，为我们选择进入对外汉语教学的文化内容带来了困难。例如，针对文化资源的丰富性，到底该选择哪些内容呢？是不是有关的文化信息都可以进入对外汉语教学当中呢？针对文化资源的差异性，又该选择何种文化进入呢？是差异大的还是差异小的？如果要进行文化间的对比，该选择哪一国的文化呢？选择的标准又是什么呢？教师是否对每一种外国文化都有全面正确地认识呢？针对文化资源的动态性，我们该选择当代文化还是传统文化，是主流文化还是个性文化？如何才能做到不偏不倚、公正客观地介绍呢？这些问题正是导致对外汉语教学界尽管经历了近几十年的研究和讨论，直到现在仍然没有统一的标准，也难以界定出适合对外汉语教学需要的文化纲目的重要原因。

基于上述原因可以得出，对外汉语教学中的文化内容具有动态性和复合性，是一种融合了物质和精神层面的高级复合体，不仅超越了具体的文化形态，还涵盖了鉴赏、批评、反思和创新等多种机制。因此，对外汉语文化教学内容内涵、价值和意义始终处于不断变化中，各种文化特质随时可能增长或减少，这使得无法为对外汉语教学建立一个固定、明确且操作性强的具体文化大纲。与"语法""词语"等纯语言类内容形成鲜明对比的是，"文化大纲"的基本框架应呈现为一种有主干、有分支的"树状"结构，而非单一的"线形"结构。这意味着"文化大纲"应具有一种可选择性的"开放"形态，以适应不同学习者的需求和文化的动态变化。语言类大纲多反映客观规律，可以线性排列，形成由浅入深的学习路径；而文化教学复杂多元，其内容既可以嵌入语言系统之内，也可以超越语言形式之外，且不同学生对文化的学习需求存在较大差异。

在对外汉语教学中，选择合适的文化内容是一项复杂的任务。一方面，如果只选择部分文化内容，可能无法全面满足学生的需求，使得教学内容显得片面；另一方面，试图包含所有文化内容则会增加学生的学习负担，且受到教学时间和空间的限制，这在现实中是不可行的。因此，建立一种相对宽泛的文化教学内容体系是一种可行的策略，但这需要在一定原则的指导下进行。这些原则包括但不限于文化内容的相关性、教学目的的适应性、学生背景的考虑，以及文化的代表性和多样性。在选择文化内容时，教师需要考虑这些文化元素与汉语学习的关联程度，确保所选内容对学生理解汉语和中华文化具有实际意义。同时，教师还应考虑学生的兴趣和需求，选择能够引起学生兴趣、符合他们学习目标的文化内容。此外，为了保证教学的全面性和深度，应选择那些能够代表中华文化多样性的元素，同时注意避免文化偏见和单一视角。

3. 文化内容的重点领域

（1）具有普遍意义的核心价值观。文化本质上是由人类的价值观念构成的知识体系，反映了特定社会群体的价值观和思维模式。价值观在文化和社会结构中占据核心地位，不仅塑造着人们的思维方式，还决定了社交规则，并对人们的日常生活产生深远影响。价值观的形成和发展受到种族、国家、社会制度、宗教信仰、文化传统和生活习俗等多种因素的影响。由于人类社会由不同的群体组成，这些群体在上述各方面存在差异，因而形成了各自独特的价值观念。价值观念体现在群体的追求、理想、行为准则和生活方式中，从而形成了多样化的文化景观。每个文化群体的价值观都是其历史、经验和环境的产物，具有其独特性和合理性。

价值观作为一种关于价值的信念、倾向和态度的系统性观点，在影响个人行为取向、评价原则和标准方面扮演着核心角色。价值观通常体现在经济、政治、道德、人生观、人际关系、生活方式等多个方面。在跨文化交流和文化传播的背景下，中华优秀传统文化的智慧资源和深远影响尤为显著。中华优秀传统文化的核心价值观，如仁、义、礼、智、信等，不仅是中华文化的精髓，也是全球文化交流和理解的重要桥梁。这些价值观如果能够在国际社会中产生吸引力，获得普遍认同，甚至被其他国家的文化体系吸收和融入，那么这不仅证明了中华文化的普遍影响力，也标志着中华文化传播的成功。然而，将中华优秀传统文化中的核心价值观挖掘、提炼并转化为具有普遍意义的文化内涵，是一项充满挑战的任务。这需要文化工作者不断地探索和尝试，找到将这些价值观以现代、国际化的方式表达出来的最佳途径，为构建和谐多元的全球文化环境做出贡献。

（2）影响语言理解和运用的文化。在对外汉语教学中，汉语学习不仅影响着学生对语言的理解，还影响着学生对文化的认知和运用。汉语不只是一种沟通工具，更是一种载有丰富文化内涵的语言。语言系统中的每个要素，如词语、成语、句式，乃至语调语气，都或多或少地蕴含着文化信息。这些文化元素不仅影响学生对汉语知识的理解，还直接影响学生对汉语的实际运用。因此，对外汉语教学不应仅限于语言的表面意义和用法，教师应深入介绍语言中的文化内容。这包括但不限于语言背后的历史背景、社会习俗、价值观念和思维方式等。通过在真实文化语境中呈现语言的具体使用情况，教师可以帮助学生更好地理解和运用汉语，同时消除学习过程中可能出现的文化盲点。

（3）中国特色文化艺术。世界各国和民族的文化多样性是其独特魅力所在。正如中华民族所展现的丰富多彩的文化一样，其独特的民族特色在全球范围内具有吸引力。中华文化历史悠久且多姿多彩，包括但不限于饮食、服饰、建筑、器具、节日等多方面，以及京剧、功夫、剪纸、书法等独特的文化艺术形式。这些中国特色文化艺术不仅能激发学生的学习兴趣，其丰富的文化内涵和价值也能在无形中对学生产生深远影响。在对外汉语教学中，虽然不可能将所有丰富的文化内容都纳入教学范畴，但教师可以根据学生的需求、兴趣以及学习所在地的地域文化特点进行有针对性的教学。这样的教学策略不仅能使学生在学习中找到乐趣，还能使他们在学习过程中投入和有成效。通过将中华文化的独特元素融入教学，学生可以增强对汉语学习的兴趣和动力，加深对中华文化的深入理解和认同。

（二）文化内容的组织

1. 以主题为中心组织文化内容

国际教育界普遍采用两大教学体系：分科式教学和主题式教学。分科式教学按照各个学科的教学规律和原则进行，制定明确的教学目标、内容、要求、过程和方法。这种教学模式强调知识的系统性和逻辑性，使教学内容清晰、有序，有利于知识的传递和学生的理解。然而，分科式教学的局限性在于它往往强调预设的教学内容，这些内容是由外部决定的，可能与学生的实际需求和兴趣不完全吻合，因此可能不足以激发学生的学习兴趣。主题式教学更加注重教学的灵活性和学生参与度。在这种教学模式下，教师以特定主题为导向，根据学生的实际情况选择教学资源，使学生从多个角度学习不同的知识。这种方法鼓励学生积极参与教学过程，如自行收集资料、提出问题和解决问题。这样的教学方式不仅有助于学生全面、深入地学习，还能激发他们的探究兴趣和自主学习能力。因此，虽然分科式教学在知识系统性和逻辑性方面有其优势，但主题式教学在激发学生兴趣和参与度方面表现更为突出。在实际教学中，选择何种教学模式应根据学生的需求、教学目标和资源情况灵活决定，以实现最佳的教学效果。

2. 以经验为中心组织文化内容

在教学过程中，学科知识与学生的社会生活经验都是构成教学内容的关键部分。以"科学知识"为核心的教学模式，可能导致学生与现实生活之间的疏离，社会意识的逐渐淡化。在对外汉语教学中，这种疏离感尤为明显。汉语学习者往往缺乏对中华文化的直接体验，如果教学内容与学生的实际生活、认知方式和心理需求脱节，学生与目的语文化之间的距离加大。因此，对外汉语教学应重视将学生的实际经验和真实问题纳入教学内容，以此作为教学的出发点。知识的获取是一个动态生成的过程，其中个体的已有生活经验扮演着至关重要的角色。教师应将学生的经验和现实生活问题作为教学的切入点，使学科知识与学生的生活经验相互联系，更好地激发学生的学习兴趣，加深他们对知识的理解和应用。

以经验为中心组织对外汉语教学的文化内容，意味着将文化教学紧密连接到学生的实际生活中，将文化知识从书本带入学生的日常生活，使之成为学生生活经验的一部分。文化教学内容不仅包括客观的、系统的普遍文化知识，更加强调主观的、个体化的文化知识，包括学生在日常生活中的体验、生活经验，以及学生的学习和未来的工作生活。

在对外汉语教学中，重视学生的个体差异，并尊重学生在文化学习上的自主选择至关重要。教学过程中，学生不应被简单地视为文化知识的被动接受者，而是应被认为是能够创造和重新构建知识与文化的主体。学生在与所在社会的互动、日常生活体验以及文化自我反思和对比中，不仅接受现有的文化知识，更能在这一过程中形成对文化的深层理解和个人见解。

3. 以活动为中心组织文化内容

对外汉语教学中文化内容的组织应考虑活动这一因素，通过多样化的活动形式加深学生对中华文化的理解与体验。活动如文化表演、参观历史名胜、文化案例分析和文化交流等，不仅丰富了教学手段，也为学生提供了直观和深入的文化体验。通过各种各样的亲身实践活动，学生可以全面探索和研究中华文化，从而更加深入地理解中国人的习俗、社会生活和文化价值观。以活动为中心的文化内容组织不仅促进了学校教育与社会实践的结合，还实现了科学知识与人文关怀、认识与情感的有机融合；不仅增强了学生对汉语文化的认知和兴趣，还有助于学生形成全面、立体的文化视角，提高学生的跨文化交流能力，为他们未来的学习和生活打下坚实的基础。

在对外汉语教学中，可以充分利用潜课程的特点来组织文化内容。在教学活动和教材编写中，教师可以适当融入文化元素，使其自然地融入语言学习和技能训练之中，让学生在学习汉语的同时，不知不觉中接触和理解中华文化。同时，教师可以创造一个富含文化元素的教育环境，可以通过教室装饰、走廊布置、宿舍环境以及课外活动的精心设计来实现。比如，可以在教室中挂上中国传统绘画、在走廊放置中华文化介绍的展板，或者在宿舍中播放中国音乐，甚至可以组织参观中华文化展览、体验传统节日等活动。这些都是让学生在日常生活中不断接触到中华文化，从而产生浓厚的文化氛围。氛围的营造能够给学生一种身临其境的感觉，仿佛置身于中华文化之中，增强学生对汉语的学习兴趣，加深对中华文化的理解和认同。

第三节　跨文化背景下对外汉语教学的发展历程

一、文化研究起步（1978—1988 年）

随着对外汉语教学学科地位的确立，其发展速度达到了前所未有的水平。特别是从 1978 年到 1988 年这一时期，对外汉语教学快速发展。在这 10 年间，仅通过政府渠道接收的外国留学生就接近 5 万人，这个数字是前 20 多年总数的 5 倍，且这些学生来自超过 130 个不同的国家。除此之外，通过校际交流等其他途径而来的学生人数更是难以估计。伴随着学生人数的快速增长，对外汉语教学的规模也在不断扩大。越来越多的高等院校开始从事对外汉语教学工作，并迅速扩充相关的教学和研究力量。为了更好地应对这种发展趋势，很多学校甚至设立了专门针对对外汉语教学的"学院"或"中心"，以适应日益增长的对汉语学习的国际需求。

对外汉语教学自开创之初，主要聚焦于非学历汉语预备教育。随着该领域的蓬勃发展，单一的非学历教育模式逐渐无法满足日益增长和多样化的学习需求，因此开始向多类型教育模式转变。这种转变主要体现在非学历教育的进一步细化，分为短期和长期的汉语进修教学。在短期进修教学方面，课程设置考虑到学生的汉语水平、学习时间以及主要学习目标等因素，从而提供更为个性化和有针对性的教学内容。这种灵活多变的教学模式迅速受到欢迎，并在 20 世纪 80 年代得到了显著发展。那一时期，有超过 100 所高等院校参与对外汉语教学的短期进修班，这不仅展示了对外汉语教学领域的迅猛发展，也反映了汉语在全球范围内日益增长的吸引力和影响力。长期进修班的设立主要面向国外中文专业学生、访问学者以及外国机构委托的培训人员等。这类教学通常要求较长的学习周期和更高的汉语水平，旨在为学习者提供深入的汉语知识和技能培养。

1988 年，国家对外汉语教学领导小组办公室发布《1988—1990 年对外汉语教学科研课题指南》，这是是一个重要的转折点，自此文化因素被明确地纳入对外汉语教学的理论框架之中，对于推进汉语教学的科学化和体系化具有重要意义。这不仅说明了对外汉语教学领域对文化教学重要性的认识已经形成，而且推动了文化教学在汉语教学领域的深入研究和实践探索。

二、文化讨论热烈（1988—1995 年）

20 世纪 80 年代中叶，随着学术界"文化热"的兴起，文化语言学这一新兴学科应运而生。文化语言学的创立及其随后引发的研究热潮，为对外汉语教学带来了深远影响，极大地拓宽了教学工作者的文化视野，激发了他们对文化研究的热情。20 世纪 80 年代末至 90 年代中期，对外汉语文化教学的探讨达到了高潮，形成了百家争鸣的繁荣景象。在这一时期，文化教学研究逐渐实现了从不自觉到自觉转变、从经验型向科学型转变。这种转变意味着对外汉语文化教学不再仅仅是基于经验的教学实践，而是开始更加系统地融入理论研究和方法论的探索。学科体系因此得到了充实，对外汉语教学不仅在语言技能传授方面取得进步，也在文化理解和跨文化交流能力的培养上实现了质的飞跃。

王魁京认为："对外汉语教学既是一种语言教学，同时又是一种文化教学。语言教学与文化教学的统一性，是对外汉语教学的最根本的特性。"①阎军、史艳岚提出："在语言教学中注重文化渗透，注意剖析汉语词语的文化内涵，其目的是使留学生更好地学习汉语，提高汉语交际能力，在学习汉语的同时真实地感受中华文化。"②沈振辉指出："对外汉语教学以来自不同文化背景的各国留学生为教学对象，教学中常会遇到因文化差异而引起的理解或表达上的矛盾和困难。因此，目前多数人认为，完整意义上的对外汉语教学应包括语言和文化两个方面。"③相比于80年代初期，20世纪80年代末至90年代中期，对外汉语教学领域在文化教学研究更加大胆地对现有观念提出疑问，积极探索新的理论和方法，主动拓展研究的视野。这一阶段的研究开始逐渐摆脱以往经验性的议论，转向对汉语教学中文化因素的深入和全面探讨。研究者们不仅关注文化内容在教学中的应用，也探讨了文化与语言学习之间的内在联系，以及如何有效地将文化教学融入汉语教学的整体框架，为对外汉语教学提供了丰富的理论支撑和实践指导，对推动对外汉语文化教学的发展产生了深远影响。

三、文化内涵复杂（1995 年至今）

进入 21 世纪中后期，随着全球经济一体化和文化多元化的发展，国际间的竞争变得日益激烈。在这样的时代背景下，语言不仅作为文化的重要组成部分，也成为国家软实力的关键标志，在国际竞争中的作用越发凸显。语言在经济、政治和社会发展中的影响力持续增强。作为联结世界与中国、帮助世界了解中国的重要桥梁，汉语的工具价值和文化价值不断得到提升。政府机构、教育部门、商业企业乃至普通民众都开

---

① 王魁京. 对外汉语教学与跨文化问题的多面性 [J]. 北京师范大学学报（社会科学版），1994（6）：91-96.

② 阎军，史艳岚. 对外汉语教学中的文化传播思考 [J]. 兰州大学学报，1995（4）：95-99.

③ 沈振辉. 语言文化模式与对外汉语教学 [J]. 复旦教育，1993（4）：56-60，48.

始更加重视汉语学习。面对这种新的发展形势，对外汉语教学展现出新的特点和发展趋势。特别是 1997 年的语言教育问题座谈会、2004 年孔子学院的成立以及 2005 年的首届世界汉语大会，这些重要事件在推动对外汉语文化教学的发展方面发挥了关键作用。这些活动标志着对外汉语教学事业进入了跨越式发展的新阶段，文化研究也呈现积极向上的势头。相较于 20 世纪 80 年代末至 90 年代中期的百家争鸣局面，90 年代后期的文化教学研究虽然相对平静，但理论研究不断深入，教学实践的探索和创新也在持续进行。

曹萱、朱建军指出："在开展对外汉语教学时，将相关的文化因素分别渗透到汉字、词语、语法等语言要素的教学中，可以更有效地完成相关的教学任务，让留学生更准确地掌握汉语，同时亦可以更好地促进汉文化的传播。"[1] 郭亚丽认为："在教授留学生或少数民族学生学习汉语时，教学内容不仅是汉语语言知识，还包括了汉语文化知识，脱离了文化知识，他们将无法完全理解和掌握汉语，交际中更不可能灵活运用汉语。"[2] 王刚认为："在跨文化视域下优化对外汉语的教学方式，既要注重教学任务的完成，也要注重跨文化视角下文化内涵的传达，这是跨文化交流和语言交际的根本目标，也是对外汉语教学现阶段应当重视的关键问题之一。"[3] 在这一阶段，激烈地争鸣逐渐转变为平和的思考，多角度地探讨文化教学在语言教学中的地位和作用，对外汉语文化教学内涵逐渐丰富。

---

[1]　曹萱，朱建军.论对外汉语教学中文化因素的渗透 [J].上海第二工业大学学报，2009，26（4）：337-340.

[2]　郭亚丽.试论对外汉语教学中的文化教学 [J].产业与科技论坛，2021，20（15）：158-159.

[3]　王刚.跨文化视域下对外汉语教学中的文化传达技巧探析 [J].大学，2023（13）：50-53.

第四节 跨文化背景下对外汉语教学的开展意义

一、学生学习汉语离不开文化教学

认知主义学习理论强调学习是一种认知活动，其中包括对信息的编码、转换、组织和储存，以形成认知结构。认知主义学习理论将学习看成学习者内心心理活动的体现，也是学习者与外部环境互动的结果。在第二语言学习的背景下，这种理论具有特别的意义。当人们学习一种新语言时，不仅仅是在学习一套符号系统，还包括这些符号背后所携带的丰富文化信息。这些文化信息在解码过程中会对原有的编码文化产生影响，可能导致意义的转变。因此，理解一种语言并不只是理解其文字和语法，还需要理解和考虑到特定的文化背景。

在对外汉语教学中，学生们通过对汉语输入信息的解码，将其重新组织并储存在自己的认知结构中，从而掌握汉语这门语言。汉语学习过程不仅要求学生对汉语有全面的理解，以形成正确的认知，还涉及到语言以外的深层次的文化交流和碰撞。语言学习不仅是简单地掌握语言符号，本质上更是一种跨文化交流。文化是汉语学习中不可忽视的重要组成部分，对学生对汉语的理解和运用产生深刻影响。因此，汉语教学不仅是语言教学，更是文化教学的过程。教师需要将文化元素融入汉语教学，帮助学生更好地理解语言背后的文化含义，从而全面地掌握汉语。通过这种方式，汉语学习可以成为一种文化体验，使学生们不仅学会使用汉语，还能深刻理解和欣赏中华文化的精髓。

二、汉语语言中包含和承载着中华优秀传统文化丰富的内容

语言反映着文化，又受制于文化。在对外汉语教学中，汉语自身携

带着丰富的文化信息，这些文化元素深刻影响着外国学生对汉语的理解和使用。若忽视了汉语背后的文化背景，学生便可能无法准确理解和恰当使用这门语言。在多年的汉语教学实践中，教师逐渐体会到，要提升学生的汉语能力，使学生在跨文化背景下能够得体地使用汉语进行有效交流，关键在于注重文化教学。有着数千年历史的汉语是古老的语言，其语言语法、词语的选用以及语境的寓意都蕴含着深厚的文化底蕴，这些不是短时间内就能完全掌握的。

从文化的角度研究汉语语音，不难发现，许多语音现象与汉民族的文化传统紧密相连。汉语作为一种以音节为基本语音单位的语言，其音节使用频率高度集中，同音词和谐音词的现象广泛存在。历史上，人们就利用这些语音特征，发展出了丰富的谐音文化。汉语中的谐音文化是一种独特的语言现象。在特定的语言使用场景中，人们会利用音同或音近的词语来进行表达，从而创造出含有深层含义的"言外之意"和"弦外之音"。这种谐音的使用不仅仅是语言的巧妙运用，更是深层地反映了一种文化传统和民族心理。它体现了汉民族在语言运用上的智慧和审美情趣。通过对谐音现象的分析，可以探索到许多关于中华文化的深层内涵。例如，中国人在节日庆典、生活习俗以及文学创作中，都喜欢使用谐音来寓意吉祥、表达祝福，这反映了中华文化中对于语言的重视和对吉祥寓意的追求。具体来说，如大部分中国人在除夕吃年夜饭时会准备鱼这道菜，寓意"年年有余"；在选择手机号码或车牌号码时，人们倾向于选择含有"8"的号码，因其与"发"谐音，象征着财富和安全大顺。这些例子表明，谐音在汉语中不仅仅是一种语言现象，更是文化表达的一种方式。它们或体现语意的双关、禁忌的避讳，或作为祈福和吉祥的象征。除此之外，在汉语中，叠音、复音等语音艺术手法的运用不仅为语言增添了美感，同时也反映了中华文化的深刻内涵。例如，汉语中许多词的声音是模仿自然界或日常生活中的声响而来的，如"滴"声模仿雨水滴落的声音，"鸡"声则模仿小鸡的叫声，而"布谷鸟"和

"叮当"则是直接以声音命名，这些词的构成方式体现了汉民族思维的具体性和形象性。这些拟声词和语音艺术的运用不仅使汉语更加生动和形象，也展示了中华文化对自然和生活的细腻观察与深刻理解。

词语作为语言要素中变化最快、最接近社会生活的部分，与文化的关系尤为密切。在一种语言中，文化的反映大多通过词语来体现，语言的文化承载功能主要通过词语展现出来。例如，汉语中的成语"一日三秋""得过且过"，名词"媒人"，等等，都承载着深厚的文化内涵，这些词语在其他语言中往往难以找到完全对等的表达，对这些词语的理解需依托于对中华文化背景的了解。一些词语如"真假""荣辱""是非""曲直""黑白""对错""善恶""美丑"等，蕴含对立统一的辩证思维，映射了中国传统哲学中的对立和谐理念。而"师生""国家""男女"等词语的语素顺序，反映出中华文化中的伦理关系、等级观念和尊卑秩序。中华文化的中庸、和谐、委婉等意识也体现在许多俗语和成语中，如"不偏不倚""相得益彰""讽一劝百"等，这些表达方式深刻反映了中华文化的智慧和生活哲学。同时，汉语中的一些词语，如"梅""松""竹"，不仅指代自然界中的事物，更被赋予了特定的文化精神和品质象征，如坚韧、高洁等。汉语词语反映了汉民族的传统观念、价值理想、哲学思维、宗教信仰、风俗习惯、思维方式、心理特征和审美情趣，几乎涵盖了中华文化的各个方面，是理解中华文化不可或缺的重要部分。汉语词语如同一面镜子，映照着中华文化的方方面面，为人们提供了理解和学习这一古老文化的窗口。

汉语语法是长期历史发展过程中表达规则的体现，深刻反映了汉民族独特的思维方式和心理习惯。作为一种孤立型语言，汉语在语法体系上与印欧语系有着显著的不同，它不依赖于词形的屈折变化来表达语法关系，而是特别强调意向的融合性和表达的灵活性。汉语语法的意合性的灵活性在构词和遣句上表现得尤为突出。汉语中的双音节词组合往往是由语素构成的，这些语素的结合更多依赖于意义的关联，而非严格的形式规则。这种结合方式赋予了汉语极大的灵活性和适应性，使得语言表达具有很强的弹性和变化性。语素的组合既可以分离又可以合并，根据不同的语境和表达需求灵活变换。例如，"看"可以与其他语素结合形成"查看""看见"，其前后位置可变，同时又能单独使用或与其他语素组合成全新的词语。这种组合的自由度就像孩子们玩耍的积木一样，可以自由拼接和拆分，体现出中国传统哲学中"合而为一""一分为二"的思想。汉语句子的构造主要依赖于语序和虚词来表达意义，因此词语在句中的不同位置会带来不同的语义表达。以"不怕累"为例，当调整词序变为"累不怕"或"怕不累"时，虽然词语元素相同，但因语序的变化，语义产生了明显的差异，表达的程度和重点也随之改变。汉语遣词构句的灵活性可见一斑。

此外，汉语的句子只要意义连贯，很多成分可以省略，不用借助任何形式上的连接就可以表达，一首元曲的句子"枯藤老树昏鸦，小桥流水人家，古道西风瘦马"，[①] 由九个表示事物的名词单一排列，却能在语义上勾勒出一幅游子思乡、萧瑟凄凉的秋野图景，形成语言凝练、意境深远的独特风格。这种只要语义搭配合理就可以自由组合的构造特点，体现出中国人习惯于综合、概括的思维方式，往往首先从整体上去把握事物特征，通过直觉体验领悟。

由此看来，汉语不只是沟通交流的工具，从根本上讲还蕴含着中华民族的思维逻辑和精神特征。作为承载和传递民族文化的重要媒介，汉语中的每一字、每一句都凝结着丰富的文化内涵和历史沉淀。这为对外汉语教学提供的丰富的教学资源，不仅能确保学生学到语言，还能体会到其中的文化精髓，真正理解和欣赏中华优秀传统文化。

---

① 　马致远 . 马致远集 [M]. 太原：山西古籍出版社 ,1985：198.

三、文化因素对学生汉语学习效果的影响不容忽视

德国哲学家恩斯特·卡西尔（Ernst Cassirer）认为，语言与文化发展之间的紧密联系，指出文化的发展实质上是符号，包括语言符号的发展。[①]因而，语言不仅是"交际工具"，还是塑造和传达价值观念的重要媒介。将文化因素引入对外汉语教学，既能扩充学生知识储备库，还能塑造学生良好的价值观，增强学生汉语学习效果。

对外汉语教学面向的是一个多元化的群体，学生来自世界各地，拥有不同的母语、文化背景和民族心理。教学对象的多样性要求对外汉语教学要在教学中融入中华文化的元素，以适应学习者的多元文化需求。忽视文化差异和语言间的特性，可能导致学生对汉语承载的文化信息产生误解或缺失，进而影响对汉语的全面掌握。因此，对外汉语教学应注重在文化适宜的情境中进行，这样不仅有助于学生语言学习，还能帮助学生深入理解和体验中华文化的精神内涵。

对于许多来中国学习汉语的留学生而言，由于在抵达之前对汉语和中华文化了解有限，因此他们往往在面对语言和文化差异时感到困惑。汉语属于汉藏语系，与世界上许多其他语言在语系上关系较远，对于大多数外国学习者而言，它是一种完全陌生的语言，可以说是"真正的外语"。与此同时，汉语所承载的中华文化历史悠久、内涵神秘，对外国学生来说是一个巨大的挑战。要真正掌握汉语，不仅要学习语言本身，更需要深入理解其背后的文化。因为文化是塑造和定义语言的重要因素，决定了人的思维方式和表达习惯。因此，在对外汉语教学中，将文化背景与语言教学相结合是至关重要的。这不仅有助于学生更深入地理解汉语，还能增强他们对中华文化的认识和欣赏。

来中国学习汉语的外国学生多数为成年人，其在自己的文化环境中

---

① 卡西尔. 符号·神话·文化 [M]. 李小兵，译. 北京：东方出版社，1988：16-20.

成长，形成了独特的"文化遗传基因"。这种文化背景对他们的认知和行为产生了深远的影响。当这些学生跨入新的文化环境，开始学习和交流汉语时，他们的母语文化背景就会与汉语及其文化产生交互作用，引发一系列认知和文化上的碰撞。这种由母语文化所带来的影响是双面的。一方面，学生的母语文化背景可能促进他们理解汉语。比如，某些文化共通点或相似的思维模式可以帮助学生更快地把握汉语的特点。另一方面，文化差异可能成为学习汉语的障碍。特别是那些与汉语文化差异显著的地方，如价值观、交际习惯、思维方式等，可能导致理解上的困难和语言使用上的误区。汉语与其他语言在文化上的差异，往往是导致语言障碍的主要原因。

在某种情况下，即使学习者掌握了一定的语言知识和技能，缺乏对文化的深入理解仍可能导致交流障碍，甚至误解和冲突。例如，一个外国学生在中国可能会赞叹一位教授的演讲："老师，你讲得真像个市场小贩！"在学生的文化背景中，这可能是对直接、生动的表达方式的赞扬。但在中华文化中，将教授的演讲比作市场小贩可能被视为不尊重。这就说明了文化在语言交际中的重要性。语言中蕴含的"超语言"文化信息，是无法单纯通过学习词语和语法来充分掌握的。在不同文化背景下，相同的词语可能具有截然不同的含义和情感色彩。因此，在对外汉语教学中，教师强调文化因素的重要性，可以帮助学生理解不同文化背景下的语言使用差异，避免在交际中因文化误解而造成尴尬或冲突。

由此可见，语言学习的成效不仅取决于语音的准确性和语法的规范性，更在于能否理解和掌握语言背后的文化含义，以及在实际交际中遵循语言使用的适切性和得体性。语言能力的形成与文化理解和表达能力密切相关，尤其在对外汉语教学中尤为重要。在多元文化背景的对外汉语课堂上，来自不同国家和文化的留学生带有各自母语文化的独特特征。这些文化背景不仅影响他们的语言学习，还影响他们的思维方式和交际习惯。例如，一些学生可能在表达上倾向于直接和坦率，而另一些学生可能更习惯于委婉和含蓄的表达方式。这些差异直接影响他们理解和使用汉语的方式。汉语学习者在学习过程中，不可避免地会受到本民族文化价值观、思维习惯和语言表达方式的影响。这种影响可能导致他们在使用汉语时产生误解或障碍。因此，对外汉语教学重视文化因素的融入，可以帮助学生理解汉语背后的中华文化，对于提高学生汉语学习效果具有积极意义。

四、文化教学有助于激发学生汉语学习动机和兴趣

文化对汉语语言的影响深远，主要表现在以下几方面：第一，表现在汉语语言的理解上面。不同的同音词和谐音词在汉语中具有不同的含义，理解这些词的背后意义需要对中华文化有所了解。第二，表现在汉语语言的运用上面。只有当学习者掌握了与汉字相关的文化背景，才能真正掌握并有效地使用汉语这一沟通工具。第三，表现在学习汉语的动机和兴趣上面。单纯的语言学习可能显得枯燥，但结合了中华文化的学习过程将更加生动有趣，能够显著提高学习者对汉语学习的热情和兴趣。

在对外汉语教学中，汉语的复杂性和中华文化环境的陌生性容易令外国学生感到挫败，影响其学习汉语的积极性。加之不同国家的学生因文化背景差异而在学习主动性和努力程度上存在差异，激发学生的学习动机、培养学生对汉语学习的兴趣便成为对外汉语教师面临的一个重要挑战。教师需要结合学生的文化背景和个人兴趣，采取创新的教学方法，组织丰富的文化活动，引导学生深入理解汉语及其文化内涵，以增强他们的学习动力和兴趣。如此一来，学生不仅能更好地学习汉语，还能欣赏和理解中国的文化多样性。

在第二语言习得过程中，动机扮演着关键角色，是驱动学生掌握新语言的内在动力，其强度直接影响语言学习的成效。动机的强弱不仅取决于学生对新语言的兴趣，还与学生对目的语言文化的态度密切相关。

当学生对目的语言国家的文化持积极态度时，通常会更加热衷于学习，因为他们渴望通过语言来深入了解和接触该文化的各个方面。这种强烈的学习动机带来高度的自觉性和持久的学习热情，从而使学习效果更加显著。学生不仅仅是在学习一种交际工具，更是在通过语言桥梁探索和理解一个新的文化世界。因此，培养和激发学生对第二语言文化的兴趣和好奇心是非常重要的，这不仅能增强他们学习语言的动机，也能增强他们对语言学习过程的投入和兴趣，最终达到更好的学习成果。对于教师而言，理解和应对学生的动机，尤其是将文化教学融入语言学习，是提高教学效果的关键。

外国学生学习汉语的目的多种多样，包括工作需要、生活需求、对中华文化感兴趣、为其他专业学习打基础，以及了解中国等。当外国学生进入一个与他们母语和文化背景迥异的环境时，无论在生活还是学习方面，都难免会经历一定程度的不适应。这种不适应在一些情况下可能发展成为"文化休克"，表现为对目的语文化的抵触或逃避，最终影响语言学习效果。为了应对这一挑战，从增强学习动机的角度对学生进行文化教学显得尤为重要。文化教学可以帮助学生突破母语文化的思维定式，打破对异文化的成见，减轻文化冲击带来的影响，有助于学生更好地适应新的语言环境，而且能够激发学生对汉语学习的兴趣。融入文化元素的汉语教学使得原本可能枯燥的语言学习变得更加生动有趣。学生不仅学习到语言本身，还能通过语言了解中国的历史、艺术、文学、哲学、社会和日常生活等方面，从而全面地理解中华文化。

汉字的学习对于习惯了拼音文字的外国学生来说确实是一大挑战。汉字的识别、发音、书写和记忆对外国学生来说都像是破解一幅幅复杂的图画一样困难。然而，通过将汉字的丰富文化内涵融入教学，可以这一挑战可以转化为一个有趣的学习过程。汉字不仅是语言的载体，也是中华文化的精髓。很多汉字的字形和字义之间存在密切联系，这一点对外国学生来说既神秘又有趣。例如，通过教学展示汉字是如何从具象的图画演变为抽象的符号，解释不同汉字如何通过其结构反映出具体的意义，学生可以大大提高对汉字学习的兴趣。这种方法不仅能帮助学生理解汉字的表意特性，还能让他们体会到汉字作为文化传承的独特价值。而且，结合汉字背后的故事和文化背景进行教学，例如讲述汉字的历史、源流，以及与中国的传统文化、艺术和哲学的关联，可以增加学习的趣味性，降低学习难度，让汉字学习变得生动和易于理解，激发学生的学习热情，使他们在学习过程中投入和有效。例如，通过探讨音近形近的汉字"既"和"即"的古字形，可以帮助学生理解这些字的形意差别。"即"的古字形由两部分组成：左边是一个盛放食物的器皿，右边是一个人面对食物跪坐的形象，传达了"开始吃饭"的意思，从而代表了"即刻"或"马上开始"的概念。而"既"的古字形也包含一个盛放食物的器皿，但其右边是一个人背对着食物坐着，象征着"已经吃完"，因此传达了"已经完成"或"既然"的意义。通过这两个字的古字形，学生不仅能够清楚地区分"立即"和"既然"的意思，还能正确地书写这两个字。利用汉字的文化特性进行教学，学生不仅听起来兴趣盎然，也无形中对汉字特点有了更深认识。

在对外汉语教学中，培养学生对中华文化的兴趣不仅是激发学生学习汉语的重要动力，也是提升其文化素养的关键策略。学生带着对文化的热情去学习汉字、词语、语法，甚至探索汉语的语用功能时，更容易理解这些语言元素的含义和应用场景。这种基于文化兴趣的学习方式能有效激发学生的学习动机，促使他们更主动、更积极地参与学习过程。在内在的文化兴趣和外在学习动机的双重驱动下，学生能更顺利地完成学习任务，实现个人学习目标。

语言的真正魅力源自它背后所蕴含的文化。在对外汉语教学中，将文化内容融入语言学习不仅能增加课堂活动的趣味性，还能激发学生使用目的语进行交流的积极性，从而显著提高他们对语言学习的兴趣。许多对外汉语教师在实践中发现，通过挖掘与学生兴趣相连的文化元素进行教学，可以达到更好的教学效果。无论是通过讲解中国的传统节日、历史故事，还是通过介绍当代中国的生活方式和社会现象，都能使学生在学习汉语的同时，深入理解中华文化，增强他们的学习动力和参与感，有效促进语言能力的提升。

第三章　跨文化背景下对外汉语语言要素教学

第一节　汉语语音教学

一、汉语语音教学的主要内容

（一）对外汉语语音教学

在外语学习中，语音是基础和关键，因为语言的口头交流主要依赖于语音。因此，语音教学在对外汉语教学中占据着重要的地位。语音教学的核心在于发音的准确性和对语言基础知识的牢固掌握。对于初学者，特别是那些没有任何汉语基础的成年学习者来说，汉语学习的路途充满着挑战。成年学习者在学习新语言时面临的主要障碍之一是已经完全熟练掌握了自己的母语，而且母语已经根植于其思维和交流方式中，这使得学习一种结构和发音截然不同的语言，如汉语，变得困难。在对外汉语教学中，教师面对的主要挑战之一是如何帮助学生克服母语带来的影响，接受和适应汉语的独特性。尽管这是一项艰巨的任务，但这并不意味着成年人无法学好汉语。事实上，成年学习者通常拥有比儿童更强的逻辑思维和理解能力，这可以作为他们学习新语言的优势。

在对外汉语教学中，针对初学者的教学策略需特别注重语音训练的有效性与适应性。初学者首先面临的挑战是汉语发音的学习，这需要通过刻意模仿和反复练习来实现。在这个过程中，教师的角色极为关键，不仅是知识的传授者，更是学生学习旅程的引导者，应当帮助学生掌握汉语语音的基本知识，同时避免过度专业化或学术化的教学方法，以防止学生感到汉语学习艰难和枯燥。对于成年学习者来说，利用其丰富的理解能力和逻辑思维能力是非常重要的。教师应采用灵活多变的教学方式，旨在简化汉语学习的过程，让学习者能够在轻松愉悦的环境中学习。

（二）声母、韵母教学

声母和韵母的教学是汉语语音教学的重要组成部分。这部分教学对于掌握汉语发音至关重要，因为声母和韵母是构成汉语音节的基本要素。汉语作为一种音节语言，其音节通常由声母（一个或没有初始辅音）和韵母（元音和可能的终止音）组成。声母的教学重点在于辅音的发音。在汉语中，声母的种类相比许多其他语言来说较少，但对于非汉语母语的学习者来说，正确发出这些声母仍然是一项挑战。例如，汉语中的一些声母如"zh""ch""sh""r"对非母语者而言，尤其是那些母语中没有这些音素的学习者，可能需要额外的练习和指导。韵母的教学关注于元音和它们之间的组合。汉语的韵母系统相对复杂，包括单元音、复元音以及鼻音等。掌握这些不同的韵母对于学习者而言至关重要，因为它们直接影响到词语的意义。比如，"ma"根据不同的韵母和声调，可以表示完全不同的意思。

（三）声调教学

声调在汉语语音学习中占据着极其重要的位置。对于汉语初学者而言，掌握正确的声调是一个关键的挑战。在进行声调教学时，教师可以根据学生的实际情况来简化教学内容，以降低学习难度。在课堂上，教师应尽可能避免过多涉及复杂的学术概念，如汉语的四种基本声调——阴平、阳平、上声、去声。相反，教师应更加注重采取直观、简明的教学方式，让学生明白汉语中存在声调的区分，并且能够辨识和正确使用一声、二声、三声以及四声。

在对外汉语教学中，四个基本声调可以简化为"平、升、低、降"，这样的表述更易于学生理解和记忆。实际上，汉语的声调使用在日常交流中经常会有所简化，特别是对于上声（三声）的发音。在自然语流中，三声往往不是完全发出，而是以半三声的形式出现。这种现象是基于在实际交流中，人们较少使用完整的三声所考虑的。此外，当两个三声相连时，第一个三声会变成二声，这是汉语中的一个特殊规则。因此，在对外汉语教学中，可以将上声（三声）的发音教学简化为半三声的发音。这样的教学策略更贴合实际使用情况，有助于学生更快地适应汉语的声调规则。为了让学生能够准确掌握汉语的声调特点，刻意训练和反复练习是必不可少的。教师应引导学生练习发音，重复模仿，以领会汉语声调的抑扬顿挫。这样的练习不仅帮助学生掌握基本的声调规则，还能提升他们对汉语语音细节的敏感性和应用能力。

考虑到相邻声调差异较大，为了帮助学生更轻松地区分声调，声调教学可以按照以下教学顺序进行：阴平、去声、阳平以及上声的顺序。首先，阴平作为汉语四大声调中音调最高的，通常是最容易被学生掌握的声调。教师应重点指导学生正确发出阴平的音调，为学生掌握后续的声调打下良好基础。一旦阴平声调被正确掌握，学生在学习其他声调时会更加容易。其次，去声的教学可以采用夸张教学法。通过夸大声调的长度和降调的特点，帮助学生更容易模仿和掌握。待学生掌握了夸张的去声后，教师可以逐步引导他们将声调长度缩短，以适应正常语速下的发音。再次，阳平的教学中，教师需要注意学生可能将阳平误发为阴平。这时教师应及时指出并纠正，帮助学生分辨并准确发出阳平的音调。最后，当学生已经掌握了前三种声调后，学习半三声（上声的简化形式）就相对容易了。教师可以通过逐步的练习和示范，帮助学生掌握半三声的特点。

在对外汉语教学中，课堂内的教学固然重要，但课堂外的练习同样不可忽视。学生需要从基础的字词声调发音开始，逐步提升到复杂的词组和整句的声调练习。这个过程中，学生不仅要学会识别和发出每个字的正确声调，还要能够在更长的语句中正确应用各个声调。声调学习可能是一个枯燥且有挑战性的过程，特别是对于那些声调基础较弱的学生，这就需要教师的耐心和细致地指导。老师需要耐心地纠正每一个声调发音的错误，通过不断地练习和反馈，帮助学生改进和提升。

（四）儿化韵及变调语音教学

1.儿化韵教学

在汉语中有一个现象往往令留学生倍感头疼，即"er"有时与韵母结合构成儿化韵，尤其在北京地区极为常见。对于外国学生来说，由于其母语中几乎不存在类似的音韵现象，儿化韵的学习便成为了一大挑战。这种特殊的语音特征需要外国学生投入额外的时间和精力来掌握，但一旦学会，就能显著提升学生的汉语表达能力和地道性。因此，虽然儿化韵的学习可能初看起来困难重重，但其对于深入理解和有效使用汉语来说是不可或缺的一部分。

对于儿化韵的掌握具有较高的难度，主要是因为儿化韵的发音并不遵循一定的固定规则，而是高度依赖于实际的语境和口语习惯。在汉语中，儿化韵的使用具有多样性和复杂性。有些词语在使用时必须进行儿化，例如"住哪儿"和"过会儿"。这些词语的儿化形式在日常交流中被广泛使用，对于这类词语的儿化，学生需要掌握其正确发音和应用场景。有些词语的儿化是可选的，例如"茶馆（儿）"和"瓜子（儿）"，这类词语的儿化取决于语境和个人口语习惯。儿化的使用受到词语组合方式和对象差异的影响。例如，"胡同"与"胡同儿"，"一条狗"与"一条儿香烟"的儿化使用表明了这种差异性。这些例子说明了儿化韵的应用范围和复杂度。此外，儿化韵的使用还受个人习惯、口语与书面语的区别，以及地域差异的影响。不同地区的人们可能对儿化韵的使用有不同的偏好和习惯。

要想学会儿化韵，学习翘舌音"er"是基础且不可缺少的一步。掌握了"er"音后，学生应进一步通过强化训练来熟练运用儿化韵。

对于刚开始学习的外国学生而言，读出正确的"er"音往往是一件困难的事情，常见的问题是将韵母和"er"分开发音。面对这种情况，教师应首先采取示范教学的方式，通过老师的正确发音示范，让学生在模仿中感受并掌握韵母和"er"结合后的正确发音。掌握必要的语音知识也对学生理解和掌握儿化韵发音非常有帮助。通过结合模仿练习和理论知识，学生可以更有效地学习和掌握儿化韵，从而提高自身的汉语口语水平。

在对外汉语教学中，处理好儿化问题不仅能帮助学生克服一个重要的语音难题，还能为其跨越语言障碍创造一条通途。儿化词的正确使用不仅能提升学生的汉语口语表达能力，还能帮助学生更好地理解和融入汉语文化。因此，教师在教授儿化词时应采取耐心细致的态度，鼓励学生通过不断地练习和模仿，掌握儿化词。

2. 变调

变调又称连接变调，指的是汉语的音节在连续发出时，其中有一些音节的调值会受到后面的音调声调的影响，从而发生改变的现象。在汉语中，变调现象遵循一定的规律，对于非母语者而言，理解并掌握这些变调规律是汉语学习的一个难点，尤其是在词组和短语的使用中。在对外汉语教学中，教师在处理变调问题时需要从学生的特点出发，特别是要充分利用成年学习者的灵活逻辑思维能力。教师应引导学生对变调的规律进行观察和总结，通过实例和练习帮助他们理解变调在不同语境下的应用。教师还应鼓励学生进行长期的练习，使之逐渐掌握变调的规则，并在实际语言使用中自然而然地应用这些规则。

汉语普通话中的变调现象主要表现为两种情况：一是第二声的变调；二是"不"和"一"的变调。在实际的语言使用中，四声并不总是按照其原来的声调模式发音。例如，上声（三声）经常被简化处理成半三声。在遇到两个三声相连的情况下，第一个三声通常会变成二声。当两个上声（三声）在句尾连读时，通常会读成全三声。对外汉语教学中，教师应根据这些变调规律精心选择适当的例句，并引导学生在课下进行针对性练习，帮助学生理解变调的规则和逻辑，并在实际语境中正确运用这些变调规则。"不"和"一"的变调与之不同。对于"一"的变调，规则是：当"一"不作为序数词使用，且不位于词尾或句尾时，需要进行变调。具体来说，"一"在阴平（一声）、阳平（二声）和上声（三声）前通常读作去声（四声），而在去声（四声）前，则变为阳平（二声）。"不"的变调规则与"一"类似，在不是单独使用且位于一声、二声或三声前时，"不"的声调变为二声。教学中，老师应详细讲解这些变调规则，并通过实例让学生在不同语境下进行练习，帮助学生更好地理解和掌握变调规则，进而在实际语言使用中能够自然地运用这些规则。

二、汉语语音教学的主要原则

（一）分析语音异同点的原则

世界上不同语言的语音系统中，音素、音位、音节、音变等问题普遍存在，并且在这些问题的具体表现上，不同语言之间既有相似之处又有不同之处。以汉语、日语、英语和俄语为例，在音素方面，这些语言都拥有一些共同的元音音素如 [e]、[a]、[i]，以及辅音音素如 [p]、[t]、[k]、[ts]、[s]、[m]、[n]。这些相同点在不同语言间构建了一定程度的共通性。然而，这些语言在音素的具体组成上也存在显著的差异。例如，汉语独有的音素包括卷舌元音 [er]、舌面前高圆唇元音 [y] 和舌面后半高不圆唇元音 [Y]，而这些在日语、俄语和英语中是不存在的。此外，汉语的舌尖后音 [ts]、[ts']、[s]、[z] 以及舌面前音 [ts]、[ts'] 也是日语、俄语和英语所缺少的辅音音素。

在音位上来看，汉语与英语、日语和俄语共有的特点是都拥有元音音位和辅音音位。但汉语在塞音上与这些语言之间存在着显著的不同。汉语的塞音同时存在送气音和不送气音，例如：/p/ 与 /p'/、/k/ 与 /k'/、

/t/ 与 /t'/。这种区分在汉语中非常重要，但在英语、日语和俄语中并不存在。

从音节来看，与其他语言如英语、日语或俄语相比，汉语音节包含了声调的元素。虽然汉语和其他语言一样，音节都包含元音和辅音，但汉语音节的构成还包括声调，这是其他很多语言所不具备的。汉语的每个音节几乎都由元音、辅音以及声调共同组成。在汉语中，元音不仅在每个音节中占据重要位置，而且在一些音节中可能不止一个。这种元音和声调的结合使得汉语音节具有独特性，也给非母语者学习汉语带来了挑战。

汉语的语音不会出现辅音连续现象，这与日语、俄语等语言形成鲜明对比。汉语的音变主要集中在儿化、变调和轻声的应用上，而其他语种的音变通常涉及重音、同化以及弱化等方面。这些差异在对外汉语教学中至关重要，不仅影响到语言的理解和学习，还直接关系到学生能否流畅地使用汉语进行交流。因此，在对外汉语教学工作中，教师需要有计划、有步骤地引导学生理解和掌握汉语的独特特点，着重于帮助学生理解汉语音变的特点，特别是儿化、变调和轻声的正确使用，这对于学生准确理解和有效运用汉语重要。通过有针对性的练习，学生可以逐渐克服汉语学习中的障碍，提高语言能力，从而实现无障碍的汉语交流。

（二）按照音节进行整体认读的原则

在汉语普通话中，音节作为基本的语音单位，通常由三个主要部分构成：声母、韵母和声调。声母是音节的起始辅音部分，韵母则是音节的元音部分，可以细分为韵头、韵腹和韵尾，尤其在复杂音节中这种划分明显。最后，声调为音节赋予了特定的音高和音调模式，是汉语普通话独有的特点。

语文教学通常采取分解音节的方式进行，总共分四步：第一步是教授韵母的发音，第二步是教授声母的发音，第三步是教会学生如何将声母和韵母有效结合起来，第四步是教授音节的四个声调。四步音节教学法对于外国学生来说效果有限，原因有以下几方面：

（1）辨音困难。汉语中，声母单独发声往往不够清晰，需要借助元音来形成完整的音节。而这种做法在教学中可能会导致学生在去除辅助元音时遇到困难，因为他们已经习惯了声母和辅助元音的组合发音。

（2）声母韵母须同时学。特别是在学习舌尖前和舌尖后元音时，必须结合声母进行学习。单独学习元音或声母可能会导致学生无法准确掌握音节的发音规则。

（3）学习方法有误区。例如，在学习每个音节的四个声调时，学生可能会养成从第一声数到第四声的习惯。这会降低学生的识字效率，影响他们对汉字发音的速度，因为学生在拼读一个字时可能需要一定的时间来识别正确的声调。

（4）拼写复杂。汉字的拼写本身就是一个复杂的过程。声母和韵母相结合才能形成完整的音节，而在许多情况下，韵母是复杂韵母。韵母的规律并非短时间内就能掌握，对于外国学生来说，这增加了学习的难度。

（5）需要长时间的积累。作为全球认为复杂和难度较高的语言之一，汉语学习涉及多个方面。学生首先必须掌握声母和韵母的准确发音，这是基础。随后，学会声母和韵母的组合拼写也同样重要。除此之外，音节的四个声调的学习也不可忽视，因为它们对于汉语发音的准确性至关重要。每个环节都是学好汉语不可或缺的一部分，任何一步的疏忽都可能影响到整体学习效果。

在对外汉语教学中，分解音节教学法虽然能让学生对音节每个部分有更好地理解，但在组合各部分音节时，学生往往难以达到理想的认读效果。音节作为构成语言的基本单位，应当被视为一个不可分割的整体。在教学初期，教师可以首先让学生学习由韵母和声调组成的音节，这种入门级教学有助于学生初步感受汉语音节的发音特点。接着，教师可以引导学生学习由声母、单韵母和声调组成的音节，这一步骤会在学生已有的基础上增加一定的复杂性，但依然保持着对音节整体的认识。随后，教师可以进一步引入由声母、复韵母（如鼻韵母）和声调组成的音节，这是高级的阶段，要求学生能够处理复杂的音节结构。这种循序渐进的教学方法，学生可以在实践中逐步掌握音节的发音规律，并能够更好地将学习内容应用于实际的语言使用中。这种由整体到部分、再从部分到整体的循环往复的教学方法，符合语言学习的自然规律，有助于提高对外汉语教学的效果，使学生能够流畅和自然地使用汉语。

（三）读音和书写结合原则

自古以来，文字一直是语言表达和沟通的有效途径，它使得语言的传播和交流超越了时间和空间的限制。文字的存在不仅促进了深入的交流，还使各种技能、历史知识和经验得以记录和传承。文字的主要作用在于其对社会进步的推动作用，它允许人类积累和共享知识，形成文明的连续性。文字的出现也催生了书面语言的发展。书面语言的规范化和加工是建立在文字的基础上的，正是通过书面语言，历史、文化和科学知识得以保存并传承至今。因此，学习和掌握一种语言的文字，无疑是学习该语言的基础和关键。由此可见，无论是学习母语还是外语，掌握和理解相应的文字系统都是至关重要的。

汉字作为一种象形文字，属于表意体系的范畴。汉字是汉语表达的工具，汉字的学习对于掌握汉语至关重要。汉字的独特之处在于音、形、义的紧密结合，每个汉字都是音、形、义三者的结合体。此外，汉字在意义和用法上也存在明显的规律性。因此，深入理解并掌握汉字的这些特征，对于学习和使用汉语来说是重要的。

对于外国学生学习汉语而言，汉字的学习通常是一项挑战。为了帮助他们更快地克服这一困难，对外汉语教学应该重点关注常用汉字的教学。汉字作为音节文字，每个字通常对应一个音节（除儿化音外）。在我国推广的普通话中，有 2 500 个常用字和 1 000 个次常用字，掌握这些汉字基本上可以满足日常阅读的需要。在对外汉语教学中，设置专门的常用字和次常用字课程是一个有效的教学策略。假设每堂课讲授大约 20 个常用字，那么通过大约 150 课时，学生就可以全面了解这些字的读音和书写。这种教学方法可以在较短的时间内帮助学生全面而细致地掌握常用汉字。

在对外汉语教学中，教师应注重多音字的教学，这对学生深入理解汉语至关重要。通过讲解同一汉字在不同词组中的不同读音和意义，学生可以更全面地理解汉语的复杂性和丰富性，不仅有助于学生更好地掌握汉语，也能激发学生对学习的兴趣。另外，语音教学、朗读教学和汉字书写是构成对外汉语教学的三大支柱，只有三者相辅相成，才能确保汉语教学的全面性和有效性。语音教学强化了学生的发音准确性，朗读练习提升了学生的语感和流畅度，而汉字书写是汉语学习的基础，关系到学生对汉字结构和意义的理解。综合这三方面的教学，不仅能让汉语教学深入和扎实，还能提高学生的学习热情和积极性，使他们在汉语学习的道路上走得更远。

第二节　汉语词语教学

一、词语的重要性

词语在语言学习和使用中扮演着重要角色，不仅是构建语言的基石，也是表达观点和思想的关键工具。一个人的词语量在很大程度上决定了其语言表达能力和沟通效果。拥有丰富的词语量可以使个体的表达精确和生动，能够完整地阐述一个主题，准确地描述具体事物，从而增强沟通的有效性和自信心。

词语是学习任何知识的基础。一个丰富的词语库不仅有助于个体更好地理解新的学习内容，而且能够加深个体对知识的掌握和应用。例如，在阅读过程中，对词语的熟悉程度直接影响了对文章整体意义的理解。如果遇到不熟悉的词语，不仅会阻碍理解，还可能影响后续学习的连贯性和深度。因此，无论是在日常交流还是学术学习中，积极扩展词语量都是重要的。

词语量是衡量一个人语言能力的关键指标，在很大程度上反映了个人的智力水平和表达能力。拥有丰富的词语量使人能够更加准确和生动地表达自己的思想与情感，同时有助于更好地理解他人的言语和沟通交流。相反，词语量有限可能会限制个人的语言表达能力，从而影响日常生活中的交流效果。

因此，不断增加个人的词语量对于提高语言能力和加深沟通交流是极为重要的。一个扩展了的词语库不仅能增强个人的表达力，还能帮助人们更好地理解新知识，提高学习效率。人们应当致力于学习和掌握更多的词语，以丰富自身的语言资源，使自己在各种语言环境中都能更自信、更有效地表达和交流。

二、词语教学在对外汉语教学中的重要性

词语教学在对外汉语教学中具有不可替代的重要性。通过有效的词语教学，可以帮助学生建立坚实的语言基础，提高他们的语言运用能力，同时加深他们对中华文化的理解和欣赏。因此，对外汉语教师应重视词语教学，采用多种教学方法和手段，使词语学习成为一个既有趣又富有成效的过程。

首先，词语教学对于提高语言表达能力和阅读理解能力重要。学生若具备了广泛的词语知识，在阅读汉语材料时更容易理解内容，而且能够更有效地与人沟通。掌握了足够的词语，学生可以更自然地表达自己的想法和感受，同时能更准确地理解他人的言辞。其次，词语学习是语言学习的重要组成部分。对于学习汉语的外国学生来说，词语的学习不仅仅是记忆单个字词，更是对汉语结构、语法及其使用环境的深入了

解。通过学习不同的词语，学生可以了解汉语的句子结构和语言使用习惯，这对于他们掌握汉语至关重要。再次，词语教学也是激发学生学习兴趣的重要手段。丰富多彩的词语能激发学生的好奇心和探索欲，尤其是那些与中华优秀传统文化和日常生活密切相关的词语，能够帮助学生更好地理解和融入中华文化。最后，词语学习有助于提升学生的跨文化交际能力。了解和使用适当的词语，不仅能帮助学生准确表达自己，也能使他们在与中国人交流时更加得体，避免文化误解。

三、对外汉语词语教学的性质

词语是语言的基本构建块，不仅承载着丰富的文化信息和实际意义，还是进行有效沟通和深入学习的基础。对外汉语词语教学的性质主要体现在以下几方面，如图 3-1 所示。

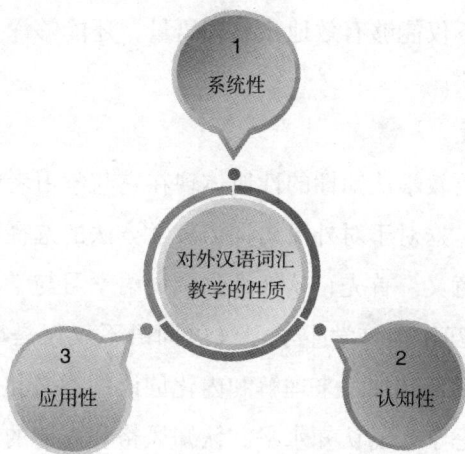

图 3-1　对外汉语词语教学的性质

（一）系统性

对外汉语教学中的词语系统，以其独特的结构特征，为非母语学习者提供了一条高效的学习路径。对外汉语词语教学系统的核心是常用语素，即汉语中基本的、意义独立的语言单位，如单个汉字。这些语素是学习汉语的基础，因为它们是构成复杂词语结构的基石。例如，常用的单字词如"水""火""人"，都是学习汉语不可或缺的基本元素。环绕在这个核心层外的是复音词层，这些词语通常由两个或更多的语素组成，如"火车""水杯"。复音词在汉语中占据了重要的位置，不仅丰富了语言的表达，还反映了汉语的特点和规律。对于学习者而言，理解和掌握这些复音词对于提高其汉语水平重要。构词法则是连接常用语素和复音词的桥梁。它不仅涉及词语的形成方式，如合成、派生，也包括词语的语义特点和使用规则。通过学习构词法，学习者可以了解如何从单一的语素扩展到复杂的词语结构，同时能够理解词语是如何在特定语境中产生特定含义的。这种以常用语素为核心、以复音词为外层的词语系统，为对外汉语教学提供了一个清晰的结构框架。学习者可以首先掌握基本的语素，然后逐渐过渡到理解和使用复音词。通过这种循序渐进的方式，学习者不仅能够有效地积累词语量，还能够深入理解词语的内在结构和使用方法。

（二）认知性

对外汉语词语教学认知性的性质体现在它与学习者的认知发展和认知过程紧密相关，这对于对外汉语词语教学方法的选择和教学内容的设计具有重要指导意义。首先，认知性强调词语学习与学习者的认知结构和认知能力的相互作用。学生学习汉语词语不仅仅是简单地记忆和重复，而是需要通过认知加工来理解和内化词语的意义和用法。这意味着词语教学需要考虑学生的认知水平、认知风格和先前的知识背景，以确保教学内容与学生的认知能力相匹配。其次，认知性体现在词语学习的过程中。学生在学习新词语时，需要通过比较、归类、抽象等认知过程来理解新词语与已知词语之间的关系。这种认知活动有助于学生构建和扩展他们的词语知识网络，提高他们的语言能力。

（三）应用性

对外汉语词语教学的应用性是其性质之一，这一性质强调词语教学应贴近实际应用，重视词语的实际使用价值和功能。应用性体现了对外汉语教学不仅仅是理论上的知识传授，更是实用技能的培养。

第一，应用性意味着词语教学需要与实际生活密切相关。教学过程中，教师应选取日常生活中常用、实用的词语作为教学内容，使学生能在实际生活中直接应用所学词语。这种教学方法有助于增强学生的学习兴趣和动力，因为他们能够立即在日常交流中看到学习成果的应用。第二，应用性体现在词语的功能性教学上。在对外汉语教学中，词语不仅仅是单词本身，还包括它们在语句中的实际运用。因此，教师需要在词语教学中加入大量的语境应用练习，例如通过对话、情景模拟等方式，让学生在具体语境中使用新学的词语，提高他们的语言应用能力。第三，应用性强调词语教学与实际沟通技能的结合。对外汉语教学的目标之一是提高学生的沟通能力，因此词语教学需要着重于词语在实际沟通中的运用。这包括教授学生如何在不同的沟通场景中选择恰当的词语，以及如何有效地运用词语表达思想和情感。

四、对外汉语词语的教学方法

（一）感知法

感知法指的是充分运用人的视觉、听觉、触觉三种生理感觉实施词语教学。感知法在强调通过感官体验来增强学习效果，使学生能够直观、深刻地理解和记忆词语。视觉感知是感知法中常用的一种手段，尤其是在词语教学的初级阶段。例如，利用图片法教学是一种非常有效的方法。当教授如"出租车""面包""衬衣""理发师"等与生活紧密相关的词语时，展示相关图片可以帮助学生直观理解这些词语的含义。视觉感知教学方法不仅简单，而且具有很强的实用性。通过视觉直观的感受，学生可以更快地把词语与其代表的实物或概念联系起来，从而加深记忆。教师的肢体语言也是一种重要的视觉感知工具。在教授动词如"提""扔"时，通过示范性的肢体动作，可以使这些动词的意义更加明确和易于理解。肢体语言通过直观的动作展示，帮助学生理解动词的具体含义，增强学生的学习体验。在使用"视觉"感知时，从语用的角度来说，主要是生活用词；从词性上说，主要是名词和动词。

听觉感知教学方法主要是和视频、录音等教学工具结合应用，可以帮助学生在真实的语境中感受和学习词语。例如，教师可以播放包含"沙哑""小声"和"吵闹"等声音的视频，帮助学生通过听觉对比来理解这些词语的意义及其使用环境。听觉感知教学方法不仅增强了学生对词义的理解，还让他们能够更好地把握词语的使用情境和语境色彩。

在使用触觉感知进行教学时，通常需要与实物教学法结合。例如，在教授形容词如"柔软""粗糙""坚硬"时，教师可以分别准备棉花、麻布和石头等物品，让学生通过触摸这些物品来实际感受词语所描述的质感。触觉感知教学不仅能帮助学生更深刻地理解词语的具体含义和使用场景，还能创造一个轻松愉快的学习环境，提高学生的学习兴趣和参与度。通过触摸体验，词语的学习变得直观和有效，同时增加了课堂的互动性和趣味性。

感知法作为一种词语教学方法，对于教师而言，其实施简单且易于操作，即便是新手教师，只要充分准备，也能够有效地应用此法进行高效的词语教学。感知法不仅可以使学生能够更容易地理解词语的基本概念和含义，还能帮助学生掌握词语的实际用法。需要注意的是，能够通过感知法完全解释清楚的词语数量有限，这种方法的适用范围相对较窄。随着学生汉语水平的提高，对复杂和抽象词语的学习需求增加，感知法的使用频率可能会逐渐降低。因此，虽然感知法在初级阶段的词语教学中非常有效，但教师也需要根据学生的学习进展和汉语水平的提高，适时调整教学方法，以确保教学的有效性和学生学习的连续性。

（二）语境法

学习汉语的学生通常出于某种现实需求和目的，这就要求词语教学需要紧密贴合实际生活。而语境教学法就是一种极为有效的教学选择。

语境教学法涵盖了上下文语境、情景语境以及社会文化语境，这些语境既可以单独使用，也可以相互结合，为学生提供丰富多维的学习体验。在实施语境教学法时，关键在于提供足够的语境信息，并将其隐含的逻辑关系明确化，帮助学生更深入地理解词语，并提升学生在实际语言应用中的适应性和灵活性。例如，通过具体的生活场景来教授词语，可以让学生更加直观地理解词语的使用环境和语境含义。词语教学不仅仅是对词义的教授，更是一个全方位的过程，包括词语的概念意义、色彩意义、文化意义以及使用规则。这种全面的教学方法有助于学生全面而深刻地理解和掌握词语。通过在各种真实的语境中学习和使用词语，学生不仅能理解词语的字面意义，还能把握词语的深层次含义和文化背景。

举例子是语境教学法中常见且有效的手段之一。但是并非所有例子都能有效地帮助学生理解词语。有效的语境应当提供充足的信息量和相关性，以便学生能够从中理解词语的概念意义和语用场景。例如，在讲解"退休"这个词语时，简单的句子如"我退休了"可能不足以传达充分的信息。相比之下，句子"我已经 60 岁了，我今年要从单位退休了"则提供了更多的有效信息，其中"60 岁"这个年龄信息暗示了退休的标准年龄，但这还不够全面。为了更有效地使用语境教学法，教师可以扩展语境信息，比如添加更多关于退休的背景信息，包括退休的条件、相关的社会习俗或政策等。例如，"在我们国家，男子通常在 60 岁左右退休，这意味着他们停止了长期的工作，可以享受更多的个人时间和休息"。这样的语境不仅提供了关于年龄的具体信息，还扩展了对退休生活方式和社会文化的理解。

不同国家的生活理念和传统文化在很大程度上影响着人们对工作和"退休"的看法。例如，在一些国家，存在一种"生命不息，工作不止"的观念，这些国家的人即使到了传统的退休年龄也选择继续工作，因为他们认为工作是生命不可或缺的一部分，不愿意因年龄而放弃职业生涯。还有一些国家的人选择在相对年轻时退休，享受较长的休闲时间和个人生活。这充分反映了文化中对生活质量和个人时间的重视。在教学过程中，教师可以通过这些例子帮助学生理解不同民族文化背景下的词语和概念。同时，教师在传授这些知识时应坚持文化自信，使用正确和恰当的方法来传播和表达中华文化。

在对外汉语词语教学中，上下文语境、情景语境和民族文化语境是三种语境教学法，它们各有特点，对学生的语言学习极为有益。上下文语境指的是在课文教学中利用文本内容来辅助学生理解新词语。这种方法可以使学生在阅读和分析文本的过程中，自然而然地理解和掌握词义，同时也加深了对课文整体内容的理解。情景语境是通过教师创设的具体例子或模拟情景来解释词义。这种方法能让学生在特定的语境中体验词语的使用，从而更好地理解词语的语用环境和多样性。民族文化语境特别适合用于讲解与文化相关的词语。考虑到中华文化的丰富性和深度，文化词语的学习变得尤为重要。这些词语几乎涵盖了生活的方方面面，对于想要深入理解中华文化并进行有效沟通的学生来说，掌握这些词语是必不可少的。通过这三种教学方法的综合运用，教师不仅能帮助学生学习和运用词语，还能培养他们对语言深层次的理解和对文化的敏感性。

（三）扩展法

扩展法主要包括语素义法、类聚法、联想法，旨在增加学生的词语量。语素义法侧重于从单个词语向其构成的基本语素进行扩展，帮助学生理解词根、前缀和后缀等语素的含义和用法。类聚法是一种词对词的扩展方式，通过将相似或相关的词语汇聚集在一起，促进学生对词义的深入理解。联想法是从一个词义扩展到其他相关的词义，利用词与词之间的关联性来拓宽学生的词语视野。这三种方法虽然途径不同，但都致力于同一个目标：丰富和扩大学生的词语量，从而提高学生的语言运用能力。

语素义法适用于初中级汉语学习者。语素义法利用汉语构词法的特性，通过对词语中单个语素进行解释，帮助学生理解整个词的意义。在汉语中，很多词语是由一个或多个能够独立成词的语素组成的，这些语素被称为成词语素。例如，在"远行"这个词中，"远"和"行"都是可以单独成词的成词语素。通过语素义法的教学，学生不仅学习了"远行"这个词，也理解了构成它的"远"和"行"的含义，从而达到了对词语进行扩展的目的。语素义法的优势在于，能够快速提升学生的词语量。尽管汉语中许多复合词的意义并非不是由单个语素的意义简单相加所得，但这些词语的含义通常与构成它们的语素有一定的联系。理解了单个语素的意义后，学生便能够对新词语进行合理的推测和理解。例如，学生一旦掌握了"摔倒"中"摔"和"倒"的语素意义，当之后遇到如"打倒""推倒"类似结构的词语时，就能够通过已知的语素意义推测出新词的大致意思。此外，培养学生猜测词义的能力也是汉语词语教学的一个重要方面。

类聚法适用于中高级阶段的语言学习者。类聚法通过将相关的词语聚合在一起进行教学或复习，帮助学生更深入地理解和扩展词语。例如，在教授"马铃薯"这个词时，教师可以同时引入其同义词"土豆"，或者扩展到相关的类属词语如"薯条"。这种方法不仅增加了学生的词语量，还加深了学生对词语间关系的理解。类聚法注重学生对词语之间关系的掌握，如同义关系、类属关系等，这对于提高学生的语言应用能力至关重要。同时，类聚法也有助于检测和巩固学生的词语量，因为它要求学生在已有的词语基础上深化和丰富他们的词语知识。

联想法主要是调动学生大脑中储存的信息进行词义的联想。联想法要求学生不仅拥有一定的词语基础，还需要能够准确理解词语的含义。例如，当提到"春天"时，学生可能会联想到与之相关的词语如"春游""鲜花"。联想法不仅增加了学生的词语量，还增强了学生对词语内涵和外延的理解。为了提高联想法的教学效果，将其与语义场（语义的类聚）结合起来使用是一个有效的策略。语义场可以为学生的联想提供一个结构化的框架，帮助学生在特定的语境中理解和使用词语，不仅培养了学生对词语的选择能力，还限制了词语的概念意义和使用场景，避免了无目的或错误地联想。

扩展法的使用需要教师心中有"度"，避免过度扩展而增加学生的学习负担。扩展教学的目的是丰富学生的词语量和加深对语言的理解，而不是使学习变得沉重或让学生失去学习汉语的兴趣。教师还应该认识到，并不是所有词语都需要学生完全掌握。在处理不同类型的词语时，教师应采取不同的策略。对于表达性词语，学生应该既能理解其含义，又能在适当的语境中运用它们。对于接受性词语，学生能够在听和读的过程中理解其含义即可，无须强调其运用。这种区分意味着，在教授扩展词语时，不能一概而论，而应根据词语的性质和学生的学习需求进行调整。

五、对外汉语词语教学的原则

有效的词语教学不仅关乎语言知识的传授，更涉及文化理解和交际能力的培养。对外汉语词语教学应遵循以下几点原则，如图 3-2 所示。

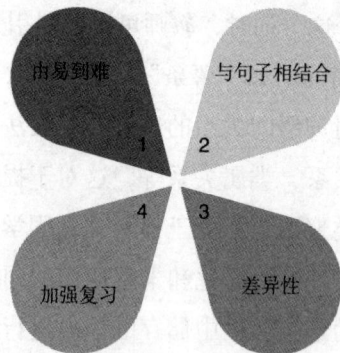

图 3-2　对外汉语词语教学的原则

（一）由易到难

在对外汉语教学中，遵循由易到难、由简到繁的教学原则重要的。这意味着教师在安排词语学习时，应优先选择学生已经熟悉的汉字，以此作为构建新词语的基础。这样的方法不仅能加快学习进度，还能提高学生的接受能力和学习兴趣。例如，假设学生已经学习了"开"这个字，教师可以从"开门""开车""开灯"相对简单且实用的词语开始教学。这些词语易于理解，且与学生的日常生活密切相关，有助于学生快速掌握并应用新知识。相比之下，如果一开始就教授像"开价""开发"这类词语，虽然学生可能认识单个字，但整个词组的含义可能较难理解，从而降低学习效率。因此，对外汉语教学应坚持从简单、实用的词语开始，逐渐过渡到更复杂的词语。这种渐进式教学不仅能有效扩大学生的词语量，还能激发学生学习汉语的兴趣，同时确保学习过程的连贯性和系统性。

（二）与句子相结合

在词语教学中，将词语与句子相结合、置于确定的语言环境中进行学习，能够确保学生不仅学会了词语本身，而且能够正确地在实际语境中使用所学词语。词语的意义往往会根据不同的语言环境而变化，因此理解和应用这些变化是词语学习的关键部分。以汉字"开"为例，它在不同的句子中可以表达不同的含义。在"小明去开门了"这个句子中，"开"指的是"使关闭着的东西不再关闭"；而在"墙上开了个窗口"这句中，"开"则表示"打通、开辟"。这种差异说明了即使是单个字组成的词语，其含义也会因语境而异。因此，教师在进行词语教学时，应注重将词语放置在具体的语言环境中，帮助学生理解并掌握其在不同情境下的准确用法。这种融合句子和语境的教学方式，不仅能够增强学生对词语多样性的认识，还能提高他们运用词语的灵活性和准确性，从而达到真正掌握词语的目的。

（三）差异性

在对外汉语教学中，由于学生背景和需求的多样性，教师应根据不同学习者的具体情况采取不同的教学策略。特别是在词语量的要求上，对于"说""读"等不同语言技能，学生的需求有显著差异。对于口语交流，"说"的词语量要求相对较低。对大多数学生而言，只要能够进行基本的日常对话，掌握核心的口语词语即可。这意味着教师在进行口语教学时可以重点关注那些常用且实用的词语，以满足学生进行基本交流的需要。相比之下，"读"需要的词语量则明显更大。不同学生在词语掌握上存在个体差异，这就要求教师在确保学生掌握基础词语的同时，鼓励能力较强的学生在自己的能力范围内多学习一些词语。这种差异化教学策略既考虑了学生的个体差异，又保证了教学的有效性和高效性。因此，在对外汉语教学中，教师应根据学习者的实际水平和需求，采取灵活多变的教学方法，既满足基本学习需求，又能够激发学习者的潜能，促进其全面发展。

（四）加强复习

在对外汉语教学中，复习是确保学生有效掌握词语的关键环节。鉴于汉语词语量庞大，持续不断地复习尤为重要。德国心理学家赫尔曼·艾宾浩斯（Hermann Ebbinghaus）的遗忘曲线指出，为了加强记忆，学习新词后应及时进行复习；一个新词要经过 6 至 8 次的重复出现，才能被学生初步掌握。[①]因此，教师在教学过程中不仅要注重新词的教学，还要重视对学过词语的定期复习。这种复习应当有目的、有计划，而且多样化，以帮助学生巩固记忆，减少遗忘。教师可以通过多种不同的复习活动，如课堂练习、家庭作业、互动游戏等来帮助学生在不同的语境中重温并应用所学词语深化他们对词语的理解和记忆。

---

① 艾宾浩斯.记忆心理学 通过实验揭秘记忆规律 [M]. 倪彩，编译.北京：中国纺织出版社，2018：142-149.

第三节　汉语语法教学

一、对外汉语语法教学的内容

（一）汉语本体

在对外汉语语法教学中，明确哪些语法是必须掌握的、哪些语法是基本的、重要的，尤其是对于那些希望在短时间内达到有效交际水平的学生来说。教师应识别并强调那些对日常交流至关重要的语法点，如基本句型、时态、语序，因为这些是构建基础交际能力的核心元素。学生一旦掌握了这些基本的语法知识，其语言交际能力将显著提升。

（二）对比汉语和外语的语法特点的异同

在对外汉语教学中，对比汉语和学生母语的语法特点，不仅可以激发学生学习的兴趣，还有助于学生深入地理解汉语的语法结构，极大地提升教学效果。以汉语和英语为例，从语法来看，两种语言的相同之处主要体现在：句子成分相似，都由主、谓、宾等构成句子的基本成分；词性种类都很多，包括名词、动词、形容词、副词、数词、量词、代词等。两种语言的区别主要体现在：语法使用手段不同（汉语属于孤立语，主要的语法手段是词根组合表达不同的词：英语是属于屈折语，主要的语法手段是形态的变化）；词语和句法成分对应不同（汉语的词语和句法成分的对应更加复杂）。通过对比，教师可以帮助学生从他们已经熟悉的母语语法出发，理解汉语的独特之处，使学生更快地适应汉语的语法结构，还能深化学生对语言差异和语言学习过程的理解。

（三）改正学生经常遇到的语法错误

在对外汉语教学中，对学生常犯的语法错误给予重点关注和纠正是提高教学效果的关键。教师应鼓励学生使用纠错本，记录下在学习过程中遇到的常见问题和错误。这不仅有助于学生自我反思和复习，也为教师提供了根据学生具体需要定制教学内容的依据。教师需细致观察每个学生的学习行为，分析和总结他们常犯的错误，并在后续课程中进行针对性的强调和讲解。如此一来，教师可以有效地引导学生关注并改正自己的错误，从而加快学习进程，提高学习效果。

二、对外汉语语法教学的原则

探索对外汉语语法教学的有效原则，对于提高教学质量、增强学生的语言能力，乃至推动汉语的国际传播都具有重要意义。对外汉语语法教学的原则主要包括以下几点，如图 3-3 所示。

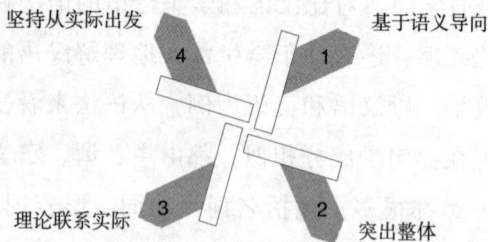

坚持从实际出发　　4　　1　　基于语义导向

理论联系实际　　3　　2　　突出整体

图 3-3　对外汉语语法教学的原则

（一）基于语义导向

语法不仅是一系列形式规则，更是表达意义的工具。因此，在教学过程中，外国学习者首先需要理解想要表达的意义，然后才能选择恰当的语法形式来准确表达这一意义。教师在教学中应着重引导学生理解意义与形式之间的关系，帮助他们从想要表达的内容出发，再找到相应的语法结构来表达这些内容。这种方法不仅有助于学生更好地理解汉语语法，也促进了他们的语言应用能力。在口语教学中，应基于语义导向的原则，以学生构建语法的角度出发，通过一个由句法、语义到语用的连贯流程，促进语法教学与口语教学的有效融合。这种教学策略使学生能够在实际交流中更自然、准确地使用汉语，提高他们的语言实际运用能力。

在对外汉语语法教学中，利用特定的语境来引导学生的学习是一种有效的教学策略。通过设置科学合理的语言环境，教师可以帮助学生更好地感知和理解汉语语法。这种教学方法特别适用于解决那些在不同语言环境下含义变化的语法现象。例如，某些词语或句型在不同的语境中可能有着截然不同的用法和含义，通过模拟具体的使用场景，学生可以更直观地理解这些语法规则。因此，在进行对外汉语教学时，强调语境的重要性不仅有助于提高教学质量，还能显著提升学生的语法学习效率。

（二）突出整体

构式语法强调语言的意义、功能及形式之间存有密切关系。在构式语法观点下，语言的意义与形式之间的关系通常是固定的，但这种关系往往具有不可预测性，不完全遵循传统的语法规则和语法意义组合规则。因此，在对外汉语教学中，教师应当重视对语言中不规则和半规则结构的分析和讲解。包括了解和解释那些不能简单通过常规语法规则来理解的语言现象，如特定的词组搭配、固定短语等。通过对这些结构的深入分析，教师能够帮助学生更好地理解和掌握汉语的构式语法特点。与此同时，构式语法的教学还应关注于将语法视为功能或形式的一种结构体，不仅要关注语法规则本身，还要强调语法在实际交际中的功能和整体性。教师应指导学生理解语法的整体结构和功能，以及它们如何在不同的交际环境中发挥作用。

（三）理论联系实际

语法是对语言系统抽象化、系统化的概括。在对外汉语课堂教学时，语法教学方法需精心设计以避免过于理论化和抽象化，否则将导致教学内容枯燥且缺乏吸引力。为了激发学生的学习热情，对外汉语教师应采用多元化的教学方法，结合学生的实际学习情况和需求，进行有效的沟通交流，从而识别并针对学生的薄弱环节制定相应的教学策略。语法是人们日常用语规则的总结，所以教师在教学时需将对外汉语语法和学生生活语境相联系，帮助学生精准地理解语法用法，从而达到提高学生语言交际能力的目的。

（四）坚持从实际出发

在对外汉语语法教学中，教师必须明确掌握课堂的教学目标和学生的学习状况，以确保语法教学的有效性和针对性。过分强调语法规则的规律性，而忽视学生在实际交际中遇到的困难，可能会导致教学与学生的实际需求脱节。因此，语法教师应基于实际情况出发，将语法教学与实际语境紧密结合，采用多样化和灵活的教学方法。教师应在教学过程中关注语法规则在不同语境下的应用，引导学生理解不同语法点之间的差异，并通过实际例子和情景模拟来展示这些规则的实际运用。这种方法不仅有助于学生更好地掌握汉语语法，还能够增强他们在真实交际环境中使用语言的能力。

三、对外汉语语法教学策略

（一）开展语块教学

对外汉语语法教学是对外汉语教学的重要组成部分，与中国本土的语法学习存在显著差异。在进行对外汉语语法教学时，采用恰当的教学方法重要，这不仅能帮助学生缩短理解和分析语法的时间，而且有助于提升他们的汉语表达能力。教师在课堂教学中应强调语法教学的重要性，并明确教学目标，采用语块教学法，促进学生专业素养的提升。语块教学法强调以实际应用为导向，让学生在语境中学习和使用固定的词组和表达方式。这种方法不仅加强了学生对语块的辨别能力和意识，还帮助他们理解和掌握相关的语法含义。通过实施语块教学法，教师能够有效激发学生在课堂上的主体性，使他们在实际语境中学习和运用语法知识，不仅提高了课堂教学的效率，还促使学生更好地理解汉语语法的实际应用，从而提升他们的语言能力。

另外，为使学生了解并掌握语义、语言特征、语块用法等，对外汉语教师在课堂教学中，可通过提高复现率的形式强化学生语块应用能力，进而为其今后全面发展奠定坚实基础。

（二）采用语义引导方式

在对外汉语语法教学中，教师可以通过语义引导的方式，引导学生深入理解和掌握汉语语法。通过提出合理的问题和设置情境，教师不仅可以引领学生遵循教学思路，还能激发他们对语法的感知、分析、认识和体验，帮助学生明确学习的关键点，并在实际语境中正确运用所学语法。在实践教学中，语义引导可以与设置具体的教学情境相结合，从而提高教学的实效性。通过模拟真实的语言使用环境，教师能够使学生在实际应用中加强对不同语法点的理解和掌握，不仅促进了学生的语法应用能力，还帮助学生掌握语法的独特特点和深层含义。因此，对外汉语教师在开展语法教学时，应充分考虑学生的学习状况和教学内容，合理设计教学情景，使学生能够在实践中提升语法水平，从而在实际交际中更加自如地运用汉语。

在对外汉语教学中，以"更加"为例的语法教学，可以借助多媒体技术来激发学生的学习兴趣。教师可以播放一系列不断变化的、丰富的景色图片，从简单到复杂，最后引导学生描述这些图片的变化。例如，当播放到最壮观的风景时，教师可提问："同学们，你们能描述景色图片后来的变化吗？"学生可能会用"美""壮观""漂亮"等词语来回答。这时，教师可以引导他们使用"更加"这个语法结构，如"风景变得更加壮观了"。这样的教学方法不仅帮助学生理解"更加"的用法，还使他们能够在实际语境中运用这一语法结构。通过结合视觉元素和互动性提问，学生可以深入地感受语句的内涵，理解和掌握语句的语义，从而在日常生活中自如地应用汉语。

此外，在对外汉语语法教学中，教师应重视学生的主体地位，充分考虑学生的语言水平、能力和表达习惯。通过语义引导的教学方法，教师可以设计符合学生需求的课程，从而有效提升对外汉语语法教学的质量。这种教学方式不仅满足学生的个性化学习需求，还促进了学生对语法知识的深入理解和应用，有助于提高整体教学效果。

（三）开展分阶语法教学

根据不同的学习水平，可以把学习对象分为三类：初级、中级、高级。

1.初级阶段应该侧重于基础性语法教学

对于初级汉语学习者，教师在教学过程中可以适当引入语法知识，同时鼓励学生大胆地发音、讲话和表达自己的思想。在这个阶段，过分强调语法的正确性可能会抑制学生学习汉语的热情，因此教师的角色更多是引导和激励。当学生在表达观点时出现语法错误，教师应及时指出并进行适当的解释，这样做不仅有助于纠正错误，还能激发学生的求知欲。同时，教师可以在每篇教学文章中融入一个重要的语法点，并利用课文中的例句向学生讲解语法规则。这种结合课文内容的教学方法，可以帮助学生在实际语境中理解和应用新学的语法知识。除此之外，教师还应引导学生将学习过的语法点串联起来，形成一个完整的语法知识体系，以此巩固他们的基础语法知识。通过这种方式，学生不仅能在轻松愉快的氛围中学习汉语，还能逐步建立起坚实的语法基础，为提高汉语水平打下坚实的基础。

2.中级阶段侧重语义语法讲解

在对外汉语教学中，初级和中级阶段的教学重点有所不同。在初级阶段，教学主要集中在语法结构的掌握上，强调句子的语法正确性，而对语义的讲解并不太强调。初级阶段的学习者可能会构建出语法正确的句子，但在表达具体意义上可能还不够清晰。因此，对于初级学习者而言，重点是学会如何构建结构正确的句子。进入中级阶段后，教学重点转向语义的理解和应用。在这个阶段，不仅要求句子在语法上正确，更重要的是句子内部成分的语义组合是否合理，是否符合汉语的说话习惯和逻辑。这一转变对汉语学习者来说是一个重要的进步。中级水平的学生需要学会如何在保证语法正确的基础上，构建意义清晰、逻辑合理的句子。因此，在对外汉语教学中，教师需要根据学生的学习阶段和具体需求，适当调整教学内容和方法，在中级阶段更多地关注语义的理解和运用。这种由形式到意义的递进教学方式，有助于学生逐步掌握汉语，能够自然地使用汉语进行有效的交际。

3.高级阶段侧重语用功能语法讲解

在对外汉语教学中，功能语法的核心是强调语言句子结构与语境的紧密联系，而不是单独分析孤立的句子。因此，对于高级汉语学习者而言，深入理解汉语语法，并能够根据语境灵活运用语法知识，是提高学习水平的关键。高级阶段的学习者需要认识到，有些句子可能无法仅凭形式和语义进行充分解释，但通过语用知识的应用可以获得深入和全面地理解。这要求学生不仅掌握语法的基础知识，还要学会根据不同的语境选择恰当的语法结构和表达方式。

（四）采用演绎拓展方式

1.直观演绎与形象演绎

首先，在对外汉语语法教学中，运用多元化的教学手段是提高教学质量和学习效率的关键。教师可以通过实物、示意图、表格和图画等直观的教学工具来呈现语法知识，使原本抽象的语法规则变得更加易于理解和掌握。例如，在讲解趋向补语这一语法点时，教师可以使用简笔画来形象地展示"上来""下去""进去""进来"等词语的具体含义和用法，使学生能够直观地感受和理解这些语法结构的差异和应用。

其次，形象演绎法在对外汉语语法教学中扮演着重要的角色，它不仅能够提升学生的学习兴趣，还能有效提高学生的学习质量。对外汉语教师在进行语法教学时，应先向学生介绍相应的语法规则，然后通过实例的形式进行具体的课堂讲解，这样有助于学生更好地理解和掌握语法知识。例如，在教授"比"字句时，教师可以先给出基本的句型结构，如"A比B+形容词"，并给出相应的例句，例如"他比我瘦"。接着，教师可以引导学生根据这一格式自行造句，从而加深他们对该语法结构的理解和应用能力。通过这种直观的教学方法，学生不仅能够快速掌握具体的语法规则，还能通过实践活动巩固所学知识。此外，形象演绎法也有助于激发学生参与课堂学习的积极性，使学生在轻松愉快的氛围中学习汉语。

2. 总结归纳与对比分析

在对外汉语语法教学中，教师应为学生展示一定数量的教学例句，引导他们通过大量分析和练习，自主总结和归纳语法规则，使学生能够深入理解汉语语法的独特规律和特征，全面地掌握语法知识。同时，采用对比分析法也是提高语法教学效果的有效手段，通过比较不同词语间的联系和差异，可以帮助学生深入理解语法点之间的联系与区别。

在对外汉语教学中，教师可以利用对比教学法来阐明诸如"比较贵"与"有点贵"这样的表达之间的细微差异。为了使学生更好地理解这两个表达的区别，教师可以设置一个商场购物的实际情境。比如，当一件衣服标价500元时，学生可能会说"太贵了"；而另一件衣服标价200元时，他们可能会表达为"有点贵"。通过这样的情境模拟和对话练习，学生能够直观地感受到"比较贵"和"有点贵"在实际使用中的不同语义强度和情境适用性。通过实践练习和情景模拟，学生能够在具体的语境中应用所学知识，从而有效提升他们的汉语表达能力和专业素养。

3. 情景设置和任务型教学

首先，在对外汉语语法教学中，为了帮助学生轻松、牢固地掌握重点内容，教师可以设置相应情景，通过问答、多媒体播放和图画展示等形式，活跃课堂氛围，引导学生积极参与，从而帮助学生理解和掌握汉语语法知识。例如，教师可以组织各种比赛活动，如语法知识竞赛或角色扮演，让学生在实际应用中深入分析和探索语法知识。同时，通过组织学生阅读当代诗歌和小说，教师可以引导学生观察和分析文中的语法应用，从而深化对语法规则的理解。这种方法不仅增加了课堂的趣味性，还激发了学生的学习兴趣，提高了他们的学习效率。

其次，语言学习的主要目的在于促进交际和互动，而语法教学的主要任务在于帮助学生正确运用语言规则以实现有效沟通。在对外汉语语法课堂上，教师可以采用任务型教学方法，通过结合具体的语法知识设计交际任务，不需要过度强调语法规则的讲解，而是将语法内容巧妙地融入到教学任务中，引导学生在实际应用中掌握和理解。例如，在教授"是……的"句式内容时，教师可以在学生掌握了基础用法后，设计一系列以"是……的"句型为核心的交流任务。比如，通过模拟对话活动："你是从哪个国家来的？""我是从英国来的。"这样的对话练习不仅使学生在实际交流中加深对句型的理解，还能帮助他们更好地掌握这种句型的使用场景和语法特点。通过以任务为中心的教学方式，学生可以在真实的交际环境中应用语法知识，这不仅提高了语法教学的实用性和趣味性，还促进了学生语言技能的全面发展。

4.启发式教学

在对外汉语语法教学中，教师可以运用启发式教学法，对学生在汉语应用中的常见错误进行整理和分析。通过正误对比、归纳总结和集体讨论等方式，不仅能充分激发学生的学习兴趣，还能有效提升课堂教学质量。例如，在教授"着"内容时，教师可以通过提问引导学生构造句子，如"教师穿着灰色的衣服""教室的门开着""教室的空调关着"等；随后，鼓励学生基于这些例句归纳句型的特点，从而深入理解并掌握课堂上的语法内容。这种互动性和参与性强的教学方法，不仅使学生在真实语境中实践语法知识，还提高了他们对汉语语法规则的理解和运用能力。

在当前对外汉语语法教学中，情景教学、任务型教学以及启发式教学等都存在相同之处，都强调了学生在课堂上的积极参与，体现了以学生为中心的教学理念，通过激发学生的兴趣和参与感，促进学生汉语能力的全面发展。然而，在初级阶段的语法教学中，情景式和任务型教学有时可能会引入超出课程范围的词语，这不仅影响学生对所学内容的理解和记忆，也可能降低他们的学习积极性。针对这一问题，高校对外汉语教师应及时与学生沟通，深入了解他们的学习状况和需求，根据学生的具体情况制定合适的教学策略，确保教学内容既符合学生的学习水平，又能够激发他们的学习兴趣。例如，可以通过简化任务和情境，确保学生能够在现有的词语量和语法水平内完成学习任务，同时适当调整教学方法，以提高学生对语法知识的吸收和应用能力。

四、跨文化背景下对外汉语语法教学中的文化导入

语法具有民族性，语法的民族性和本民族文化中的精神文化层面有着密切的关系。汉语语法受到汉民族丰富文化的深刻影响，展现了独特的意合性、灵活性和简约性特质。汉语语法与汉民族文化的紧密联系，对于外国学生学习汉语来说尤为重要。为了帮助外国学生更好地理解并掌握汉语语法，将文化要素融入语法教学变得至关重要。教学中不仅要讲解语法规则，还需要深入解读语法背后的文化内涵。通过这种文化与语法的结合教学，学生在学习语法的同时，能深刻地理解和体会汉语的独特魅力和文化内涵。

（一）文化要素在语法教学中的体现

对于以非汉语为母语的学习者而言，汉语语法的学习充满挑战，这主要源于汉语在语音、语法和词语方面的独特民族特色。下面将汉语和英语进行对比，试图发现以英语为母语的学习者在学习汉语语法时可能

会遇到的一些难点问题，并对这些问题所蕴含的文化要素进行分析。

1. 量词的使用

汉语量词的使用是以英语为母语的学习者面临的一大挑战。在英语中，尤其对于可数名词，表达数量时通常是直接将数词置于名词之前，例如"three books"。而汉语中，这种表达则遵循"数词＋量词＋名词"的结构，如"三本书"。这不仅反映了汉语在语法结构上的特点，还体现了其深厚的文化底蕴。汉语中的量词种类繁多，每个量词与特定的名词有着固定的搭配关系，如"一个人""一本书""一条蛇""一辆车"。这种特定的搭配不仅起到了计量的作用，还富有形象性和美学价值，如"一叶扁舟"（一艘小船）、"一钩新月"（一弯新月）、"一曲相思"（一曲关于相思的歌曲）。这些生动的表达方式不仅描绘了物体的形状，还传达了丰富的情感和意境。对于以英语为母语的学习者而言，理解和掌握这些量词及其与名词的搭配关系，不仅是语言学习的需要，更是对汉语文化的深入理解和感悟。量词的学习，可以更好地把握汉语的精确性和形象性，同时能感受到汉语所蕴含的文化美学和思维特色。

2. "人称代词＋的"用法

中华文化历来强调集体主义和集体利益，因此，在汉语中，人们往往不会过分强调个人所有权，不会特意指明某物属于谁，这反映在日常语言的使用上，如经常省略"我的""你的"等所有权表达。例如，说"我要回去打扫房间、做作业、洗衣服"时，通常不会特别指出"我的房间、我的作业、我的衣服"，因为这在汉语的语境中是默认被理解的。相比之下，英语文化更强调个人主义，个人权利和自由被高度重视。这种文化倾向在英语的日常交流中也有所体现，如人们习惯于明确指出所有权，例如"clean my room""do my homework""wash my clothes"。在教授汉语时，教师应向学生明确这一文化差异，避免简单地将其归结为"汉语的表达习惯"，而是要让学生理解其中蕴含的文化，以减少学习者的困惑。

3.语序的特点

汉语和英语在语序方面存在显著差异，这些差异不仅反映了两种语言的结构特点，也深刻揭示了各自文化背景下的思维方式。汉语的语序通常遵循从宏观到微观、从远到近的原则。例如，在描述地点时，汉语倾向于从最大的空间范围逐步缩小到具体的位置，如"钥匙在二楼房间的桌子上"，而英语采用相反的顺序，即"The keys are on the desk in the room of the second floor."。

在叙述事件时，汉语通常按照时间顺序来组织语句，这体现了重视时间顺序和逻辑连贯性的思维特征。例如，"明天我坐火车去北京"这一句子，汉语中强调的是动作的先后顺序，即先"坐火车"，再"去北京"。而英语在这种情况下关注事件的重要性，把主要事件置于前面，如"I will go to Beijing by train tomorrow."，其中"go to Beijing"作为主要事件被置于句首，而"by train"作为状语成分辅助说明。

汉语的语序特点，深刻体现了传统文化理念——"上下有序，长幼有序，尊卑有序"。这种对顺序和层级的重视反映在语言表达上，使得汉语在结构上呈现出一种独特的有序性和层次感。理解中西方文化在语序上的差异有助于更好地理解汉语的文化内涵和思维习惯，对于学习者来说，这不仅是学习语言的过程，也是理解和体验不同文化的过程。通过对这些差异的深入理解，学习者可以有效地掌握汉语，同时增加对中华优秀传统文化的认识和理解。

4.否定疑问句的回答

汉语和英语在处理否定疑问句的回答上呈现出显著的文化差异。这种差异不仅是语言表达上的，更深刻地体现了中西文化中不同的交流习惯和思维方式。以"你不是学生吗？"这个疑问句为例，如果回答者是学生，汉语的回答方式是"不，我是学生"，而英语中会说"Yes, I am."；相反，如果回答者不是学生，汉语中会说"是的，我不是"，而英语表达为"No，I am not."。这种差异源于汉语和英语对话中的关注点不同。

汉语的交流习惯受到集体主义和人际关系重视的文化影响，倾向于把焦点放在对话者的话语上，通过对话来维持和谐。在回答否定疑问句时，汉语使用者会首先确认或否定对方的疑问，然后陈述事实。这种回答方式体现了汉民族注重人际关系和谦逊礼貌的文化特点。相比之下，英语的表达更加倾向于直接、理性的思维方式。在英语中，对话的焦点放在客观事实的对错上，用"Yes"来回答肯定的内容，用"No"来否定。这种方式体现了西方文化中理性和客观的交流习惯。

（二）语法教学中导入文化要素的原则

在汉语语法教学中融入文化要素，对于提升留学生的学习效率和深入理解汉语有着重要意义。为了有效导入文化要素，教师在语法教学中要遵循以下几个原则：

1.适度性原则

选取的文化内容应与语法教学紧密相连，避免过度脱离语言本身。优选那些能直接从语法结构中显现出来的文化元素，如通过特定的语法现象解释汉语表达中的文化特征。这样做不仅能增强学生对语法点的理解，也能让学生更好地把握汉语的文化内涵。

文化内容的引入需控制在适当的范围内，以免影响教学进度或引起学生的反感。教师应精心筛选与语法点相关联的文化素材，使之既能丰富教学内容，又不会过多占据教学时间。这种平衡的做法有助于维持学生的学习兴趣，避免由于文化信息过多而造成认知负担。

2.针对性原则

教师需要根据学生的母语背景，精心选择与之相关的文化内容。由于不同母语背景的学生在语法学习上遇到的难点不同，教师应深入分析汉语与学生母语在语法上的差异，揭示这些差异背后的文化原因。这种方法有助于减少学生在学习汉语时受母语文化影响的负迁移，促进学生有效地理解和掌握汉语。通过有针对性的文化融入，教师可以更好地满足不同学生的学习需求，提高教学的效果和学生的学习效率。

3. 与学生汉语水平相适应

由于语法中蕴含的文化内容往往涉及汉民族的精神文化和独特的思维方式，这些内容相比物质文化和制度文化，对学生来说可能更难以理解和吸收。因此，将文化要素引入语法教学应在学生的汉语水平较高时进行，特别是在高级阶段。高级阶段的外国学生不仅汉语水平较高，也对汉民族文化有了较深了解，更有能力理解和接受语法中的深层文化含义。教师应根据学生的汉语水平和已有的文化知识，精心设计教学内容，确保文化要素与学生的认知能力相适应，避免学生因难度过大而感到困惑或挫败，而促进学生对汉语深层文化内涵的理解，提高语言学习的效果。

4. 包容性原则

教师在传授本民族文化的同时，应尊重并承认学生各自文化的多样性和价值。对不同文化的相互尊重和理解是文化教学成功的关键。通过认识并欣赏文化差异，教师和学生可以建立深层次的沟通和理解，这不仅有助于创造一个开放和包容的学习环境，还能促进学生全面地理解汉语语法的文化内涵，从而有效地学习和使用汉语。教师的包容态度对于激发学生对汉语学习的兴趣和尊重不同文化的意识具有重要意义。

第四章 跨文化背景下对外汉语语言技能教学

第一节 汉语听力技能教学

一、对外汉语教学中影响学生听力技能的内外因素

（一）外部环境

1.文化环境

在对外汉语教学中，文化环境对学生的汉语听力技能具有深刻的影响。这种影响体现在多个方面，主要包括学生对汉语语音和语调的理解、对汉语言文化背景的感知等方面。一方面，文化环境影响学生对汉语语音和语调的理解能力。汉语是一种声调语言，它的音节和语调与许多其他语言有着本质的不同。学生的母语和文化背景在很大程度上决定了他们对新语言声音的感知和模仿能力。例如，对于母语是非声调语言的学生，学习汉语的声调可能是一个特别挑战。他们不仅需要学习发出新的声音，还需要理解和模仿汉语特有的声调变化。此外，不同文化背景下的语音习惯和强调方式也会影响学生对汉语语音的学习。因此，教师需要根据学生的文化背景设计听力教学，帮助他们更好地适应汉语的语音特点。另一方面，文化环境对学生理解汉语言文化背景的能力产生影响。汉语中充满了与中华文化紧密相关的表达方式，如成语、典故、习惯用语等。不同的文化背景给学生带来不同的先验知识，这可能影响

他们理解这些文化元素的能力。例如，对于熟悉东方文化的学生来说，理解汉语中的某些成语或习俗可能更为容易。反之，对于那些没有这种背景知识的学生，教师可能需要额外的时间和资源来解释这些文化特征。这种文化差异直接影响着学生对汉语听力材料的理解深度和广度。

2. 课堂环境

在对外汉语教学中，学生汉语听力技能的发展受到课堂环境因素的影响。课堂环境因素主要包括音质环境和课堂语言环境两个方面，两者对学生听力技能的提升有着直接和深远的影响。

音质环境主要是指课堂上用于听力教学的音频设备和音质条件。良好的音质环境对听力理解重要，尤其是在学习一门新语言时。在对外汉语教学中，清晰的音质可以帮助学生准确地辨识语音，理解语调和节奏，从而更好地把握语言的含义。例如，标准的普通话录音可以让学生清楚地听到不同声母、韵母的发音以及四声的变化。而如果音质不佳，可能会造成语音模糊不清，进而影响学生对语言细节的捕捉，从而阻碍听力技能的提升。除了音质清晰度，音质环境的稳定性和适宜性也非常重要。稳定的音量和适宜的声音大小可以确保学生在听力练习中不受外界干扰，全神贯注于语言材料的学习。

课堂语言环境主要涉及教师与学生之间、学生相互之间的交流语言。在对外汉语教学中，全汉语的课堂环境通常被认为更有利于听力技能的培养。在这样的环境中，学生被持续暴露在目的语言中，有更多机会练习听力理解，从而更快地提高听力技能。例如，教师可以使用汉语进行课堂指导、提问和讨论，让学生在真实的语言环境中练习听力。

3. 目标要求

在对外汉语教学中，听力学习目标因学生的学习程度而异，影响着教学的具体内容和方法。在初级听力教学中，目标通常集中在培养学生进行简单对话的听说能力。这意味着教学重点放在基础词语、日常表达和基本语句的理解上。对于初级学习者而言，重要的是能够抓住对话的主要信息，理解基本的交流内容。中级听力教学注重于提升学生对较复杂词语和语法结构的理解能力。在这一阶段，听力材料的难度会逐渐增加，包括更多样化的话题和更复杂的语言结构。教师需要引导学生学会从听力材料中提取关键信息，理解语境中的隐含意义。高级听力教学旨在培养学生对学术性或更加生活化的材料的深入理解能力。这一阶段的听力材料通常涉及广泛的主题，要求学生不仅理解材料的直接内容，还要能分析和评价所听内容的深层含义。例如，在HSK（国际汉语水平考试）等级考试中，听力部分的题型就是根据不同级别学生的听力能力设计的，反映了不同阶段的教学目标。在教学实践中，教师需要根据学生的具体水平和需求，设计合适的听力教学内容和方法。这不仅包括选择合适的听力材料，还包括采用有效的教学策略，如分层次练习、情景模拟等。

4. 听力内容的难易程度

在对外汉语教学中，听力内容的难易程度直接影响学生的学习效果，既不能艰深，也不能简单。对于初学者来说，选择过难的听力材料可能会影响他们的学习积极性和自信心。如果听力内容充斥着生僻词语和复杂句式，学生可能会感到沮丧和挫败，这不仅阻碍了学生对汉语的理解，还可能对学生整体的汉语学习产生消极影响。因此，对初学者而言，教师应当选择难度适中、与日常生活紧密相关的听力材料，帮助学生在理解上不感到过分吃力，同时能在实际生活中得到应用，提高学生的学习兴趣和实用能力。另外，过于简单的听力材料也不利于学生的语言进步。如果内容于浅显，学生可能会感到缺乏挑战，导致他们的课堂参与度和学习热情下降。因此，教师在选择听力材料时应该确保既能够激发学生的兴趣，又能适度地挑战学生的听力理解和语言分析能力。

（二）内部因素

1. 学习动机

在对外汉语教学中，学生的学习动机对其听力技能的提升起着至关重要的作用。学习动机不仅影响学生学习汉语的积极性和持久性，还直接关联到他们在听力理解和应用上的效果。

第一，学习动机决定了学生对汉语听力学习的态度和热情。当学生对学习汉语抱有浓厚兴趣或具有明确的学习目标时，他们往往更愿意投入时间和精力去听、去理解汉语。具有积极主动学习态度的学生更倾向于主动寻找学习资源，如汉语歌曲、电影、播客等，以增加语言接触的机会，从而提升听力技能。

第二，学习动机影响着学生在面对听力学习难题时的应对策略。具有强烈学习动机的学生在遇到听力理解上的难点时，更可能采取积极的解决策略，如重复听力材料、查找生词、求助于教师或同伴等。这种积极应对的方式有助于学生逐步克服听力理解上的困难，提高听力技能。

第三，学习动机对学生听力学习中持久性的保持至关重要。学习一门语言是一个长期的过程，特别是在听力理解方面。持续的学习动机可以促使学生在学习过程中保持稳定的学习节奏，即使在遇到挑战时也不轻易放弃。这种持久的学习态度是听力技能逐步提升的重要保障。

2. 认知风格

认知风格作为心理学中的一个概念，深刻影响着个体的学习方式和学习效率。认知风格主要分为场依存性和场独立性两种类型，各自对应着不同的认知和学习特征。在语言学习的背景下，这两种认知风格对学习者的汉语吸收和理解具有显著影响。

场依存性学习者更倾向于通过整体的方式感知和理解信息。在语言学习中，他们可能更偏好结构严谨、内容条理清晰的教学方式。对于这类学习者而言，教师的组织结构和明确的讲解对其学习效果重要。他们在学习汉语时，可能更依赖于形象化的思维方式，如通过故事、情景或视觉辅助材料来理解语言。因此，教师在设计课程时需要考虑如何提供清晰的教学框架和丰富的视觉辅助，以帮助这些学习者更好地理解和吸收汉语知识。

场独立性学习者更偏向于逻辑性和分析性的学习方式。他们在学习汉语时可能不太依赖于教学的整体结构，而是更能够独立地对学习材料进行分析和整理。这类学习者通常对客观事实和逻辑结构更感兴趣，因此在学习汉语的过程中，可能更注重语言规则的理解和应用，如语法结构、词语使用等。教师对于这类学习者的教学策略应更侧重于逻辑性和分析性的材料呈现，鼓励他们独立思考和探索语言规律。

认知风格并不等同于个人的性格或能力，而是观察和认识学生学习风格、方法、兴趣和成绩的重要因素。学生的认知风格各异，这些风格在很大程度上影响着他们的学习过程和成效。了解学生的认知风格有助于教师设计更适合的教学策略，同时学生对自己的认知风格有所认识，也能更有效地进行自我学习。虽然个体的认知风格通常是固定的，但适当地培训和教育可以帮助学生发展和优化他们的风格偏好。在对外汉语教学中，教师了解学生的认知风格，可以更加精准地调整教学方法和材料，以更好地满足学生的个性化需求。同样，学生自我了解认知风格，可以更有针对性地选择学习策略，以提高学习效率。

二、对外汉语听力技能教学的原则

良好的听力技能不仅是语言学习的基本要求，也是跨文化交际的重要桥梁。在对外汉语听力教学中，教师需遵循特定的教学原则来提高教学效果和学习者的听力理解能力，如图 4-1 所示。

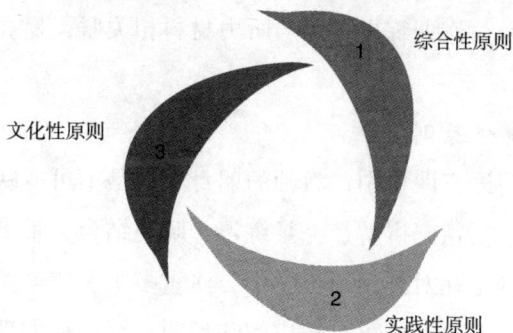

综合性原则

文化性原则

实践性原则

图 4-1　对外汉语听力技能教学的原则

（一）综合性原则

在对外汉语教学中，初级听力课程与语言综合能力之间存在着紧密的联系。对于初学者而言，由于其语言基础尚浅，听力能力的培养不可避免地与其他语言技能相互依赖。因此，初级听力教学中将听、说、读、写紧密相连，从语音、汉字等各个基础方面开始教学。

在教学的初期，教师可以并不明显地区分读写、听说和汉字等课程，而是采取一种"综合课"的形式，让学生从全面的角度理解和掌握汉语。在学生掌握了拼音、汉字等基本知识后，才逐渐过渡到更加专注的听力教学。这种渐进式的教学策略能够更好地适应初学者的学习需求，避免在学习初期因难度过高而感到困惑或挫败。经过初期的两周到一个月的综合学习之后，初级汉语的各门课程通常会逐渐步入正轨。这时，教师可以开始进行针对性的初级听力训练。值得强调的是，无论是初级的起始阶段，还是中级乃至高级阶段，听力教学都不应该孤立进行。听、说、读、写这四项语言技能的综合性教学是对外汉语教学中的一个关键问题。教师和学生都不应仅仅专注于听力技能的提升，而忽视了汉语的其他能力培养。汉语学习是一个多方面的过程，各项技能相辅相成，相互影响。在实际的课堂教学中，教师应当注重四项技能的均衡发展，确保学生在语言学习的每个方面都能获得进步。例如，在进行听力练习的同时，可以结合口语练习，让学生在理解听力材料的基础上进行表达。阅读和写作训练也可以与听力材料相关联，提高学生的语言应用能力。

（二）实践性原则

在任何一门语言课程中，教师的躬身实践是不可或缺的。这种实践涉及多方面，包括精确讲解、充足练习、听说结合、重点突出和材料的严格筛选。特别是在对外汉语教学中，注重多听多练至关重要。对于初学者来说，教师需要提供更多地讲解和说明，帮助他们理解语言的基础知识和实际用法。同时，通过结合听力和口语训练，教师可以鼓励学生积极参与练习，从而培养他们开口说汉语的积极性和自信心。

（三）文化性原则

学习一门语言，本质上是在学习一种文化。特别是对于初学汉语的学生，传播中华文化不仅是教学的一个重要环节，也是激发学习热情的关键因素。在对外汉语教学中，教师不应只顾教材，而是要将文化教育与语言教学相结合，让学生在学习汉语的过程中深入了解和体验中华文化。在课堂上，教师可以融入更多关于中国历史、传统、艺术、习俗等方面的内容。丰富的文化元素的融入，不仅可以增加教学的趣味性，还能帮助学生更好地理解语言背后的文化内涵。例如，结合中国传统节日的介绍教授相关词语，或者通过中国民间故事来讲解语法和表达方式，这样不仅能增强学生的学习兴趣，还能加深他们对汉语及中华文化的理解。

与此同时，不同地区之间在文化习俗方面存在着一定差异，对外汉语教学内容应与当地的语言文化相融合，如融入当地的俗语和惯用语，使学生在学习汉语的同时，更深入地了解中华文化。面对外国学生，尤其是新抵达中国的外国学生，尊重其文化习俗和风俗尤为重要。教师应考虑学生的文化背景，尽量减少由文化差异带来的敏感和不适，缓解文化差异对学生的冲击，建立起师生间的信任和理解，为高效的教学提供良好的基础。

三、跨文化背景下对外汉语听力技能教学有效性的策略

（一）教师方面

1.对听力课的定位

在对外汉语教学中，教师应着重于培养学生的汉语综合能力，即听、说、读、写四项技能的全面发展。采用"综合课打头，按技能设课"的教学模式，在注重基础知识的教授的同时，强调各技能之间的相互联系与综合应用。在这一教学过程中，听力能力的培养尤为重要，因

为它是日常交际中基本且关键的能力。教师在进行口语、阅读、写作等课程的教学时，应充分融入听力训练。例如，在口语课中结合听力练习，可以帮助学生更好地理解和模仿标准发音和语调；在阅读课中，通过听力材料增强学生对文章内容的理解和感悟；在写作课上，通过听力练习提升学生对不同语境和风格的敏感度。当然，对外汉语听力技能课要以培养学生的听力微技能为主，这是其他技能课程所无法替代的。教师可以在课堂上播放大量听力材料，提供丰富的可理解输入，以此来增强学生的听力理解能力。理解性听力是学习语言的基础，只有在充分理解所听内容的基础上，学生才能做出恰当的回应。

2.自身素质的培养

（1）教师的知识储备。对外汉语听力教师的知识储备必须全面，涵盖从语音、词语到语法等各个方面。教学的核心在于培养学习者的听辨语音和听辨意义的能力，以及提取关键信息的技巧。因此，教师的专业知识应聚焦于满足学生的具体需求，着重以下几个方面的积累和研究：

①语音知识。语音教学的主要任务是通过有针对性的训练，帮助学生准确地感知和辨识汉语的声母、韵母和声调，并理解汉语语音的组合规律。这不仅涉及到正确的发音，还包括能够听辨发音相近的词语，进而将这些知识深植于学习者的记忆中。这就要求教师应做到以下几点：首先，教师必须能够准确识别和展示声母、韵母和声调的差异，以及它们在实际语言中的变化规律。这需要教师不仅拥有扎实的语音理论知识，还需要能够灵活运用这些知识，帮助学生建立正确的语音概念。其次，教师应能够采用简单而形象的教学方法，帮助学生掌握这些语音元素。例如，可以使用可视化工具或生动的比喻来解释声调的升降，或者通过夸张的语音示范来帮助学生感知细微的音位差别。这种生动的教学方式不仅能提高学生的学习兴趣，还有助于他们更好地理解和记忆语音知识。最后，教师需要掌握如何在正常语速的语境中指导学生辨识特定的音位和词语。这意味着教师需要教会学生如何在实际的语言环境中应

用他们所学的语音知识，识别和理解自然语流中的语音变化。

②词义、句义的辨别。词义和句义辨别的部分要求学生在听到汉语发音后，能迅速理解所听内容的意义，并做出相应的反应。为此，教师需要具备丰富的词语知识，尤其是音近词和近义词，以便在课堂上有效运用，帮助学生扩充词语量，特别是日常生活中常用的词语。在讲解新词时，教师应尽量采用简洁易懂的方式，使学习者能够更快地理解和记忆。在句义教学方面，教师应注意积累那些学生容易理解错误或混淆的特殊句型，以及那些蕴含汉语思维和文化含义的句子，提高学生对复杂语句结构的理解能力，增进学生对汉语文化的认识和理解。

③提取与分析信息的能力。提取与分析信息部分，更多要求的是对学习者汉语思维能力的培养，这是听力训练的重点也是难点。相较于口语、阅读和写作而言，听力练习的独特之处在于，学生需要根据音频材料的提示，在有限的时间内快速提取关键信息，填补信息缺失的部分，或者根据所听内容做出选择。教师在这一过程中的角色尤为关键，需要具备高度的信息提取和分析能力，引导学生通过线索推断和预测听力材料可能涉及的话题。这不仅包括对音频内容的理解，还涉及对话题趋势、语境背景等的分析。教师应设计和选取合适的听力练习材料，训练学生在实际的听力情境中迅速做出反应，提高他们的综合听力水平。

（2）对教学内容的准备和处理。

①对教材的理解。教材不仅是教学内容的承载体，也是构建教学框架的基础。对于对外汉语教师而言，熟悉并理解所使用教材的编写理念、侧重点和难点至关重要。尽管在许多情况下，教材的选择由学校或学院领导决定，而不是由教师自行挑选，但这并不妨碍教师深入理解并有效利用教材。教师应投入时间去熟悉教材，理解其编者的教学目的和特点，从而能够充分挖掘和利用教材中的资源。这包括对教材中的听力材料、练习和活动的全面了解，以确保能够有效地达到教学目标。此外，教师还需要对教材进行客观的评估，以识别其优势和潜在的不足。

通过评估，有助于教师在实际教学中，根据学生的具体需求和能力，做出适当的调整和补充。例如，如果某个听力练习的难度对学生来说过高，教师可以通过提供额外的背景信息或语言点解释来帮助学生更好地理解。

②对教学内容的处理。即使教材可能不完全符合个人教学理念，教师也应避免在学生面前批评或抱怨教材的不足。每本教材都是基于一定的理论依据和实践调研而编写的，因此，教师应致力于理解教材的编写理念，充分利用其优点，在教学中巧妙地弥补其不足。教师应通读整本教材，清听音频素材，归纳和总结教材各部分之间的联系，确保对教材内容有全面掌握。这种深入地了解有助于教师在课堂上灵活运用教材，有效地传递知识。对于教材中的每个部分，如生词、句型、对话，教师需做到烂熟于心。只有对教学内容有深刻的理解和熟练地掌握，教师才能在课堂上高效率地进行教学，确保学生能够充分吸收和理解所学知识。

（3）教学技能。教师的教学技能分很多种，下面只论述相较于其他课型在听力课上较为特殊，也是关键的两种技能。

①展示做题的技巧。在对外汉语听力课堂中，倾听练习是教学的重要组成部分，特别是考虑到听力在 HSK 考试中的关键作用，听力做题技巧的学习显得尤为重要。因此，教师不仅要在课堂上提供大量的听力练习，还需要重视对做题技巧的研究和传授。教师应指导学生掌握有效的听力做题技巧，而不仅仅是机械地练习做题，帮助学生提高听力水平，培养学生独立思考和解题的能力。

例如，教师应培养学习者听力练习时边听边记的能力。由于音频素材的信息呈现时间通常很短，学生往往难以在有限的时间内完全记住所有信息。特别是对于篇幅较长的听力材料，学生在听完整个段落后，可能会发现脑中留存的有效信息非常有限。针对此，教师应在听力课堂上重点培养学生的即时记录能力。这不仅涉及到边听边记的技巧，还包括对信息的快速筛选和整理。教师应教授学生如何在听力过程中迅速识别关键信息，并将其有效记录下来。这种技能的培养对于提高学生听力练习的效率和准确性重要。为此，教师可以通过实际的练习，如模拟听力测试或听写活动，来帮助学生逐步掌握这一技能。在练习过程中，教师应指导学生如何区分信息的重要性，避免记录大量无关紧要的细节。同时，教师还应强调记录信息的简洁性和有效性，帮助学生建立高效的边听边记习惯。

②创新与优化教学方法。在对外汉语教学领域，随着教学研究的不断深入和发展，新的教学方法和理念层出不穷。作为一名对外汉语教师，不断地更新和革新教学方法是必要的。尤其在听力课堂上，教师需要根据学生的具体需求和课堂特点，灵活运用并改良这些新的教学成果。通过这种方式，教师能够保持教学方法的创新性，给予课堂持续的活力和新鲜感。

（4）个人素质与魅力。

①教师的基本素质。教师在对外汉语听力课堂上扮演着引导者的角色，教师的个人素质直接影响着课堂的质量。特别是在听力教学中，教师不仅需要关注自己的言行举止和教学仪态，还必须确保汉语发音准确、清晰，语句表达流畅明了，同时给出的指令简明扼要。这样的专业表现不仅提升了课堂效率，也为学生树立了良好的学习榜样。

②师生关系。在对外汉语听力课堂上，教师的个人魅力主要在于建立良好的师生关系，并通过自身的语音和语速为学生提供标准的汉语听力实践。教师的发音准确性和适宜的语速不仅是学生听力学习的起点，也是学生练习和模仿的标准。为了更好地促进听力课堂的教学效果，教师应努力融入学生的学习和生活环境，培养与学生之间的默契和情感联系。和谐的师生关系不仅能够营造一个积极的学习氛围，还能有效提升学生对汉语听力练习的兴趣和热情。

（二）学生方面

首先，学生需要明确听力学习的目标和动机。学习汉语听力的目的主要包括可以更好地理解汉语文化、提高职业竞争力等。明确的学习目标有助于学生在学习过程中保持动力和方向，同时帮助他们制定适合自己的学习计划。

其次，学生应积极参与听力练习，提高实际听力应用能力。这主要包括日常生活中的实际听力练习，如观看汉语电视节目、电影、听汉语广播、播客等。此外，参与语言交换活动，与母语为汉语的人进行交流，也是提高听力的有效途径。

再次，学生需要掌握有效的听力策略。例如，通过预测听力内容的主题、理解关键词、抓住主旨大意等方法，提高信息捕捉的准确性。同时，应学会如何从上下文中推断意思，以及如何处理不熟悉的词语或语句。

最后，学生应注重同伴学习和反馈。通过小组学习或语言合作伙伴，学生可以相互讨论听力中的难点，分享学习经验和策略。同时，接受来自同伴或教师的反馈，有助于学生及时发现并改正自己的听力误区。

（三）教材方面

教材在对外汉语教学过程中不仅具有一定的权威性，还是决定学生考试内容和范围的关键因素。作为教学和学习的核心依据，教材直接影响着教师的教学组织和学生的课堂学习。教材不仅是教与学之间的有效桥梁，还是学生自我检测和学习的重要工具。一套高质量的教材应能全面体现教学目标、原则和内容，确保教学大纲的顺利和准确实施。教材中的内容需要正确、有效，以便更好地传达教学思想和主题。对于教师而言，合适的教材能够有效地帮助他们在教学中准确传授重点和难点知识。教材的全面性和适宜性对于教师的教学质量和学生的学习效果具有决定性影响。高质量的教材不仅能够帮助学生更好地理解和掌握汉语知识，还能激发他们的学习兴趣，提高学习的积极性。因此，在对外汉语听力技能教学中，教材的作用不可替代。

1.教材的编写

对外汉语听力教学中，听力教材的选择和使用具有至关重要的意义。听力教材在编写过程中涉及的复杂性和多样性远超其他类型的教材。它不仅需要与其他教学内容如说、读、写紧密相连，还需确保高度的专业性和实用性。在"四会"（听、说、读、写）能力中，把"听"置于首位是基于其在语言学习中的基础性作用。听力作为语言交际的第一道门槛，直接影响着学生的口语交流能力。如果听力能力不强，那么口语表达也很难达到有效沟通的目的。因此，听力教材的编写需要高度重视，旨在通过提供丰富、真实的语音输入，帮助学生建立准确的语音、语调理解和应用能力。高质量的听力教材应包含适宜难度的听力材料，涵盖各种语言环境和场景，以便学习者能够在多样的语境中练习和提高听力技能。教材的编写需要遵循以下几大原则：

第一，适用性原则。适用性原则强调教材应符合不同水平学习者的学习特点和需求。教材的难易程度、话题选择和语言表达都应适配学习者的能力和兴趣，以促进他们的学习动力和效率。例如，初级学习者的教材应关注基础语音和常用词语的教学，而高级学习者的教材可涵盖复杂的语言结构和文化背景内容。

第二，由浅入深原则。听力课程的主要目的是服务于交际技能的培养，因此在编写听力教材时，需要注重提供科学有效的"可理解性输入"，教材内容应遵循从简单到复杂、由浅入深的学习规律，以"i+1"（"i"表示现有的水平，"+1"表示增加一点难度）理念指导整个教材的编排。通过递进式的教材设计，帮助学生逐步培养和巩固听力能力，同时避免因过度难度而导致的学习挫败感。同时，听力教材的编写应重点关注于听力微技能的训练。具体来说，教材应包括各种语音练习、生词学习、长短句辨析、对话理解以及短文倾听等内容，帮助学习者掌握听力技能的基本要素，为学生提供广泛的语言输入，以增强学生在实际交际中的听力应用能力。

第三，真实性原则。在对外汉语教材编写过程中，选择真实且广泛的语料至关重要，但更为关键的是把握语料的吸引力和兴趣性。教材中的语料和话题应激发学习者的学习兴趣，因为兴趣往往基于个人的需求和活动中自然产生。正确的语料选择不仅体现在覆盖范围的广泛性，更在于能够引起学习者对汉语和中华文化的好奇心和探索欲。

第四，语速适中原则。对外汉语听力教材的配套录音制作需遵循适中语速原则，既不能过快以致于学生跟不上；也不能过慢以致失去语言的自然流畅感。录音的语调和情感表达非常关键，录音者应像演员一样，通过声音的抑扬顿挫和丰富的情感色彩来表现内容，使语言生动、具有感染力。同时，录音应包含不同身份、性别和年龄的人物声音，以模拟真实的语言环境，提供多样化的听力体验。这种真实感和多元性能有效提升学习者的听力水平，使他们在听力训练中获得丰富的学习体验。

2.教材的选择和使用

随着全球"汉语热"的盛行，书店里涌现出众多内容和形式各异的汉语教材，为对外汉语教师提供了丰富的教学资源。面对这一现象，对外汉语教师在使用听力教材时，需要特别注重"前—中—后"的教学准则。

"前"即听力课前的准备。教师需深入熟悉所使用的听力教材，包括其编写原则、针对的学习对象、主要内容、预期目标、课时安排及推荐的教学方法。同时，教师需要了解学生的基本信息，如年龄、汉语水平、国籍等，对教学内容和方法进行精准的调整。通过对教材和学生的充分了解，教师能够在听力课堂上实现教材内容与学生需求的有效匹配，从而提高教学效果。此外，合理的课堂安排和高效的教学配合有助于教师掌握学生的性格、学习动机等信息，促进教学过程的顺利进行。

"中"即教师需"去粗取精"，将教材内容与教学方法巧妙结合。教师不仅要忠实于教材，还要根据学习者的具体情况和学习程度对教材进行必要的调整和补充。例如，在生词教学中，教师可以从简单的名词开始，逐步过渡到形容词和副词等难度较高的内容，这样的渐进式教学有助于提升学生对新词语的掌握率。鉴于学习者的水平和需求各异，教材不可能完全适应每位学习者，因此教师需要在课堂上进行合理的内容调整。这可能包括对某些部分进行删减或增补，以及对教材中的不足之处进行修正和完善。此外，教师还应灵活运用多种教学资源和方法，如利用多媒体工具、实际对话演练等，以增强听力课堂的互动性和实用性。通过这种个性化和针对性的教学策略，教师能够更好地满足学习者的具体需求，提高听力教学的效果，帮助学习者有效提升汉语听力技能。

"后"即课堂之外，教师需要对标准教材进行合理补充，以丰富教学内容。这包括借鉴其他优秀听力教材的特点，编制符合学习者需求的附加教材，扩大他们的知识范围。通过这样的补充，教师可以将"i+1"理念有效地融入到听力教学，帮助学生在已有知识基础上提升，实现听力技能的全面发展。

第二节　汉语口语技能教学

一、对外汉语口语技能教学的特点

汉语口语技能指的是在口头表达过程中，对于汉语的语音、语调、语速、词语、语法等方面的运用能力。对外汉语口语技能教学的特点可以分为课程与学生的特点。

（一）对外汉语口语技能教学的特点

第一，将交际作为教学的中心。教师在讲授必要的语言知识的同时，应注重口语知识的实际应用，以提高学生的口语交际能力为目标。与传统的理论教学不同，口语技能教学强调语言技能的实际运用，而不仅仅是理论知识的掌握。为了实现这一目标，教师需要设计和实施各种课堂活动，旨在促进学生的口语练习和实践。通过情景模拟、角色扮演、小组讨论等互动形式，学生可以在真实或模拟的交际场景中运用所学汉语，从而提高学生的口语交际技能。

第二，将训练"说"作为目的。对外汉语口语技能教学中必须实现"说"的练习，让学生不仅学会汉语的发音和语法，而且要能根据不同的交际对象和语境，灵活调整他们的表达。

第三，将学生置于教学的中心。教师可以设计吸引人的、难度适中的口语练习活动，以增强学习的趣味性和互动性。教师通过创造轻松愉快的学习氛围，可以有效缓解学生学习汉语时可能产生的焦虑和紧张感。

第四，与其他的课程密切联系。学生在进行口语训练之前，需要具备扎实的语言知识基础，这些知识通常来源于其他课程，如汉语语法、汉字学习、中国优秀传统文化。因此，在进行口语技能教学时，教师应将这些课程内容与口语教学紧密结合，确保学生能够将理论知识有效地转化为实际口语能力。

第五，教学环节紧紧串联在一起。与传统的以课文为中心的教学模式不同，对外汉语口语教学更注重教学内容的模块化，将课程内容划分为不同的模块，每个模块都有其明确的重点和目标。这样的教学设计有助于学生专注于每个模块的核心内容，从而有效地掌握关键点。

（二）对外汉语口语技能教学中学生的特点

学生本身存在差异性。一方面，学生来自世界各地，他们的年龄、职业、文化背景、学习策略及生活习惯等方面都存在着显著的差异。这种多元化背景要求教师在教学过程中采用差异化的教学策略，以适应不同学生的需求。如果采用统一的教学方法，可能无法满足所有学生的学习需求，进而影响教学效果。另一方面，不同国家的学生在学习方法上也有所不同。例如，日本和韩国的学生可能注重词语积累和语法练习，而俄罗斯学生可能看重实际交际能力的提升。因此，俄罗斯学生在课堂上可能表现活跃。这种差异要求教师在设计对外汉语口语教学课程时，须充分考虑学生的个性化学习需求和习惯。

　　学生的学习目的各不相同。首先，有些学生需要在日常生活或工作中使用汉语，如从事外交、外贸等职业的人士，通常已有一定的汉语基础，且更多关注于实用性和专业性，例如商务汉语的学习。这类学生往往参加短期培训，期望迅速提高汉语水平以满足工作需求。其次，汉语专业的学生或计划在中国长期居住的学生，他们的学习目的更为全面和深入。这类学生需要全方位掌握汉语，包括口语、听力、阅读和写作，以适应在中国的生活和学习。最后，对汉语有兴趣的爱好者，他们通常被中华文化、饮食等吸引，学习汉语更多出于个人兴趣。对这类学生来说，学习压力相对较小，他们可能注重学习过程中的乐趣和文化体验。

二、跨文化背景下对外汉语口语技能教学的策略

（一）选择合适的口语教学内容

　　依照各种语言能力和语言交际能力的组成因素，对外汉语口语技能教学内容可以分为三个主要组成部分：汉语知识、基本技能和汉语交际技巧。其中，汉语知识是基础，包括汉语的语音、词语、语法和汉字等。这些基础知识的掌握对于学生来说十分重要，因为它们构成了汉语学习的基础框架。熟练掌握这些基础知识，有助于学习者更好地理解和运用汉语。基本技能，即听、说、读、写，是语言能力的核心组成部分。对于口语技能的教学而言，特别强调听力和口语能力的培养。通过

不断的练习和应用，学生可以提高自己的听说能力，从而更有效地进行语言交际。汉语交际技巧涉及的领域十分广泛，包括对汉语文化因素、中国国情和文化背景的理解。这部分内容不仅帮助学生深入地了解语言背后的文化背景，也使学生能够在不同的语境和文化环境中恰当地运用汉语进行交流。

而汉语口语技能同样是以语言能力作为基础内容，不仅包括对汉语的基础知识和基本技能的掌握，而且还涉及更深层次的语言得体性和适应性。汉语口语技能教学的主要任务在于：学生不仅要追求语言的正确性，还要学会在不同的语境中使用恰当和适宜的语言。语言知识和基本技能是学生掌握汉语口语技能的基础。这包括汉语的语音、词语、语法和汉字等基本知识，以及听、说、读、写等基本技能。这些知识和技能的熟练掌握，为学习者提供了进行有效交际的必要条件。而仅有语言知识和基本技能是不够的，学生还需要了解和掌握各种语用规则和交际策略。这包括如何根据不同的交际场合选择适当的语言表达、如何在不同的文化背景下恰当地运用语言，以及如何理解和运用非语言符号，等等，对这些语言内容的熟练掌握便可以提高跨文化背景下学生的对外交流的汉语口语技能。

（二）创新口语教学方法

随着时代的发展，口语教学方法也在不断创新。其中，交际法作为一种新兴的口语教学方法，近年来在国际上受到了广泛关注。交际法的核心目标是提升学生的语言交际能力，这一方法在现代社会中展现出显著的优势，尤其是相比于传统的教学方法。交际法的主要思想是使教学活动更加贴近人类的实际语言使用情景。在这种教学模式下，教师努力将课堂变得更加交际化，重点强调学生的实践和交际活动。此外，交际法还将交际活动作为课堂教学的核心内容，以此引导学生从课堂学习向真实世界的交际情境过渡。在各种各样的交际活动中，学生能够在实际交流中更加自信地运用所学的语言，有效提高其语言交际能力。因此，交际法是现代汉语口语技能教学中一种重要且有效的教学方法。

例如，教师在课堂上设计情景对话和角色扮演活动，不仅增加了课堂的趣味性，也在不知不觉中提升了学生们的口语交际能力。交际法通过生动实际的练习，使学生们在轻松愉快的氛围中学习汉语。交际法强调汉语的语言构成与其功能的紧密结合，旨在实现语言知识与实际应用的有机融合。在这种教学模式下，学生不仅是学习的接受者，更是交际活动的主体，极大地提高了学生的参与度和学习动力。此外，交际法具有极高的灵活性，不局限于单一的课堂教学模式。它根据学生的兴趣和需求进行调整，更贴近学生的实际情况，从而激发他们的学习热情。由于交际法紧密相关联现实交际情境，具有很强的真实性，学生可以通过参与这些活动预先体验到不同的语言环境，为真实世界中的语言交际做好准备。

（三）积极开展课外实践

为了更有效地提高学生的汉语口语技能，创造良好的语言环境至关重要。其中，有效的方法之一是鼓励学生参与社会实践活动，使学生走出传统的课堂和书本，接触真实的语言使用环境。课外实践不仅能帮助学生在实际情境中练习汉语，还可以增强学生的语言实用技能。具体来说，教师可以组织学生走进社区、商场、公园，甚至参观博物馆，让学生在这些真实的社会环境中学习和运用汉语。例如，在商场里寻找特定商品，在公交站询问路线、购买车票等活动，都是练习汉语口语的良好机会。多样化的课外实践活动不仅使学生能够在实际交流中使用汉语，还能让他们更好地理解和把握语言的实用性和文化内涵。对于学生而言，通过生动、互动的学习方式，可以在真实的汉语语境中提高自身的汉语口语技能，同时能深入地理解和体验中文和中华文化。

教师可以通过多平台锻炼学生的汉语口语技能，如组织丰富多样的活动，如文艺演出、趣味运动会、汉语演讲比赛等，让外国学生与中国学生互动，不仅增进了解和友谊，还为学习汉语提供了实际的应用场景；布置一些调查性作业，如调查中国大学生的消费观念、手机使用情况等，使外国学生能够深入了解中国的校园文化和社会现象。通过将课堂学习与现实生活紧密结合，将生活中遇到的问题带入课堂讨论和学习，教师可以有效地将"活的语言"应用于"自然的环境"中，从而提高学生汉语口语技能的实际应用水平。

三、汉语自然语境下学生口语技能的培养

（一）自然语境的内涵

自然语境指的是那些在日常生活中自然出现的场景，具有随机性、不可控制性、无法提前安排且复杂多变的特点。在日常教学中，教师可以巧妙地利用这些真实的语境，将其与教授的语言内容结合起来，使教学更加生动和实际。例如，教师可以利用课堂上的实际情况作为教学的起点，如讨论当天的天气、近期的热点事件、日期等。通过这些话题，教师可以自然地引入关于天气的表达、大家的着装、饮食习惯、疾病预防等话题，让学生在日常聊天中自然而然地融入这些真实、有意义的场景，使学生在轻松的聊天中提高了汉语口语能力，同时增强学生对汉语的兴趣和学习动力。

口语能力的提升需要在自然实际语境中进行。通过各种各样的自然语境，学生可以锻炼自己的语言表达得体性，自然地使用汉语。这与单纯依赖课本和理论的教学方法截然不同。如果对外汉语教学脱离了现实生活的语境，学生学到的可能只是刻板的语法规则，而不能真正地应用于实际生活中。这种"纸上谈兵"的学习方式无法有效提高学生的实际语言运用能力。因此，将自然语境融入到对外汉语教学，不仅能使学生在真实场景中练习汉语，还能激发学生对学习的兴趣，提高学习效果。这种教学方法贴近学生的真实生活，能有效地提高学生的汉语口语技能和交际能力，使学生正确认识和理解中外文化的差异。

（二）自然语境对学生口语技能培养的重要性

在对外汉语教学中，虽然老师在课堂上设计的语境、教科书提供的情景或自创的对话能够在一定程度上模拟真实的语言使用情况，但仍然属于理想化的虚构环境。教师在课堂上设计的语言场景虽然基于日常生活的自然语言事实，但往往更偏向于理想状态，是为了实现教学目的而专门构造的，与现实生活中充满变数和复杂性的自然语境相比，仍然存在一定差距。这种差距导致学生在课堂上学到的设计好的句型和语法规则，在脱离了这种教学环境之后，很可能会感到无法适应实际的交际场景。在真实的生活环境中，语言的使用自然和多变，不完全符合课堂上的固定模式。因此，学生一旦离开了这种受控的教学环境，可能会发现在课堂上学到的内容难以直接应用于实际交际，甚至会很快遗忘。因此，对外汉语教学应该尝试引入更多的真实的生活语境，让学生在自然和多样化的环境中学习和使用汉语，适应各种实际交际场景，深入地理解和掌握汉语，从而有效提高学生的语言实际应用能力。

部分外国学生虽然在中国汉语水平考试（HSK）中达到了四级水平，但在实际交际中常常显得无法灵活运用汉语，成为所谓的"哑巴汉语"学习者。这种现象揭示了汉语教学中存在的一个重要问题：课堂教学与现实生活交际之间脱节。以打招呼为例，外国学生初学汉语时，常会学到"你好"这个基本的问候语，并在实际生活中广泛使用它来和人打招呼，无论是同学还是老师。然而，在中华文化中，人们通常只在和陌生人或初次见面的人交流时使用"你好"。中外文化差异和语境使用的不同，如果在课堂教学中无法得到足够的强调和讲解，就会导致学生在实际应用中显得生硬和不自然。随着在中国居住时间的加长，外国学生开始逐渐适应中国的语言环境和文化习惯，学会了根据不同的交际场景选择合适的语言表达。这一过程体现了文化适应性和语境意识的重要性。因此，汉语教学应更加注重培养学生的实际交际能力和文化适应性，帮助学生不仅汉语水平达到一定高度，更能在现实生活中自如地运用汉语进行有效交流。这需要教师在教学中更多地引入真实的语言使用场景和文化背景知识，以提升学生的语言实用性和文化理解能力。

（三）自然语境下培养外国学生口语技能的探索

1.增加词语量，培养学生扩充句子的能力

词语教学是提高学生汉语口语技能的基础。词语是构成语言的基本材料，没有足够的词语储备，学生的听、说、读、写能力都难以得到有效提升。以日常生活中的简单交流为例，理解如"钱""斤""个""苹果"等关键词语是进行基本交流的前提。这些词语的掌握可以帮助学生在实际情境中进行基本的交流。为了实现顺畅和得体的表达，单纯掌握词语是不够的，还需要培养学生扩展句子和表达复杂意图的能力。教师可以从基本的词语和简单句式入手，逐步引导学生扩展词语和句型的使用，通过遣词造句的练习，帮助学生逐渐构建复杂和完整的表达。

以"吃饭"这一词语教学为例，教师可以引导学生将简单词语"吃饭"扩展成完整的对话，促进学生对词语的应用，帮助学生掌握汉语语法和提升口语表达能力。具体来说，教师可以引导学生从基本的问句"你吃饭了吗？"开始，逐步扩展到复杂的问题，如"你和谁一起吃的饭？""你们在哪里吃的饭？""你们吃的什么饭？"等。学生们的回答也从简单的"我吃饭了"或"我没吃饭"，逐渐过渡到复杂的句子，如"我和……一起吃的饭""我们计划去……吃饭""我打算去吃……"。这种由简到繁的训练方式不仅帮助学生在实际中运用学过的词语，还能够加深学生对汉语句子结构的理解。通过问答式练习，学生不仅能够在语言实践中积极参与，还能在实际交流中更加自如地表达自己的想法，不仅增强了语言综合运用能力，也提升了口语交际技能。

2.注意语音、语调的输入，打好语言基础

语音教学在培养语言交际能力中占据了基础而关键的位置，尤其是在汉语学习中。由于汉语的特殊性，语音学习不仅是挑战性的，也是重要的。汉语的声调不仅影响词义，还能表达说话者的态度和情绪。例如，同一句话的不同音调或语调变化，可以表达出截然不同的情感和意图。以"你去哪儿了？"为例，当重音放在"你"上时，可能是强调询问的对象，而重音放在"哪儿"上，则关注询问的地点。又如，"作业写完了？"是提问的语气；"作业写完了"是一般的陈述语气；"作业写完了！"是开心的语气。这些细微的语音变化在汉语交际中起着重要的作用。因此，在对外汉语教学中，教师应重视学生的语音训练，不仅要让学生掌握正确的发音，更要让学生理解并运用声调和语调的变化来表达不同的情感和意图。教学方法主要包括让学生反复听、跟读和朗读，帮助学生校准发音，更重要的是让他们感受并掌握汉语声调的细微变化。

3. 利用影视剧进行情景再现

影视剧作为一种生动的教学资源，源自现实生活，融合了形象和声音，为学生提供了直观和身临其境的学习体验。通过使用影视剧中的有声资料，学生不仅能获取丰富的视听信息，还能通过代入感强的情景感受语言的实际运用。这种教学方式不同于传统的教学方法，它不仅能增加课堂的趣味性，还能激发学生的视听感官，从而激发他们的学习兴趣和参与热情。这种刺激和启发可以使学生的学习态度从被动的"让我说"转变为主动的"我要说"，不仅能让学生在有趣和互动的环境中学习，还能有效地提升学生的汉语口语技能，使学生自然和流畅地应用汉语进行交流和表达。

教师可以有效地利用贴近生活的影视剧作为教学资源，影视作品不仅展示了典型的中国人情世故和处事风格，还为学生提供了一个学习汉语口语的有效平台。教师通过在课堂上播放或布置学生课下观看这些影视剧，可以帮助学生深入了解中华文化，并且学习地道的汉语表达方式。影视剧中所使用的日常词语、自然的语速、地道的语音和语调，以及常用的谚语和俗语，都是学习和模仿的好例子。学生通过反复观看并模仿这些影视剧中的对话，不仅能够有效地扩充自己的词语量，还能学会在不同的语境中使用恰当的句式，从而提高语言的适用性和自然度。

第三节　汉语阅读技能教学

一、汉语教学中阅读教学的重要性

（一）阅读的主要功能

读书自古以来被视为知识与智慧的源泉，历代名人如鲁迅、叶圣陶、苏轼、让－雅克·卢梭（Jean-Jacques Rousseau）均强调读书的重要性。无论是我国还是世界各地，关于阅读的名言警句层出不穷，体现了读书在个人成长和成功中的重要地位。读书不限于传统的书，也包括各种形式的文献资料。下面主要从日常生活的角度概括阅读的主要功能，如图 4-2 所示。

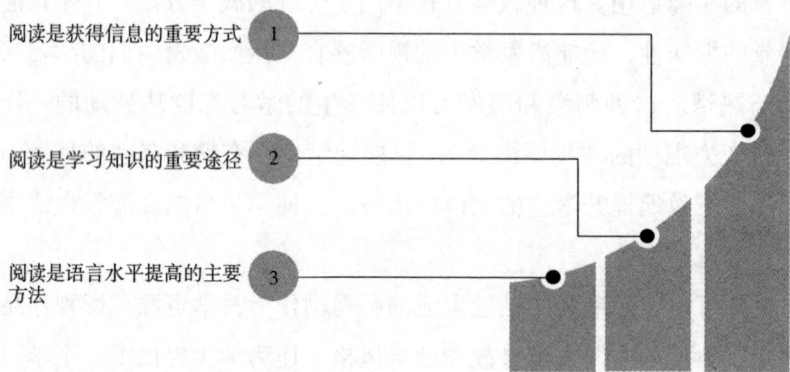

阅读是获得信息的重要方式　①

阅读是学习知识的重要途径　②

阅读是语言水平提高的主要方法　③

图 4-2　阅读的主要功能

1. 阅读是获得信息的重要方式

在 21 世纪这个信息爆炸的时代，信息化的高度发展和经济的飞速增长带来了知识更新的加速。人们的日常生活、学习、工作等方方面面都被各式各样的信息所包围。处在这样一个信息泛滥的时代，能否掌握和运用有效信息，直接关系到个人的成功和财富积累。信息获取的途径主要通过视觉和听觉两种感官，如今互联网作为当代生活中不可或缺的一部分，每天不断发布的信息影响甚至改变着人们的生活。如何有效地获取与自身相关且有用的信息，已经成为现代人必备的生存技能。而这需要的不仅仅是筛选信息的能力，更重要的是要有高效的阅读能力。因此，阅读作为 21 世纪获取信息的重要方式，在信息化时代扮演着不可替代的角色。

2. 阅读是学习知识的重要途径

对于学生而言，课堂学习和阅读是获取知识的主要途径。虽然课堂上的学习时间有限，但它为学生提供了基础知识的框架。但更多知识的获取主要依赖于个人在课外通过阅读不断积累和探索。在这个过程中，书成为了学生学习和探索的重要工具。

尽管图像和视频等多媒体材料能够清晰地阐释复杂的概念，但它们在培养深度思考和批判性思维方面的作用相对有限。相比之下，书提供了深层次的知识探索和思维刺激。书的独特之处在于：它不仅是知识的载体，而且是长期的伴侣。书允许人们反复阅读，每次阅读都可能有新的见解，这是其他媒介难以替代的。阅读不仅是获取知识的过程，也是个人了解世界、自我思考和反思的重要途径。通过阅读，人们可以不断拓宽视野，增强理解力，促进自我成长和修炼。阅读对于个人的世界观、人生观和价值观的形成具有深远影响。阅读可以帮助个人形成独立的思考能力，培养批判性和创造性思维。大量实践证明，个人事业上的成功与其知识和涵养是成正比的。知识不仅是实现职业目标的基石，也是个人成长和发展的重要支撑。因此，持续地阅读和学习不仅是学生时代的需求，更是一生的追求。在这个知识迅速更迭的时代，培养良好的阅读习惯，不断充实自己，成为了现代人实现个人价值和社会贡献的关键所在。

3. 阅读是语言水平提高的主要方法

人类大脑中的语言知识库是一个复杂的系统，存储着丰富的语言、文字及相关文化知识。语言知识库并非天生就有，而是在个体的语言习得过程中逐渐形成和丰富的。从婴儿的啼哭到成年人的复杂言语，每一个阶段都是语言能力成长的见证。阅读作为一种高效的语言输入方式，对于扩充个人的语言知识库具有重要的作用。通过大量的科学阅读，阅读者的词语量得以增加，知识面不断扩展。事实上，单词量和文化知识水平在很大程度上决定了一个人的阅读理解能力。这种理解能力进一步影响着个人获取新知识的能力。

阅读、听、说、写是语言学习的四大基本技能，它们之间相互影响、相互依存。任何一方面的提升都会对其他几个方面产生积极的促进作用。例如，丰富的阅读经历不仅能提高阅读理解能力，还能增强写作能力和口语表达能力。反之，良好的口语和写作技巧也能提高阅读理解和思维能力。因此，语言能力的提升首先依赖于大量且多样的语言输入，而阅读是其中最重要的一种方式。阅读不仅是语言学习的基石，更是文化理解和思维拓展的重要手段。

（二）阅读与听、说、写的关系

1. 阅读与听力的关系

阅读和听力作为语言输入和理解的两种主要途径，在学习过程中扮演着被动接受者的角色。从阅读心理学的视角来看，阅读和听力的共同点在于两者都采用了"自上而下"和"自下而上"的双向平行处理过程。这意味着，无论是阅读还是听力，理解的过程都涉及从具体信息到整体理解和从整体框架到具体信息的相互作用。但由于输入方式的不同，阅读和听力在某些方面存在显著差异。阅读主要通过视觉感知进行，而听力依赖于听觉感知。这种感官上的差异导致了两者在处理信息时的不同特点。例如，听力所依赖的声音信息是瞬时的，一旦发出即刻消逝，这要求听者具备较强的即时处理能力和记忆能力。相比之下，阅读材料可以长时间存在，允许读者进行反复查阅和深入思考，这使得阅读成为了解历史、文化及各种知识的重要手段。

2. 阅读与说话的关系

虽然表面上看来，阅读（一种"输入"技能）与说话（一种"输出"技能）似乎是两个相互独立的领域，但实际上，这两者之间存在着密切的互补关系。大量的阅读活动能显著提高人们的口头表达能力。人们在日常生活中经常遇到诸如"不知道说什么好""无话可说"或"找不到合适的话题"等情况。这些问题在使用同一语言进行交流的场合中就已经很常见，而在跨文化交际的情境下更是屡见不鲜。这些问题的出现，一方面是因为说话者本身的知识储备不足。当说话者无法对对方提出的话题给出合理回应时，就可能出现"语塞"的现象。从理论讲，这是由输入（如阅读、听力等）不足导致的输出（如口头表达）不畅。另一方面，这些沟通障碍产生的原因也可能是说话者缺乏足够的跨文化交际意识。当听话者不了解或误解了说话者的文化背景和表达意图时，沟通就可能受阻。在这种情况下，阅读成为了一种缩小这种差距的有效方式。通过阅读，人们不仅能积累大量的信息和知识，还能学习到多样的表达方式和文化背景，从而在实际交流中得心应手。

因此，阅读提供了宝贵的口头表达材料和话题，使人们在交流时更加流畅和自信。阅读不仅丰富了人们的知识库，还提高了人们的文化敏感性和交际能力。在多元化和全球化日益加深的今天，培养良好的阅读习惯，不仅能提升个人的语言技能，还能帮助人们在跨文化环境中更有效地沟通和理解。

3. 阅读与写作的关系

在对外汉语教学领域，许多流行的教材都将阅读与写作紧密结合，强调"阅读—写作—阅读—写作"的循环练习过程，以实现两者之间的相互促进与补充，以更好地促进学生的语言技能发展。在这个过程中，学生首先通过阅读材料来吸收语言知识，包括语法结构、修辞手法及行文布局等。阅读不仅提供了语言结构的实际例证,还展现了丰富的文化背景和表达风格。然后,在写作练习中,学生尝试模仿阅读材料中的元素,将所学知识应用于自己的写作中。通过这种模仿与实践,学生能够逐渐掌握并运用汉语的表达方式。最后,学生将再次回到阅读环节,以阅读内容为参照,对自己的写作作品进行修正和提升。这样的循环练习使得阅读和写作能够相互强化,通过不断地练习,不仅学生的写作能力得以提高,同时他们对阅读材料的理解更加深入。

二、对外汉语阅读技能教学的主要内容

(一)建立知识库的教学内容

1.汉字教学

汉字教学是阅读教学乃至对外汉语教学的重要组成部分,是建立学生汉语阅读能力的基础。汉字教学涵盖了"读"和"写"两个主要方面,其中,"读"即汉字的认读,是掌握汉语阅读的基础。汉字作为一种独特的表意文字,对于以表音文字为母语的外国学生而言,汉字既是学习的关键点,也是一大学习挑战。与表音文字不同,每个汉字都有其特定的形状和含义,这就要求学生不仅要认识汉字的外形,还要理解其背后的文化和语境含义。因此,探讨有效的汉字教学方法变得尤为重要。在当前国内对外汉语教学中,专门的汉字课程较罕见,汉字教学通常融入汉语读写课或阅读课。对于初级阶段的学生而言,学习汉字的"读"与"写"成为其学习的主要任务。汉字教学的成效直接影响着学生后续的阅读能力和阅读技巧的发展。良好的汉字教学不仅仅是教会学生认识和书写汉字,更重要的是引导学生理解汉字的深层含义,培养学生的语言感知能力和文化理解能力。

2.词语认读与理解

词是能够表达意义的最小的语法单位,汉语中词的特点导致词语教学成为汉语阅读教学的重点与难点。词是表达意义的最小语法单位,在

汉语中，词的独特特性使得其教学既是重点也是难点。汉语词的划分、多义词、同义词、近义词、反义词的使用，以及词语的文化背景，都使得词语教学变得更加复杂。在对外汉语阅读教学中，词语的教学不仅是阅读技能提升的需求，也是学习汉语的基本要求。在教学的初级阶段，重点放在词语的认读和记忆上。随着学习的深入，到了中高级阶段，词语量的增加和对词语多种含义的理解与掌握变得更加重要。

词语量大小是决定阅读理解能力高低的关键因素，因此，词语的教学方法与技巧在阅读教学中占据着至关重要的地位。在对外汉语教学中，词语教学应根据学生的实际水平进行有针对性的设计。在初级阶段，词语教学的核心在于词语的认读和基本意义的理解。此时期的课文通常较短且简单，教学重点应放在基础词语、词语的基本义和常用义上。随着学习的深入，进入中级阶段，词语教学则需要涵盖更广泛的内容，如词语的语法结构、构词方法、搭配关系、褒贬含义以及语用功能。此时，教学应注重引导学生从技能训练的角度进行学习和总结，以便更好地理解和掌握汉语词语的使用。到达高级阶段，词语教学的焦点应转向词语量的扩展和积累。在这一阶段，教师应鼓励学生接触广泛的阅读材料，通过在实际语境中的应用，使学生能够深入地理解词语的多样化用法和丰富的文化内涵。

3. 句子理解

句子是由词或词组构成的、用以表达完整意义的最小单位。句子的阅读训练不仅建立在对字、词、词组的深入理解上，而且为理解复杂的语段和篇章打下基础。汉语句子的结构具有其独特性。在汉语中，句子成分与词类之间并不存在固定的一一对应关系，这与许多其他语言有所不同。此外，汉语的句法结构表现出极大的灵活性和多变性，加之汉语特有的句式如反问句等，使得句子的理解和运用复杂。因此，在对外汉语阅读教学中，句子教学应当着重于词组和短句的认读训练，同时要注重长难句、复句以及特殊句式的长期教学。

4.语段、篇章教学

语段和篇章阅读训练代表着汉语阅读教学的高级阶段，特别是在中高级学习阶段，是对外汉语阅读教学的主要内容。在这一阶段，教学的关键在于帮助学生理解构成语段的句子之间的逻辑关系，把握篇章整体所传达的意义，以及了解篇章的结构和衔接技巧。为了进行有效的语段和篇章阅读教学，教师需要采用恰当的教学方法和设计合理的教学活动，引导学生有意识地理解和分析篇章的结构框架。这不仅涉及对篇章内容的深入理解，还包括对篇章的组织方式和语言风格的认识。此外，语段、篇章阅读教学可以结合不同文体的阅读材料，如叙述文、说明文、议论文等，以提高学生对不同文体特点的理解和运用能力。

（二）培养阅读技能的教学内容

阅读课与综合课或精读课的教学重点有所不同。在阅读课上，不应将主要精力放在对词语和语法的详细讲解和多次练习上。相反，阅读课应更多地侧重于根据汉语的特点，提炼出一些经验性和规律性的内容，并将教材作为学生掌握和练习阅读技能的一种手段，使学生在理解阅读材料的同时，能够熟悉并巩固阅读技巧。

语言交际能力的获得是一个漫长的过程，其中包含了从知识到技能，再从技能到交际技能的两次转化。知识是技能的基础，而技能是交际技能的基础。技能位于语言交际能力获得的中间环节，是语言教学的中心。阅读技能在很大程度上决定了学生的阅读能力水平。因此，在具备一定汉语水平的中高级班级中，进行阅读训练是非常必要的。阅读训练不仅能够增加学生的阅读量，而且对提升他们的听、说、写等语言技能具有积极作用。

三、对外汉语教学中培养学生阅读技能的教学方法

（一）猜词技能

对于外国学生而言，阅读中遇到的最常见障碍之一就是对词语的理

解。因此，猜词成为他们常用的一种学习方法。在教学过程中，教师可以鼓励学生在阅读时练习猜测词义，以帮助学生克服阅读障碍，并培养良好的阅读习惯。在汉语学习中，外国学生在猜测词义的过程中会运用到各种知识，如语境知识、句法知识、语素知识、汉字知识、语际知识（包括母语和其他语言知识）以及超语言知识（如背景知识）。其中，语素猜词法和语境猜词法是教学过程中经常用到的方法，如图 4-3 所示。

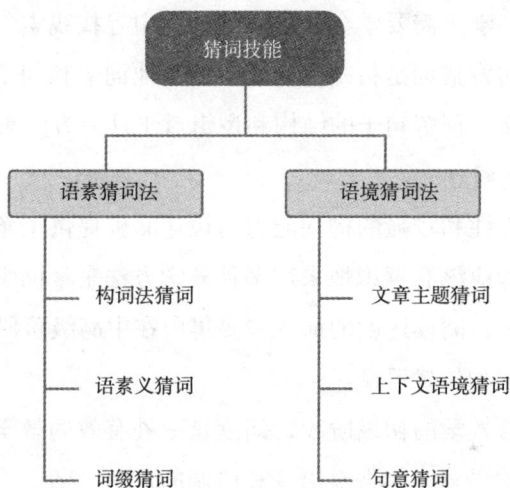

```
                    猜词技能
          ┌────────────┴────────────┐
      语素猜词法                  语境猜词法
          │                          │
      ├─ 构词法猜词            ├─ 文章主题猜词
          │                          │
      ├─ 语素义猜词            ├─ 上下文语境猜词
          │                          │
      └─ 词缀猜词              └─ 句意猜词
```

图 4-3　猜词技能

　　语素猜词法主要分为三类：构词法猜词、语素义猜词和词缀猜词。构词法猜词主要是让学生理解汉语词语是如何通过不同的语素组合而成的。汉语中，复合词是常见的词语类型，包括并列式、偏正式、动宾式、转化式和合成式等。通过了解这些构词方式，学生可以在遇到新词时，通过分析构成元素来推测词义。语素义猜词是基于对单个语素含义的理解来推测整个词的意义。在汉语中，很多词都是由具有独立意义的语素组成的。例如，"电话"中的"电"和"话"都是独立的语素，合在一起构成了"电话"的概念。词缀猜词主要涉及词缀（前缀、后缀、中缀）对词义的影响。在汉语中，虽然词缀不如英语那样普遍，但在一些学术或专业词中仍然很常见。理解这些词缀的含义有助于学生推测新词的含义。

语境猜词法主要分为三类：文章主题猜词、上下文语境猜词、句意猜词。文章主题猜词是让学生根据整篇文章的主题来推测生词的大致意义。例如，如果文章主要讨论科技话题，那么文中的生词可能与科技相关。上下文语境猜词是指结合上下文中的其他词语、句子结构和段落逻辑来理解生词。学生需要学会从更广的语境中寻找线索，而不仅仅是依赖单个句子。句意猜词是指结合句子中的其他词语和句子的整体意义来推测生词的含义。理解句子的结构和逻辑对于这一方法重要。

（二）快速阅读

汉字的表义性和较强的构词能力为快速阅读提供了条件。在对外汉语教学中，教师应该有意识地采用多种教学方法来帮助学生提高阅读速度。通常情况下，阅读速度的训练主要集中在中高级阶段。

1.培养良好的阅读习惯

在对外汉语教学的初级阶段，朗读是一种有效的教学方法，可以培养学生对汉语的语感，加强对语音和语调的理解。随着学生语言知识的积累和阅读量的增加，朗读的效果逐渐减弱，无法满足更高阶段的教学需求。这时，无声阅读成为更为合适的选择。无声阅读能促进学生将阅读的认知过程从"形—音—义"转变为"形—义"，从而显著提高阅读速度。此外，唇读和指读虽然是学生常用的阅读方法，但并不利于培养学生良好的阅读习惯。这两种方法通常会导致学生将注意力集中在单个字词上，而忽视了对整体内容的理解。当学生在阅读中遇到生词时，可能会频繁查找字典或回读，这不仅降低了阅读效率，也不利于整体阅读理解能力的提升。因此，在对外汉语教学中，教师应鼓励学生逐步从朗读转向无声阅读，以提高阅读效率和理解能力。同时，教师应引导学生避免过度依赖唇读和指读，而应专注于理解整体内容，从而更好地提升阅读能力。

2. 限时阅读

在对外汉语教学中，教师需要根据阅读材料的难易程度，合理安排学生的阅读时间。教师在学生开始阅读之前，可以提出一些具体问题，引导学生带着明确的目标在规定时间内进行有目的的阅读，这不仅潜在地培养了学生的快速阅读能力，还有助于学生无意识地积累各种阅读技巧。通过限时阅读的方式，学生在阅读过程中会主动关注文章的结构和体裁特点，从而深入地理解文本内容。这不仅提高了学生的阅读效率，还增强了学生对文本的整体把握能力。

3. 词块教学法

自 20 世纪 90 年代起，词块教学法在语言教学领域逐渐流行起来。词块教学法以词块的识别和构建为基础，重视对语言材料的整体理解和应用。词块可以分为三种不同的结构：凝固结构（固定语和插入语）、半凝固结构（框架语词块、短语构造语词块和句子构造语词块）、自由结构（高频搭配组合）。词块作为语言的"半成品"，融合了语法、语义和语境的特点。在实际使用中，这些预制的语言板块可以被直接提取和应用，从而显著提高语言输入的效率和阅读的流畅度。在对外汉语阅读技能教学中，构建学生的词块知识框架，培养学生对词块的意识，是提高学生阅读速度的有效方法之一。通过词块教学，学生能够快速识别和理解常见的语言模式，减少阅读中的停顿和回溯，从而提高阅读速度。此外，这种方法还帮助学生深入地理解语言的内在逻辑和文化背景。

四、对外汉语阅读技能教学中的文化导入

（一）对外汉语阅读技能教学中文化导入的原则

1. 趣味性原则

趣味性原则是指在对外汉语教学中，通过增加趣味性的教学内容来提高学生的学习兴趣和参与度。趣味性原则强调文化导入对外汉语阅读

技能教学应该是愉快和有趣的过程，而不是枯燥和单调的任务。例如，教师利用具有中国特色的故事、成语故事、历史故事等，以故事的形式来教授汉语，不仅可以提高课堂的趣味性，还能让学生深入地了解中华文化。

2.适度性原则

在对外汉语阅读技能教学中，考虑到中华文化的博大精深和历史悠久，教师在导入文化知识时必须把握适度性原则。中华文化的庞杂程度即使对中国人来说也是一大挑战，对于外国学生而言更是如此。因此，教学中的文化内容应与课文紧密相关，避免不必要的扩展。适度性原则要求教师在介绍传统文化时，不仅要关注知识的传递，更要考虑学生的接受能力和文化背景。过多或过深入的文化内容可能会使学生难以在短时间内消化吸收，甚至因文化差异造成跨文化交流的障碍。教师应避免在课程中过分扩展文化知识的广度和深度，而应专注于与课文内容直接相关的文化元素，让学生更好地理解和吸收汉语知识，并在文化交流中获得更加丰富和深刻的体验。毫无疑问，教师在对外汉语教学中引入文化知识时，应恰当平衡知识的广度和深度，以确保学生能够有效地学习和理解中华文化的精髓。

3.相关性原则

在对外汉语阅读技能教学中，教师在讲解课文时应重点遵循相关性原则，即主要关注与文章内容直接相关的知识点，确保讲解内容紧密围绕文章的主旨和重点，帮助学生更好地理解和掌握文章的核心思想和主要内容。教师应集中精力讲解那些体现文章主旨、突出文章重点的内容，这不仅有助于学生把握文章的结构和深层意义，还能提高学习效率。对于那些与文章主题不直接相关的内容，教师可以选择简要介绍或快速过渡，避免无谓的深入讲解。这样的做法不仅避免了课堂内容的冗余，还能使学生的注意力集中于关键信息。通过有侧重点、有目的的汉语阅读技能教学，学生能够更清晰地理解文章的主要观点和关键信息，从而在学习汉语的同时，深入地了解和欣赏中华文化的独特魅力。

（二）对外汉语阅读技能教学中文化导入的教学方法

通过各种文化导入方式可以让学生们了解中国优秀传统文化。教师可以运用多媒体等设备，配合实物展示等多种方式多角度导入文化元素，强化对外汉语阅读技能教学与中华优秀传统文化的融合。

1.课前环节的文化沉浸与导入

在对外汉语阅读技能教学中，课前环节的文化沉浸与导入能够为学生创造一种沉浸式的文化体验，从而在正式开始阅读课文之前，为学生建立起对中华文化的基本理解和兴趣。在正式进入阅读课文之前，教师可以通过讲述故事、播放视频、展示图片等方式，向学生介绍即将阅读的课文背后的文化背景。例如，如果课文涉及中国的传统节日，教师可以先向学生介绍这一节日的历史、习俗和相关文化意义。

2.细读环节的文化导入

在对外汉语阅读教学中，细读环节不仅可以帮助学生理解课文内容，还能通过学生深入探讨文化词语和句子，加强学生对中华文化的认识和理解。细读环节可以通过多媒体教学设备，使学生不仅能学习语言，还能感受语言背后的文化内涵，从而全面提高学生的阅读技能和文化交流能力。首先，多媒体教学设备允许教师使用视频和音频材料来展示文化内容。例如，展示有关中国节日的视频，不仅能让学生听到相关的汉语词语，还能直观地展示节日的庆祝方式和文化背景。其次，通过互动式教学软件，教师可以设计各种与文化相关的活动。例如，软件可以模拟中国传统市场的购物场景，让学生在虚拟环境中运用学到的词语和句子。最后，使用数字白板和演示文稿可以有效展示文化词语和句子的用法。教师可以通过演示文稿深入解析词语的含义，结合图片和示例句子来加强学生的理解。

3.默读环节的文化导入

默读环节主要是让学生自主阅读课文，以促进学生对文本的深入理解。在这个过程中，教师可以播放与课文内容相关的中国歌曲，这样做有两个目的：背景音乐可以创造一个轻松的学习氛围，帮助学生集中注意力；音乐本身作为一种文化元素，能够加深学生对课文背后文化背景的理解。在歌曲的选择与应用上，教师要以教学内容为出发点。例如，如果课文讲述的是关于中国的传统节日，教师可以选择与该节日相关的传统歌曲。这样的音乐不仅能够提供有关节日的额外信息，还能通过旋律和歌词增加文化的感染力。在学生完成默读后，教师可以对所播放的歌曲进行简短的介绍。教师可以讲述歌曲的背景、创作历史、歌词意义以及它在中华文化中的地位和影响。这种介绍可以帮助学生建立起文本与音乐之间的联系，从而更全面地理解课文内容和相关的文化背景。

第四节　汉语写作技能教学

一、汉语写作教学的过程

通过联系教学实践，可以将对外汉语写作教学划分为以下四个阶段。

（一）汉语写作前的准备

在对外汉语写作教学中，写作前的准备是一个关键步骤，它涉及多层面：一是学生写作能力的评估。在写作教学开始之前，教师首先需要对学生的汉语水平和写作能力进行评估，包括了解学生的词语量、语法知识、句式运用能力，以及之前的写作经验。通过评估，教师可以确定学生在写作中可能遇到的问题和需要重点关注的领域。二是写作主题的选择和规划。选择合适的写作主题对于激发学生的兴趣和写作动力至关重要。主题应当符合学生的语言水平和兴趣，同时能够挑战他们现有的语言能力。在规划写作主题时，教师应考虑主题的广度和深度，确保学生能够在有限的字数中充分展现其写作能力。三是资料的收集与分析。对于一些需要背景知识支持的写作主题，学生需要进行资料的收集与分析。这不仅能够增加学生的知识储备，还能帮助学生更好地理解主题，并在写作中提供充分的论据和观点。教师可以指导学生如何高效地搜集信息，并教授学生如何分析和整合相关资料。四是写作结构的设计。有效的写作不仅仅是语言表达的能力，还包括如何组织和结构化内容。教师需要引导学生学习如何规划文章的结构，包括开头、主体和结尾。此外，段落的划分、逻辑的连贯性和论点的清晰表达也是教学的重点。五是构思和规划阶段。这一阶段要求学生对所选主题进行深入思考，构建文章的大致框架。这通常包括确定主要论点、支撑论点的论据和例证。教师可以通过不同的方法帮助学生进行构思，如头脑风暴、思维导图或简单的提纲草拟。

（二）汉语写作初稿的完成

在对外汉语写作教学中，初稿的完成是一个综合性的过程，它涉及到学生对汉语知识的运用、对写作技巧的掌握以及对文化理解的深化等多方面内容。在这个阶段，学生将从构思到实际写作，经历一系列的思维和创作活动。

首先，在撰写初稿时，学生需要将构思转化为具体的文字。这个过程中，重点是表达思想，而不必过分拘泥于语法或词语的完美。教师应鼓励学生自由地表达自己的观点和想法，同时保持文章的连贯性和逻辑性。在这一阶段，学生的创作能力和语言运用能力得到了综合的运用和发展。

其次，教师需要指导学生注意使用恰当的词语、遵循汉语的语法规则，并关注文章的连贯性和流畅性。与此同时，文章结构的合理性也是初稿撰写中的一个重点。一个清晰合理的结构不仅能使文章更具逻辑性，还能提高文章的可读性。

最后，在情感和风格的表达上，对于非母语学习者来说，这是一大挑战。教师应引导学生在汉语环境中正确表达自己的情感和态度，同时要鼓励学生展现个人的写作风格。这不仅是语言技能的体现，也是文化理解和跨文化交际能力的表现。

（三）汉语写作文稿的修改

在对外汉语写作教学中，写作文稿的修改是一个重要的环节。这一阶段不仅是对初稿的优化和完善，更是学生汉语写作能力提升的关键时刻。修改阶段的主要目标是提高文章的质量，使其符合汉语写作的规范和表达的精确性。

第一，全面而细致地审视初稿。这一过程开始于对文章整体框架的评估，检查文章结构是否合理、思路是否清晰、论点是否充分支撑论据。学生需要确保文章的每个部分都紧密相连，逻辑清晰，观点明确。在这个阶段，可能需要对文章的结构进行重大调整，如重新安排段落、增删论点或调整论据的顺序。

第二，对语言细节进行审校。这包括词语的选择、语法结构的正确性、句式的多样性以及表达的准确性。学生需要注意避免使用错误或不适当的词语，确保语法结构正确无误；同时，也要寻求使用不同的句式来丰富文章的表达。在这一阶段，教师的指导至关重要，他们可以帮助学生识别和纠正语言上的错误，提供更加地道的表达方式。

第三，对文章内容的深入分析。学生需要仔细考虑文章中的每一个观点和论据，确保所有的信息都是准确、相关且充分支撑主题的。这可能涉及对文章内容的补充、删减或重写，以使文章更加有说服力。除此之外，对文稿进行反复阅读和修改是这一阶段的常见做法。学生在多次阅读和修改的过程中，可以深入地理解自己的文章，同时提高自己的汉语表达能力。

（四）汉语写作文稿编辑

汉语写作文稿的编辑是对外汉语写作教学过程中的最后一步，但也是重要的环节。这一阶段的核心任务是根据教师的批改意见，对学生的习作进行再一次的修改和扩充。这不仅是对学生写作技能的进一步锤炼，也是提升学生写作水平和文化理解能力的关键过程。

当学生收到教师对初稿的批改意见后，需要认真地分析和理解这些反馈。教师的意见通常涵盖了文章内容的准确性、语言表达的恰当性、结构的合理性等多个方面。学生首先应从整体上审视自己的文章，明确教师的反馈是否指出了文章整体结构或主题方向上的问题。根据批改意见，学生可能需要对文章的整体框架或主题进行较大的调整。接下来，学生应重点关注教师在语言使用方面的批改。这包括词语的选择、语法结构的正确性、句式的多样性以及表达的准确性。汉语作为一种特殊的语言，其表达习惯、语法结构和词语用法与学生的母语往往存在较大差异。因此，学生在修改过程中需要特别注意这些区别，确保他们的写作尽可能地符合汉语的表达习惯。除了语言层面的修改外，学生还应对文章内容进行深入的思考和扩充。根据教师的意见，学生可能需要对某些论点或论据进行补充、强化或删减。这要求学生不仅对文章的内容有深入的理解，还需要具备丰富的知识储备和灵活的思维能力。在这个过程中，学生的目标不仅是纠正错误，更是在原有基础上提升文章的深度和广度。完成修改后，学生还需要进行仔细的校对，确保文章没有遗漏和错误，格式符合要求。这一步骤虽然看似简单，但对于保证文章质量重要。校对不仅包括标点符号和错别字的检查，也包括对文章整体布局和格式的审视。

二、对外汉语写作教学方法

在对外汉语写作教学中，常用的教学方法主要包括以下几种，如图4-4所示。

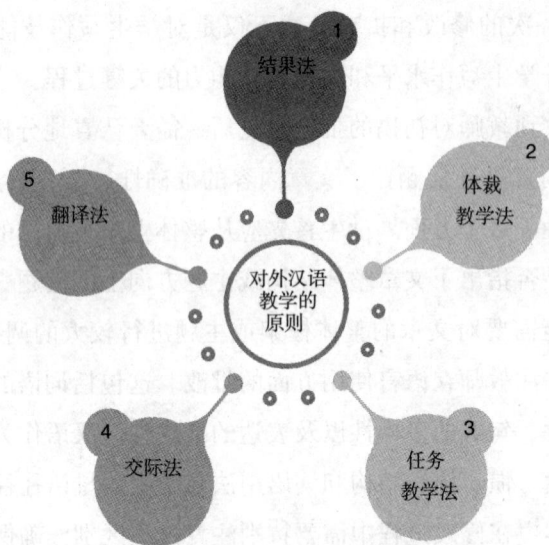

图4-4　对外汉语写作教学方法

（一）结果法

结果法旨在通过重视写作结果来提升学生的写作能力。与传统的以教师为中心、注重写作过程的教学方式不同，结果法更加强调学生写作的最终产出，以及这个产出对学生汉语能力提升的作用。在结果法的教学中，教师鼓励学生自主地完成写作任务。教师的角色转变为引导者和反馈者，而不是单方面的知识传授者。学生在写作过程中需要独立思考，运用所学的汉语知识和技巧来完成写作任务。结果法能够激发学生的主动学习兴趣和能力，使他们在实践中学习汉语，并通过实践提升汉语水平。此外，结果法的一个重要特点是强调写作的实用性和交际性。学生被鼓励撰写与真实生活或实际情境紧密相关的文本，如日记、信件、报告或论文等。这种写作形式贴近实际生活，能够有效提高学生的语言实用能力和文化交际能力。

（二）体裁教学法

体裁教学法着重于通过不同文体（体裁）的学习来提高学生的写作

能力。体裁教学法强调对各种文体特征的教学，如叙述文、说明文、议论文、描写文等。每种文体都有其特定的组织结构、语言风格和表达目的。例如，叙述文强调事件的顺序和故事情节，而议论文侧重于观点的陈述和论据的支撑。通过学习和实践不同的文体，可以全面提升学生的汉语写作技能。在体裁教学法中，教师首先会向学生介绍每种文体的基本特征和写作规范，包括对特定文体的结构、常用语言及其表达技巧的讲解。其次，教师可以引导学生通过阅读各种文体的典型范文来加深理解，并分析范文如何有效地使用了特定的写作技巧和语言表达方式。

（三）任务教学法

任务教学法通过完成具体的写作任务来提升学生的汉语写作能力。任务教学法的核心在于将学习者置于一个以任务为中心的学习环境中，通过实际的写作实践来提高学生的语言技能和创造力。任务教学法的主要特点是强调实践和参与。教师根据学生的汉语水平和学习需求，设计各种实际的写作任务，如编写电子邮件、撰写旅游日记、创作故事、撰写报告或论文等，通过模拟真实世界中的写作场景，使学生能够在具体的语境中应用汉语。在任务教学法中，学生的角色从被动接受知识的学习者转变为主动参与和解决问题的实践者。学生在完成任务的过程中，不仅要运用自己所学的语言知识，还要运用批判性思维和创造性思考来解决写作中遇到的问题。

（四）交际法

交际法目的在于通过书面形式有效地传达信息和情感，实现与读者的有效沟通。交际法的核心在于模拟真实的交际场景，让学生在具体的语境中学习和实践汉语写作。交际法强调写作内容的真实性和实用性，鼓励学生关注读者的需求和期望，以及如何在不同的社交和文化背景下进行有效的书面表达。在交际法中，教师会设计一系列贴近学生生活或兴趣的写作任务，如写信、撰写日记、编写报告、创作故事或文章等。这些任务要求学生考虑写作的目的、内容的组织结构、语言风格的选择以及如何使其更具吸引力和说服力。通过这种方式，学生不仅能够练习汉语写作，还能学习如何在书面形式中有效地传达自己的思想和情感。

（五）翻译法

翻译法主要是通过翻译活动来提高学生的汉语写作能力。翻译法的基本思路是让学生将母语或其他熟悉的语言文本翻译成汉语，或者将汉语文本翻译成他们的母语。通过这个过程，学生不仅能够直观地了解两种语言在表达方式、语法结构、词语选择等方面的差异，还能够学习如何在不同语言间准确地转换思想和信息。

在翻译法的实践中，教师通常会选择与学生水平相匹配的文本作为翻译材料。这些材料可以是短篇文章、新闻、故事、诗歌或其他任何形式的文本。选择合适的材料是至关重要的，因为它直接影响学生的学习兴趣和翻译练习的有效性。在翻译练习中，学生不仅关注语言的直接对应，更重要的是把握原文的整体意义、风格和语境。这种方法要求学生不仅仅是语言的转换者，更是文化的传递者。因此，翻译不仅是一种语言练习，更是一种文化学习的过程。在翻译练习后，教师的反馈对学生的学习重要。教师会对学生的翻译作品进行评价，指出其在语言准确性、表达自然性和文化适应性方面的优点和不足。这些反馈不仅可以帮助学生改进汉语写作技能，也可以帮助他们更好地理解中西方文化差异。

三、对外汉语写作技能训练的方法

（一）注重字词训练

1.字词训练内容

在汉语写作的学习过程中，特别是在字词训练阶段，应重点关注那些在篇章写作中常用的基础字词，这对于打好坚实的语言基础重要。根据考察语料的偏误现象，在字词训练阶段应该把重点放在篇章写作的常用的基础字与词语上，如同音异形字、形近字、常用的关联词，并注意区分同义词。在字的教学初始阶段，教师应该适当的预测学生会有哪些字出现书写困难，容易产生偏误。字词阶段的训练内容不能只限于字形，还应该注重字音和字义的训练，为培养学生的写作综合能力做准备。

2.字词训练方法

第一，基本训练方法包括抄写、默写和听写字词。这类活动不只是简单的书写练习，更重要的是让学生深入理解每个字和词的结构、音节和含义。在这个训练过程中，特别强调那些学生容易出错的字和词，目的是通过重复练习减少这些常见错误。

第二，词语填空和选择练习。词语填空练习主要是为了加强学生对新学词语的记忆和应用，通过在特定句子中填入正确的词语，加深学生对这些词语的理解和记忆。选择练习侧重于提高学生对近义词的辨别能力和词语搭配的正确性。通过在具体语境中选择最恰当的词语，有助于提升学生在实际交际中使用汉语的准确性和自然性。

（二）强化句法训练

1.句法训练内容

在学生通过字词训练积累了一定的词语和语法知识后，接下来的重点是加强句法练习，如句子的结构、句序的训练，指导学生写出正确的句子。要由教师教授学生一些常用句型，进行一些常用句型的相互转换，为以后语段写作和篇章写作打下基础。

2.句法训练方法

句法训练主要包括以下几种方法，如图4-5所示。

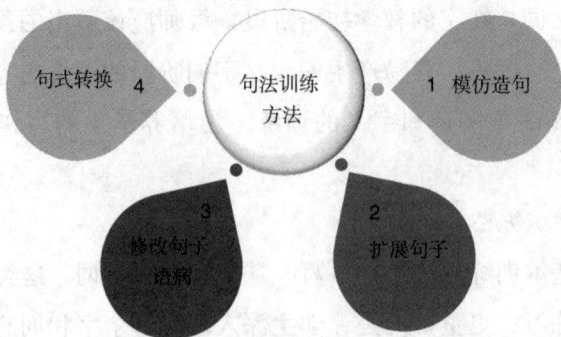

图 4-5 句法训练方法

第一，模仿造句。通过模仿造句，学生可以根据给定的例句句式创造新的句子，从而加深对不同句型和句式的理解和掌握。在模仿造句训练时，重要的是确保所给的句子与学生的实际生活密切相关，以便学生更好地结合自身经验进行造句，使所学的句型在实际中更具应用价值。

第二，扩展句子。在扩展句子练习中，教师提供一个简短的短语或句子的一部分，例如"灵巧的双手"，然后学生在此基础上进行创造性的扩展。这一过程中，学生被鼓励思考各种问题，如这双手属于谁、为何被称为灵巧、用于完成了什么样的活动等。通过这样的练习，学生不仅能够学习如何增加句子的信息量和丰富度，还能锻炼他们的思维和表达能力。在学生遇到困难时，教师的适时引导重要，以确保训练目标的实现，让学生能够有效地扩展句子，提高写作能力和语言运用能力。

第三，修改句子语病。修改句子语病旨在帮助学生识别并纠正自身在汉语句子构造中常见的错误，增强学生对汉语句法规则的理解和应用。具体操作时，教师可以给出一个含有语病的句子，如"我一次五年前来过，那时还是这里破旧的房屋，已经现在变成高楼了"。学生先要多读几遍句子，利用语感去感知句子的整体流畅性和逻辑性，然后对句子中的每个部分进行具体分析，找出问题所在并进行修改。

第四，句式转换。句式转换训练方法旨在提高学生在不同句式运用上的灵活性和准确性。通过这种训练方法，学生能学习如何将普通句式转换为特定的汉语结构，如"把"字句和"被"字句等。在这种训练中，教师先给出一个标准句式，如"我修理了自行车"。学生随后被要求思考并尝试将其转换成不同的句式，例如"自行车被我修理了"或"我把自行车修理了"，同时确保句子的意思保持不变且语法正确。这不仅可以锻炼学生对汉语句式结构的掌握，也能增强学生用多样化的方式表达同一思想的能力。

（三）强化语段训练

1.语段训练内容

语段也称为句群，一个语段通常由两个以上的句子组成，这些句子围绕着同一小主题，通过恰当的连接手段形成一个连贯的整体。语段写作训练是篇章写作训练的基础，在进行篇章写作训练之前，首先进行语段写作训练。在分析文章的语病时，也要注意语段内部以及语段与语段之间的逻辑关系。部分学生语段中每个句子的问题不大，但是读起来不够连贯，往往前言不搭后语，所以对学生进行语段写作训练是重要的。语段写作训练内容重点是关联词的运用和逻辑思维能力的培养。

2.语段训练方法

第一，句子合并。学生需要将一系列打乱顺序的句子重新排列，形成一个逻辑清晰、意义连贯的语段。这不仅是对学生理解句子间逻辑关系的测试，也锻炼了他们如何有效使用连接词和过渡词来构建语段。此外，学生还可以尝试用不同的方法将零散的句子组合成一个完整的语段，这有助于提高他们的组织和表达能力。

第二，模仿语段写作。教师给学生提供特定的语段结构和词语限制，引导学生在这个框架下进行写作练习，帮助学生学习特定的语段结构和风格，减少写作中的迷茫感。通过模仿，学生可以逐步掌握如何构建结构化的语段，并且学会在写作中灵活运用特定的词语和表达方式。

第三，扩展语段。教师提供几个观点，让学生选择一个他们感兴趣的进行深入讨论。学生需要表达自己对该观点的看法，支持或反对，并提供理由。扩展语段的训练不仅锻炼了学生的思辨能力，也鼓励学生在语段中展现个人观点和论证技巧。

（四）加强篇章训练

1. 篇章训练内容

篇章写作教学的宗旨在于培养学生的语篇表达能力，使学生能够创作出结构完整、逻辑清晰的文章。一篇优秀的篇章不仅仅是字、词、句子和语段的简单组合，而是需要围绕一个中心主题，通过合理的逻辑关系和内在的层次结构，将各个语段紧密连接，构成一个衔接自然、语义连贯的整体。篇章结构训练着重培养学生对文章的建构意识，让学生能自主写出主题明确，结构清晰的文章来。

2. 篇章训练方法

第一，看图完成作文。学生根据所给图片进行写作，通过图片中的元素激发联想和想象，填充文章内容。这种训练方法的开放性非常大，不仅给予学生充分的自由发挥空间，而且有助于培养他们的观察力、想象力、思考力和写作能力。学生可以从图片中提取信息，创作出丰富多彩的故事，或对画面进行详细的描述和分析，从而形成一篇有趣且富有创造性的作文。

第二，自由写作，无限定题目和文体。学生可以根据自己的兴趣、心情或实际经历自由选择题目和文体进行写作，无须受到任何限制。这种训练方法能够使学生在没有压力的环境下展现其真实的写作水平，更自然地表达个人观点和情感。自由写作不限于特定的文体，学生可以尝试日记、记叙文、说明文、随笔等不同的文体，有助于提升学生的写作灵活性和适应不同文体的能力。

四、对外汉语写作技能教学中汉字文化的渗透

通过各种方式将汉字文化巧妙地融入到对外汉语写作技能教学，不仅使得学生的应用文写作更具文采，也能满足学生未来职业发展的需求，还能让学生准确地理解中华优秀传统文化，促进多元文化交流与沟通。

（一）通过汉字文化鉴赏，深化对汉字文化的认识

在对外汉语写作技能教学中，对于具有文学色彩作文的教学，教师可以通过汉字文化鉴赏的方式来进行教学。比如，在应用文写作中，有一个较为常用的应用文板块"广告文案"。广告文案不仅要求传达商品信息，更需要融入一定的文学美感，使文字生动且有感染力。因此，教师在挑选范文和教学材料时，应重视选择那些文学色彩浓厚、富含汉字文化魅力的文本。通过研究这些具有深厚文学底蕴的广告文案，学生不仅能学习到如何有效地表达和推广商品，还能深入体会汉字文化的独特魅力，同时在实际写作练习中，学生能更好地领悟汉字的艺术美，从而提升学生的语言表达能力。

（二）恰当运用对比法，掌握不同类型写作方式

在对外汉语作文技能教学中，对比法适用于相似文体的教学。通过运用对比法，教师引导学生探索和理解不同文体之间的相似性与差异性，尤其是在汉字文化的表现方式上。例如，在应用文写作中，包含有总结报告和调查报告这两种文体，通过对比总结报告和调查报告，可以帮助学生明白虽然这两种文体都侧重于事实的阐述和真实性，但两者在表达风格和结构上存在着一定差异。调查报告通常采用第三人称，强调客观性和准确性，而总结报告多用第一人称，体现个人观点和经验总结。在写作过程中，学生应注重实事求是，确保文字的客观准确。无论是采用哪种人称，都应保持语言的规范性和准确性。这不仅是语言技巧的体现，也是对汉字文化理解的一部分。学生在写作时，应学会恰当地

运用词语和表达情感，这需要从汉字文化中吸取灵感和经验。通过对比分析，学生能够清晰地认识到在撰写应用文时应采用何种写作风格，不仅学习到如何以真实、朴素的文字进行有效的表达，还能够领悟到汉字文化在不同文体中的独特运用和表现形式。对比法不仅提高了学生的写作技能，也加深了学生对汉字文化的理解和欣赏，从而更好地把握和运用汉语进行高质量的写作。

（三）学习经典文学作品，积累更多写作素材

在提升汉语写作技巧的过程中，积累素材和增加阅读量是至关重要的。高质量的写作离不开广泛的阅读，因为阅读不仅能够丰富知识储备，还能够激发思考，为写作提供灵感和素材。缺乏足够的阅读经验，往往导致写作时思路贫乏，难以创作出语言精练、内容丰富的文章。随着智能手机的普及，碎片化阅读成为当代学生的主要阅读方式，这种阅读方式虽然方便快捷，但往往难以形成深度思考和系统知识的积累。因此，学生在写作时容易表现出思想的浅薄和缺乏创新。要想写出深度和吸引力兼备的作文，学生应当努力摆脱碎片化阅读的局限，转向更加系统和深入的阅读实践。通过广泛阅读经典文学、历史、科学论文等，学生可以大幅度提升自己的写作水平，使作文更具深度和魅力。我国历代的文人墨客留下来太多经典的文学作品，如《红楼梦》《诗经》《孟子》《史记》《唐诗三百首》等，在这些文学作品中蕴含着汉字文化独特的美，有很多的作品都在学生作文写作过程中当作经典的典范。教师需要深挖出经典文学作品中的精髓部分，带领学生体会到汉字文化的内涵，提高学生的文学素养，激发学生对汉字文化的热爱，从而在写作中自如地表达思想和情感。

第五章　对外汉语教学跨文化交际能力培养

第一节　跨文化交际能力

一、跨文化交际能力的定义

跨文化交际能力是指个人在与具有不同文化背景的人进行交流时所展现的有效、恰当且适宜的交际能力。跨文化交际能力作为跨文化交际过程中的一项关键技能，对于促进不同文化之间的理解和合作具有极大的价值。跨文化交际能力涵盖了两个核心要素：一是交际的有效性，二是交际的恰当性和适宜性。交际的有效性涉及交际行为是否能够有效地达到预期的目标和结果，即在跨文化的沟通中，能否准确传达信息并实现交流的目的。交际的恰当性和适宜性强调交际行为与特定情境和场合的匹配度。这意味着交际者能够根据不同的文化环境和交际场合，调整自己的交际方式和内容。例如，在一些文化中，直接和坦率可能是交际的常态，而在其他文化中可能重视间接和委婉的方式。因此，跨文化交际能力不仅涉及语言的使用，更包括对不同文化的深入理解，以及在此基础上的适应和应对能力。跨文化交际能力要求个人在跨文化交际中具备灵活性、敏感性和尊重差异的态度，从而能在多元文化的环境中实现有效和谐地沟通。

二、跨文化交际能力的内容

跨文化交际能力主要包括以下几方面内容，如图 5-1 所示。

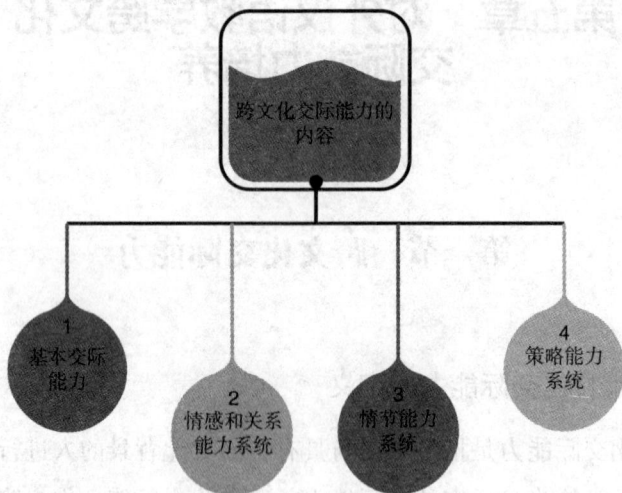

图 5-1　跨文化交际能力的内容

（一）基本交际能力

跨文化交际能力在跨文化交际学中的界定不尽相同，基本的交际能力包括以下几方面。

1.语言和非语言行为能力

语言能力包括词法、语法、句法和语音，是人们进行交际的基本能力和重要手段。通过听、说、读、写的语言训练和学习，可以有效地培养和提升语言能力。无论是侧重结构还是过程，语言教学大纲通常都旨在使学生能够熟练地运用语言，并在学习过程中构建完整的词法、语法、句法、语音等知识体系。

在对外汉语教学中，除了培养学生的语言能力，教师同样需要关注非语言行为能力的培养。非语言行为是一种没有明确记录，但普遍被理解而精心设计的代码，主要包括以下几部分内容：

（1）身体语言。身体语言是通过身体的姿势或运动来表达个人的感觉或想法，例如点头、摇头、肩膀的耸动等。身体语言能够传递出言语无法表达的细微情感和态度，对于增强交际的有效性和深度具有重要作用。

（2）姿态。姿态指的是使用头部、手臂、手或整个身体的动作来表达特定的意义。姿态在不同的地区和民族中蕴含着独特的文化内涵，这些文化传统中的符号往往在跨文化交际中引发误解。例如，同一个姿态在不同文化中可能有着截然不同的含义，如"同意"和"拒绝"的表示方式可能因文化不同而异。

（3）面部表情。面部表情是指人们通过人们的面颊、眉毛、眼睛、鼻子、嘴唇、舌头和下巴等表达各种情感和意图，如"不知道""是的""再见"等。这种表达方式虽然普遍，但在不同文化中的具体含义可能有所不同。例如，在大多数国家中点头表示同意，而在印度是通过摇头来表示同意。

（4）目光接触。目光接触是一种独特的交流手段，目光接触时间太长或者太短都可能会造成焦虑。目光接触的时长和方式在不同的文化背景中具有不同的社会含义。在西方国家，常常教导孩子与人交谈时要注视对方的眼睛，表明诚信和关注，但不能长时间盯着对方看，因为过长的目光接触被视为不礼貌或侵犯隐私。

（5）交流距离。交流距离是指在人际交流时双方保持的物理距离，交流距离往往与双方的关系密切度相关。通常情况下，与亲近的人交流时，人们倾向于保持较近的距离，而与陌生人交流时保持较远的距离。如果交流双方的距离过于接近或过远，可能被视为一种侵犯或不礼貌的行为。在不同文化背景下，对适宜的交流距离的理解可能有所不同，这在跨文化交际中可能导致误解或不适。

（6）时间观念。时间观念在不同文化中也有着显著差异。在某些文化中，守时被视为尊重他人的表现，人们通常会提前或准时到达约定地点。而在其他文化中，稍晚到达被认为正常。

2. 文化能力

在跨文化交际中，不同民族和文化身份的人们因其独特的生活方式、价值取向和人际交往规范，形成了各自的文化系统。这些文化系统可能是基于单一民族的，也可能是在主流文化内存在着不同群体文化。因此，拥有文化能力成为跨文化交际中的一项关键要求。要拥有文化能力，首先需要理解交际中所涉及的文化系统，包括那些明显的和不那么明显的文化规范。其次，了解相关群体的历史、社会和文化特征也是至关重要的。这包括对该群体如何随时间发展和演变的深入认识。最后，对群体的世界观、宗教信仰和价值观念的理解同样重要，因为这些方面深刻影响着个体的行为和交际方式。跨文化交际能力中的文化能力主要包括以下几点：

第一，掌握与作业程序相关的知识。

第二，具备对于文化等信息获取的技能与策略。

第三，能够在不同的场合处理不同的人际关系，在不同的情境中扮演不同的社会角色，承担相应的社会责任。

第四，在跨文化交际中具备对文化的高度敏感、对非语言的高度意识，在交往中实时自我调节。

第五，对跨文化交际对象的文化及价值观念、生活方式、风俗习惯等有充分的了解。

3. 相互交往的能力

相互交往的能力主要包括以下几部分：

（1）言语行为能力。言语行为理论作为语用学的关键组成部分，为语言研究提供了深刻的洞察。它不仅关注语言的形式结构，如词法、句法、语法、语篇和语音，还涉及语言的实际使用即语言行为。在跨文化交际的背景下，言语行为理论尤为重要。语言能力和语言行为构成了言语行为能力的基础，其中语言能力涉及对语言知识的把握，语言行为涉及正确使用语言的能力。因此，在对外汉语教学中，教师应采取跨文化交际的视角，不仅教授语言知识，还应引导学生理解汉语词语背后的文化含义，学习句法构成的习惯，以及明确篇章结构的布局，从而培养他们的言语行为能力。

（2）交往规则或语用规则。交往规则或语用规则是相互交往能力的重要组成部分，对交往程度和效率起着决定性作用。

4.认知能力

个人的文化背景对其认知能力有着显著的影响，这种影响体现在对人、事物和现象的认知上。在交际过程中，描写、解释和评价这三个阶段至关重要，它们共同构成了认知的整体框架，且每个阶段在交际中都扮演着独特的角色。首先，描写阶段主要是对观察到的行为的客观描述，不包含任何评论或社会意义。这是认知过程的基础，要求观察者保持客观和中立。其次，解释阶段是对所观察行为或事物进行加工，赋予其特定的意义。由于个人文化背景的不同，对同一行为的解释可能存在差异。最后，评价阶段涉及对解释的行为赋予社会意义，这包括消极或积极的评价。

在跨文化交际中，不同文化背景下的人对同一描述的解释可能截然不同，进而产生不同的评价，这可能导致交际的失败。例如，中西方文化对同一现象的解释和评价可能存在显著差异。因此，教师在教学中应注重培养学生的认知能力，尤其是在跨文化背景下的认知能力。通过文化教学，教师可以向学生解释不同文化间的差异，帮助他们从认知的角度理解和解释所观察到的行为，并据此形成合理的评价。

（二）情感和关系能力系统

1.情感能力

情感能力主要是移情，"移情"指的是认同和理解别人的处境、动机及感情。情感能力使人能够从对方的角度看待问题，避免在交际中因文化差异而引起误解或不适。例如，中华文化中，关心他人事务被视为拉近人际关系和表达关切的一种方式；而在西方文化中，人们通常不喜欢过多谈论个人隐私。这种文化差异在跨文化交际中尤为显著，缺乏移情能力可能导致交际失败。因此，在跨文化交际中，双方都需要努力理解对方的文化习俗和感情需求，从而避免言语或行为导致对方的不适。

关于移情，可通过六个步骤来实现，具体如下：

第一，认识到世界的多元性。世界是多元的，不同文化和个人间都存在巨大的差异，这是正常的、普遍的现象。

第二，对自我有充分认识。这包括理解自己的文化背景和偏见。

第三，悬置自我。即消除自我与环境之间的隔阂，尝试从更广阔的视角看待问题。

第四，设身处地地考虑问题。将自己置于他人的位置，努力理解他人的内心世界和观点。

第五，经验移情。通过经验来培养移情能力，学习如何在不同的文化背景中有效地移情。

第六，重建自我。通过移情的过程重新构建和调整自己的观点和行为。

在这一过程中，教师作为教学的主导者，应该首先理解移情的原则和过程。通过教学内容的安排，对比不同文化间的差异，逐步引导学生理解和接受不同的文化背景。

2.关系能力

在人际交往过程中，角色定义了个体之间的互动方式和内容，决定了他们的行为和期望。不同的角色间关系会对人际交往产生显著影响，这些影响体现在沟通方式、期望的行为模式以及交往的深度和广度上。因此，理解和适应这些角色及其相互关系对于建立和维持有效的人际交往至关重要。

文化对角色产生的差异表现在以下三个方面：

一是正式和非正式程度。例如，在中国，教师角色通常与严谨和威严相联系，反映了一种正式的教学风格。相比之下，在美国，教师的角色可能更加随意和轻松，显示出一种非正式的教学态度。这些差异不仅影响角色的行为方式，也影响人际交往的风格。

二是个人化程度。例如，在中国进行商务谈判时，人们倾向于先建立类似朋友的关系；而在美国，商务谈判更多的是将对方视作竞争对手。这种差异反映了不同文化中个人化程度对角色行为的影响。

三是允许偏离理想角色的程度。有些文化对于角色行为的偏离有较高的容忍度，而其他文化对角色行为的标准要求严格。

在跨文化交际中，理解这些文化差异对于顺利沟通至关重要。认识和适应不同文化背景下的角色行为和特征，有助于更好地融入当地文化，避免误解和冲突。

（三）情节能力系统

情节是在某种特定的交际场合中会出现的行为。情节能力就是交际者处理具体情节下程序性规定的能力。通常来说，交际者应具备的情节能力主要表现在以下几方面：

第一，在跨文化交际中，情节中的行为应符合特定文化背景下人们的期望。期望指的是文化所具备的常识性知识。打个比方，知识和期望就好像戏剧的剧本和脚本。有效的跨文化交际需要个体理解并遵守这些文化期望，就像演员在舞台上遵循剧本一样，以确保其行为与文化背景相符，从而促进顺畅的沟通和理解。情节中的剧本或脚本具有几个重要作用：首先，阐释了情节是如何形成的；其次，可以有效区分不同的情节；再次，标示着情节的开始和结束；最后，规定了特定情节中具体顺序和行为的目的结构。

第二，在特定情节中，为了达成交际目标，参与者会努力实现这一目的。在语言教学中，任务型教学法正是基于这一理念来帮助学生学会交际的。通过设置具体的交际任务，如角色扮演、情景对话等，学生在完成这些任务的过程中不仅练习语言技能，还学会如何在实际交际中有效使用语言，从而达到培养实际交际能力的目的。

第三，尊重和遵循不同情境的交往规则的能力，比如如何开始谈话、对对方的话语作出反应、如何结束谈话等。交往规则主要包括诚实守信、求同存异、平等交往、互惠互利。交际模式主要包括我输你赢模式、我赢你输模式、双输模式和双赢模式。

第四，社会情节的重要部分之一就是话题与交往场景。在日常生活中常常出现的话题、礼仪性会话及惯例组成了交往场景。

（四）策略能力系统

策略能力是指在交际过程中，当交际者由于语用能力或语言能力的限制而未能达到交际目标时所采取的补救性措施和策略。这种能力涉及识别和应对交流中出现的问题，以实现有效沟通的目的。策略能力不同于谈话中的一般技巧和策略，而是在遇到交际障碍时所采取的特定行动，如使用同义词、解释或重新表达等，以确保信息的准确传达和理解。策略能力在交际能力中有着重要的地位，具体包括以下几种策略：

第一，语码转换策略。当语言表达遇到局限时，交际者可以选择在双方共享的语言中借用词语，进行语码的转换。这种策略有助于在不同语言背景的交际者之间建立理解。

第二，近似语策略。包括使用释义、创造新词语、笼统化描述或重新组构表达等方法。这种策略在词语或语篇表达上遇到障碍时尤为有效，帮助交际者在有限的语言能力范围内尽可能清晰地表达思想。

第三，合作策略。当交际双方遇到障碍时，可以通过共同努力，利用彼此已有的语言和文化知识来解决问题。这种策略强调了交际双方的相互理解和协作。

第四，非言语策略。即在交际过程中使用非语言形式，如肢体语言、面部表情、手势等来辅助交流。这种策略在口头语言表达受限时尤其有效，能够帮助传达情感和补充语言信息。

三、跨文化交际能力的要素

跨文化交际能力是一个多维度的概念，由认知、情感和行为三个要素组成。在认知层面，成功的跨文化交际需要交际者掌握广泛的文化知识，包括政治、经济、文化、习俗、宗教信仰以及地理、历史等方面。这些知识不限于本国文化，还应涵盖国际视野，为跨文化交际提供坚实的知识基础。在情感层面，跨文化交际者需要对文化差异保持高度敏感，表现出对不同文化的尊重和包容。这不仅涉及对他国文化的理解，还包括对本民族文化的认同和深刻理解。情感层面的能力有助于建立良好的跨文化关系，促进不同文化背景下的人们之间的理解和交流。在行为层面，跨文化交际者需要具备良好的心理调节能力、适应不同环境和情境的能力，以及在其他文化背景下有效处理事务的能力。这些能力使交际者能够在多元文化的环境中灵活应对，有效沟通和协调，处理各种跨文化交际中可能出现的问题和挑战。

第二节　跨文化交际意识

一、跨文化交际意识的概念

跨文化意识是认识和理解不同文化背景下人们的差异性和多样性及其对交际行为的影响。具备跨文化意识的人能够尊重并理解他人的价值观、习俗、信仰和行为方式，避免自我中心的观点和偏见，更加深入地洞察他人的行为动机，有助于建立相互信任和友好的人际关系。跨文化意识是在多元文化环境中进行有效沟通和交流的关键，对于促进不同文化背景下的人们之间的理解和合作具有重要意义。

在多元化的世界中，各种文化以其独特的价值观、信仰、处事方式和生活习惯共存，每种文化都有其存在的合理性，且在每种文化中都有其忠实的信仰者和精神领袖。文化的多样性意味着文化之间不存在优劣或等级之分，每一种文化都值得平等的尊重和理解。理解和接受文化差异是现代社会的重要课题，而具备跨文化意识是实现这一目标的关键。具备跨文化意识的人能够敏感地察觉到不同文化之间的差异和潜在的冲突，对文化进行理性的分析和科学的判断。

根据跨文化交际意识的特点，可以将其分为四个阶段，每个阶段反映了个体在适应和理解不同文化过程中的不同心理和行为变化。在第一阶段，个体对新文化的初次接触通常伴随着对其新鲜感和异国风情的好奇。这一阶段以对新文化的浅层了解和兴趣为主。进入第二阶段，当个体开始意识到本民族文化与目的语文化之间的深层差异时，可能会感到困惑或不适，甚至出现"文化休克"的现象。这一阶段的特点是对文化差异的不可置信和难以接受，可能伴随着情绪沮丧和行为反常。第三阶段是通过系统学习和理性分析，个体开始理解并掌握异文化的交际规则。在这一阶段，增加与当地人的交往成为理解异文化的重要方式，个体在认知上开始接受新文化。第四阶段是个体学会从对方文化的角度理解问题，情感上完全接受了异文化。这一阶段的个体能够在情感和认知上完全融入新文化，形成了成熟的跨文化交际意识。

二、跨文化交际意识的组成部分

根据对外汉语教学的特点，跨文化交际意识主要包括以下几部分，如图 5-2 所示。

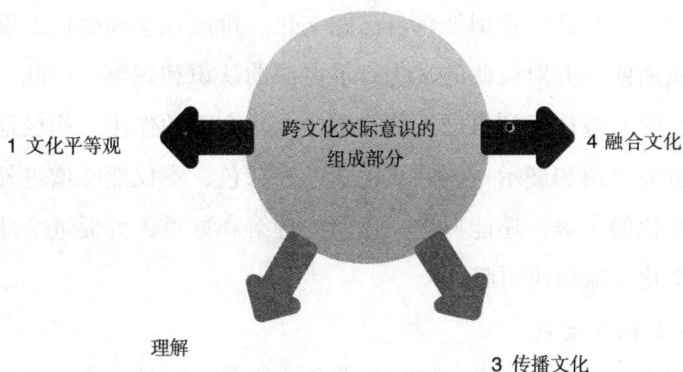

图 5-2 跨文化交际意识的组成部分

（一）文化平等观

文化平等观指的是面对全球多样化文化始终保持平等和客观态度。尽管世界上的每种文化都有其独特性和特色，但都拥有各自的合理性和价值。因此，人们应该平等地对待所有文化，不能将自己的文化视为优越或低劣等。文化平等观要求人们既不应狂妄自大，也不应自卑，而是应该尊重和欣赏不同文化的独特性和贡献，促进不同文化间的理解与和谐共处。

（二）理解

理解，指的是交际双方需要跳出自己文化价值观的限制，采用对方的文化视角来看待和评价彼此的行为。理解要求交际者不仅要容忍和尊重对方的不同，还要深入理解和接纳这些差异。在跨文化交际过程中，理解的深度往往决定了沟通的效果和质量。换言之，良好的跨文化交际不仅仅是关于语言的交流，更是关于如何在文化差异中找到共同点和相互理解的过程。通过从对方文化的角度理解其言行，双方能够更有效地沟通，减少误解和冲突，促进相互之间的理解与和谐。

（三）传播文化

文化交际是沟通和信息交换的过程，同时是一种文化传播的方式。

在交际中，参与者无意识地将自己的文化、价值观念和处世态度传递给对方，从而使双方对彼此的文化有了更深的认识和理解。因此，人们在跨文化交际时应认识到自己在传播本国文化方面的作用。积极地、有意识地向世界介绍和展示本国的文化遗产和特色，不仅能够增进外部世界对本国文化的了解，还能促进文化间的理解和尊重，为促进全球文化多样性和文化交流做出贡献。

（四）融合文化

在跨文化交际中，文化交融绝非孤立事件，而是一个从理解到传播的动态过程。文化的交融不仅能够丰富祖国的文化遗产和推动世界文明的进步，还促进了文化的流通和融合，培育出适应现代化需求的新型人才。通过文化的交流和相互影响，人们不仅能够更好地理解和尊重多样性，还能在全球化的背景下为培养具有全球视野和文化敏感性的现代人才做出重要贡献。

无论是哪一民族，若只是坚守自己的文化纯洁性，而不去学习和吸收其他民族文化的优秀元素，将无法实现发展甚至可能面临退步。文化融合不是简单的模仿或替代，也不应是单方面的同化或被同化，而应是一个双向的、有选择的过程，在与不同文化的交流和沟通中，积极吸收世界各民族文化的优点，以此来丰富和发展自己的文化，确保在全球文化多样性中保持竞争力和活力，确保文化的持续发展和繁荣。

培养跨文化交际意识的本质在于帮助学生建立对文化差异的科学信念和态度。这一意识要求交际者对不同文化间的差异有清晰的认识，并在交际过程中，通过合适的语言选择和文化适应行为来体现这种认识，从而实现有效的跨文化沟通。

三、跨文化交际意识与跨文化交际能力之间的关系

跨文化交际意识与跨文化交际能力之间存在着密切且重要的关系。在多元文化的全球化世界中，跨文化交际意识与能力的结合对于个体在

不同文化环境中有效沟通和交流至关重要。通过提升跨文化交际意识和能力，个体能够更好地适应不同的文化环境，建立有效的跨文化关系，促进全球范围内的理解和合作。理解这一关系对于在跨文化背景下培养学生的跨文化交际意识和跨文化交际能力至关重要。

跨文化交际意识是跨文化交际能力发展的基础。跨文化交际意识是跨文化交际能力发展的基础，因为它涉及到对不同文化间差异的认知和理解。跨文化交际意识不仅包括对其他文化的基本知识，如语言、习俗和信仰，还包括对这些文化特征背后深层含义的理解。有了这种意识，个体才能在交际过程中正确解读和适应不同文化背景下的行为和沟通方式。具备跨文化交际意识的个体能够识别并尊重文化差异，避免因文化偏见或误解而导致的沟通障碍。例如，了解一个文化中特定手势的含义可以防止在交际中无意中造成冒犯。此外，这种意识还帮助个体在遇到文化差异时保持开放和适应性，从而能够灵活地与不同文化背景的人进行有效交流。

跨文化交际能力是在跨文化交际意识基础上的实际应用和技能的展现。跨文化交际能力不仅包括语言能力，还包括能够适应不同文化环境的社交技能、解决冲突的能力和建立有效沟通的能力等。跨文化交际能力的提升，依赖于个体对文化差异的深入理解和尊重，这正是跨文化交际意识所强调的。

跨文化交际意识与能力之间存在动态互动关系。随着个体跨文化交际能力的提高，例如语言技能、社交习惯的理解和适应能力的增强，他们对不同文化的深入了解也随之增加。这种深入的理解不仅包括对外显文化元素如风俗、传统的认识，还涵盖了对那些隐性文化维度的理解，例如价值观、信念体系和行为规范。随着对这些深层文化特征的认识加深，个体的跨文化交际意识也会相应增强。同时，强烈的跨文化交际意识能够激发个体更积极地学习和提升跨文化交际的具体技能。当个体意识到文化差异的重要性和复杂性时，他们会更加主动地寻求机会来学习新的语言表达方式、社交礼仪和适应不同文化背景下的沟通策略。这种主动探索和学习有助于提高他们在实际交际中的适应性和效果。

四、对外汉语教学中跨文化交际意识的培养

（一）对外汉语教学中跨文化交际意识的培养原则

在对外汉语教学中，学生跨文化交际意识的培养需要遵循以下几点原则，如图5-3所示。

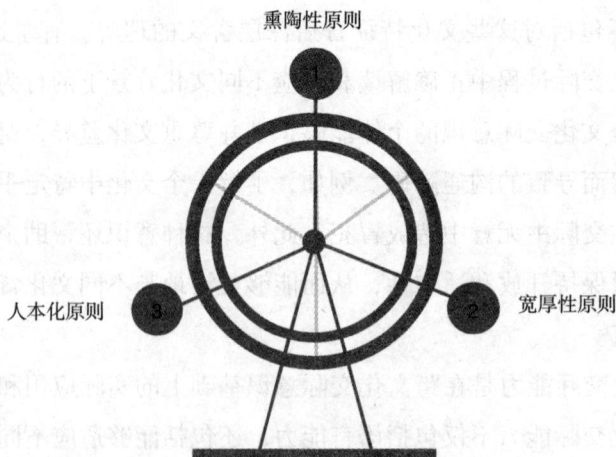

图5-3 对外汉语教学中跨文化交际意识的培养原则

1.熏陶性原则

在对外汉语教学中，培养跨文化交际意识的"熏陶性原则"是指通过一种潜移默化的方式，将跨文化交际的知识和技能融入到教学中，帮助学生在自然的语境中逐渐建立和发展对不同文化的理解和尊重。一方面，熏陶性原则强调在教学过程中自然地融入文化元素。在教授汉语的同时，教师可以通过讲解中国的历史、文化、社会习俗、节日等内容，让学生在学习语言的同时，对汉语背后的文化有更深入的了解。例如，通过节日的介绍，学生不仅学会相关的词语和表达方式，还能了解节日的文化背景和庆祝习俗。另一方面，熏陶性原则鼓励通过真实的语境和

情景模拟来提高学生的文化适应能力。通过模拟不同的交际场景，如饭桌礼仪、商务谈判等，学生能够在实践中学习如何在不同文化背景下进行恰当的沟通。这种模拟活动不仅增加了教学的趣味性，还有助于学生更好地理解和适应不同的文化环境。

2. 宽厚性原则

在对外汉语教学中，培养跨文化交际意识的"宽厚性原则"主张采取宽容、包容和理解的态度教育学生，促进他们对不同文化的全面理解和尊重。宽厚性原则强调在教学过程中，教师应引导学生以开放的心态去接纳和理解不同文化的多样性和复杂性，从而培养学生在跨文化交际中的适应性和敏感性，促进学生跨文化交际意识的形成与发展。

宽厚性原则要求教师在教学中展现对多元文化的尊重和包容。这意味着在教学内容的设计和讨论中，教师应避免任何形式的文化偏见和刻板印象，努力展示不同文化的价值和特点。例如，在介绍中华文化的同时，教师可以鼓励学生分享和讨论他们的国家或民族的文化中的类似概念或实践，以此促进文化之间的相互理解。此外，宽厚性原则还包括对学生的情感和价值观的关注。教师应在教学过程中关注学生的情感反应，理解学生对于文化差异的感受，帮助他们建立起对不同文化的积极态度和情感认同。这不仅有助于学生克服文化偏见，还能激发他们对不同文化的好奇心和探索欲。

3. 人本化原则

在对外汉语教学中，跨文化交际意识的培养需要遵循"人本化原则"，以学生为中心，关注学生的个体需求和差异，以及学生在跨文化交际中的个人体验和感受。人本化原则的核心是认识到每个学生都是独特的个体，他们的学习过程、文化背景和交际需求各不相同，因此在教学中需要采取灵活和个性化的方法。

人本化原则要求教师在教学中充分理解和尊重学生的个人背景。这包括他们的文化传统、语言习惯、学习风格和交际倾向。教师应在教学设计中考虑这些因素，提供适合不同学生的学习材料和活动。例如，对于那些对中华文化有特别兴趣的学生，教师可以提供更多关于中国历史和文化的材料和讨论机会。

人本化原则强调在教学中培养学生的自主学习能力和批判性思维。教师应鼓励学生积极探索和发现，引导他们自主地学习汉语和中华文化。同时，教师也应教授学生如何批判性地分析文化差异，鼓励他们在尊重的基础上对不同文化进行比较和思考，逐渐形成跨文化交际意识。

（二）对外汉语教学中跨文化交际意识的培养策略

从对外汉语教学的性质、规律以及跨文化交际的具体要求看，培养师生的所谓跨文化交际意识，主要包括以下五个方面的内容：

1.师生双主体意识的培养

教学过程是教师和学生之间的双向交流，教师是"教"的主体，学生是"学"的主体。如果这个过程仅限于其中一方，教学目标就很难实现。同样，跨文化交际意识的培养也需要双向互动。过去，教学中往往过分强调教师的主导者角色，忽视了学生的积极性和创造力，这种做法是不利的。因此，跨文化交际意识应是双向的，不仅教师需要具备，学生更应如此。这样，教师不仅是语言教师，也是文化教师；学生既学习语言，也学习文化。

2.交际意识的培养

交际是语言最基本的功能，也是对外汉语教学的实质体现。如果教学过程忽视了这一点，那么跨文化交际的教学就会失去其根本意义。师生在教学中必须具备强烈的交际意识，从交际的目的和形式出发，全面理解和掌握对外汉语的教学过程。在对外汉语教学中，如果忽视了交际意识的培养，教学就可能过分集中于纯语言知识或语言形式的教授，而忽略了在跨文化环境中培养学生综合运用语言的能力。因此，强调培养交际意识是对外汉语教学的首要任务，这对于提高学生跨文化交际意识重要。

3. 文化平等意识的培养

文化平等意识是对跨文化交际者的基本要求。交际双方必须基于对彼此文化的理解、尊重和宽容来进行交流，摒弃文化民族中心主义。教师在对外汉语教学的每个环节中应该向学生传递这样的理念：每个国家都有其独特的文化，并视其为自己的正统文化。世界文化的多样性使得世界充满了色彩和活力。因此，学习尊重不同的文化是必要的，因为所有文化都是平等的，不存在优劣之分。文化平等意识对于外国学生与中国人的交流以及不同国家学生之间的交流和交往都极为重要。教师应该教导学生，世界上没有哪种文化是绝对优越或劣等的，而是应该从平等和相互尊重的角度出发，欣赏和学习不同文化的独特之处，进而促进文化之间的理解和交流，为建立和谐多元的世界做出贡献。

4. 文化对比意识的培养

在培养学生文化平等意识的基础上，还需培养学生的文化对比意识。文化对比意识涉及比较目的语言与母语，以及目的语文化与母语文化。通过对比，学生能够识别两种文化之间的差异，从而有针对性地学习语言和文化知识。文化对比不应仅局限于表面的形式比较，还应包括深层次的内涵对比。除了语言对比外，还应进行非语言元素的比较，包括语言和非语言形式与意义的对比，以及言语交际行为的形式与意义对比。文化对比的目的是发现不同文化之间的异同，从而促进顺畅的跨文化交流。学生通过这样的对比，不仅能够更深刻地理解不同文化的特点，还能在实际交际中更加灵活地运用这些知识，提高跨文化交际意识和能力。

5. 对文化敏锐的洞察力

语言使用中蕴含着丰富的文化元素，其中既有显性的，也有更为隐蔽、深层的文化背景知识。教学中若忽视了这一点，便难以透彻理解语言所承载的深刻文化内涵。因此，对文化因素的敏感性和对文化相关现象的洞察力对学生来说重要。在对外汉语教学中，学生还需能够区分不同功能的文化因素：一是知识文化，指的是关于语言文化的客观知识；二是交际文化，即在实际交际中运用的文化知识。明确这一区分对于有效的交际文化教学重要。学生的文化洞察力不仅与教学内容有关，还与他们自身的文化素养密切相关。通过提升文化敏感度和洞察力，学生能够深入地理解和运用语言，有助于语言表达能力和跨文化交际的意识的增强。

第三节　对外汉语教学中跨文化交际能力的培养

一、对外汉语教学中跨文化交际能力的培养原则

为了更好地培养学生跨文化交际能力，对外汉语教学的开展需要遵循以下几点原则，如图 5-4 所示。

3 趣味性原则　　　　1 循序渐进原则

2 针对性原则

图 5-4　对外汉语教学中跨文化交际能力的培养原则

（一）循序渐进原则

在对外汉语教学中，培养学生的跨文化交际能力需遵循循序渐进原则，确保学生在对外汉语学习的每个阶段都能掌握恰当的教学内容和方法，从而稳步提升学生的跨文化交际能力。

起初，教学应侧重于基本的文化知识和语言技能，确保学生能够掌

握汉语的基础语法、词语和表达方式。同时，应介绍中华文化的基本概念和常识，为学生打下坚实的基础。随着学生汉语水平的提高，教学内容应逐渐深入，包括复杂的语言结构和丰富的文化元素。此时，可以引入中华文化的历史、哲学、艺术等方面的知识，使学生对中华文化有深入了解。在学生逐步掌握语言和文化知识的基础上，重点转向实际交际能力的培养。这包括跨文化交际的策略、应对不同文化背景下的交流挑战，以及如何在实际交际中灵活运用语言和文化知识。最后，教学中要引入对比不同文化的元素，帮助学生理解中西方文化的差异和共通点，培养他们的跨文化理解和交际能力。

（二）针对性原则

针对性原则在对外汉语教学中的应用，能够确保教学内容和方法直接对应学生的具体需求和背景。

首先，对外汉语教学应考虑学生的母语背景。不同语言背景的学生在学习汉语时会遇到不同的难点，例如，英语和汉语在语法、语音等方面的差异远大于汉语与日语的差异。因此，教师需要根据学生的母语特点，设计针对性的教学计划，以解决学生学习中可能遇到的特定问题。

其次，针对性原则要求教学内容与学生的学习目标相匹配。例如，如果学生学习汉语是为了商务交流，那么教学重点应放在商务汉语和中国的商业文化上；如果学生学习汉语是为了了解中华文化，那么教学内容则应更加侧重于中国的历史、艺术和社会习俗。通过这种方式，教学可以更加有效地帮助学生达成其学习目标。

最后，针对性原则强调教师需要根据学生的学习进度和能力进行教学。对初学者来说，重点在于基础词语和简单句型的学习；对于高年级学生，则应注重提升他们的语言运用能力和文化理解能力。这种差异化的教学方法可以确保每位学生都能在自己的水平上取得进步。

（三）趣味性原则

在对外汉语教学中，趣味性原则的运用能够激发学生的学习兴趣，提高他们的学习效率。趣味性原则的核心是通过有趣、互动的教学方式，增强学生对汉语学习和中华文化的兴趣。在实施趣味性原则时，教师可以采用多种策略。

第一，游戏化教学。通过游戏和竞赛，学生可以在轻松愉快的氛围中学习汉语。例如，教师可以设计词语接龙、角色扮演游戏或语言竞赛，这些活动不仅能够提升学生的语言技能，还能增强他们对文化元素的理解。

第二，故事讲述。中华文化中充满了丰富的故事和传说，教师可以通过讲述这些故事来吸引学生，使他们在享受故事的同时，学习到语言和文化知识。例如，通过《西游记》或《红楼梦》中的故事，学生不仅可以学习语言，还可以了解中国的历史和文化。

第三，使用多媒体和技术。利用视频、音频、动画等多媒体材料，可以使语言学习更加生动和直观。这些材料可以包括中国电影片段、歌曲或动画，不仅帮助学生学习语言，还可以让学生对中华文化有深入了解。

二、对外汉语教学中跨文化交际能力的培养策略

（一）学生层面

1. 牢固树立学习中华文化的自觉意识

兴趣在对外汉语教学中扮演着重要的角色，尤其是在培养外国学生跨文化交际能力的过程中。为了让学生更好地学习和接受中华文化，教师需要采取策略激发学生的学习兴趣，促使他们积极地学习、体验，并最终接受中华文化。以教学词语"相声"为例，教师可以展示《报菜名》等经典相声节目的视频片段，这种视频不仅生动有趣，而且能够快速吸引学生的注意力。通过观看相声演员的表演，学生不仅学习到相关的词语和语法点，还能激发学生对中华文化的兴趣和好奇心。随着兴趣的增长，学生会更加自觉地了解和接受中华文化，从而逐渐培养出自觉的文

化理解意识和跨文化交际能力。

具体来说，可以从以下两个方面培养外国学生学习中华文化自觉意识：一是多说多练。汉语与许多其他语言存在显著差异，因此在学习过程中，学生可能会遇到多种挑战。面对这些挑战，学生需保持坚定的信心，避免产生畏难情绪。学习任何新知识或技能都可能会遇到难关，关键在于以积极的态度去面对，通过不断地练习和交流，强化自主学习的能力。这种持之以恒地努力，将使学生能够克服学习中的难题，实现语言能力的实质性提升。二是正确看待在跨文化交际过程中出现的错误。在学习汉语及进行跨文化交流时，犯错是不可避免的。关键是要采取积极主动的学习态度，不畏惧错误，而是要勇于面对和纠正它们。通过在学习和交流过程中增强信心，反思和总结错误的原因，积累经验，学生可以逐渐减少交际中的冲突，从而不断提高汉语能力和跨文化交际的自信。

2.培养主动对比不同文化的思维习惯

在对外汉语教学中，文化冲突常因外国学生对中外文化差异认识不足而产生。许多在中华文化背景下易于理解的行为和观念，在外国学生看来可能显得陌生甚至怪异，反之亦然。例如，中国人普遍推崇的价值观念，在某些外国学生看来可能不被接受或理解。这种差异源于每种文化都有其独特性和深植于历史和传统中的习俗。对于外国学生来说，理解和适应这种文化差异至关重要。外国学生需要通过对比分析，了解自己母语文化和中华文化之间的思维习惯和文化特点。例如，若外国学生仅以自己的文化视角来解读中国人的行为，可能会导致误解和交际不畅。因此，培养外国学生主动对比不同文化的思维习惯是提高外国学生跨文化交际能力的重要内容。通过对不同文化的比较和学习，外国学生可以更准确地掌握中华文化的特质，并在尊重中华文化的基础上有效地进行跨文化交际。

对于学生文化对比思维习惯的培养，可以从以下两方面入手。一是对不同文化异同知识进行科学有效的记忆。记忆是学习中重要的环节，它可以分为短时记忆和长时记忆。短时记忆往往是机械性的，而长时记忆则更加稳固和深入。在汉语文化知识的学习中，重要的是将短暂的记忆转化为长久的记忆。为了实现这一目标，增加学习和复习的频率至关重要。通过反复的训练和复习，外国学生可以更加牢固地记忆和理解汉语文化的各个方面，从而逐步克服母语文化的干扰。这种记忆策略不仅有助于学生稳固地掌握文化知识，也有助于他们在跨文化交际中更加自如和灵活。

二是加强日常不同文化对比练习，加深外国学生对汉语知识及文化的理解。例如，中国人在遇见熟人时，常用的问候方式如"你刚刚去哪儿了？""吃饭了吗？""你今天气色不好，是感冒了还是心情不好？"等，这些问候语反映了中华文化中人际关系的亲密性和关怀。外国学生通过实际的练习和体验，可以逐步适应并习惯这种问候方式。随着对这些文化差异的深入理解和实践，学生将更容易领会中国人之间问候的特点，如其所蕴含的亲密关系和深厚的人情味。这种练习不仅有助于学生学习语言，更重要的是帮助他们在实际交际中理解和融入中华文化，从而提升跨文化交际的能力。

3. 积极融入中国人的社会生活文化圈

对于外国学生而言，在中华文化环境中增加成功交流的次数和频率对降低他们的焦虑程度至关重要。外国学生由于对中国的饮食、生活、人文和居住环境通常感到陌生，可能会感受到来自语言、文化和习俗方面的压力。为了更好地适应这种环境，外国学生应积极参与中国社会生活，与教师、同学和当地居民进行主动的沟通和交流，这将有助于他们更快地融入中国人的日常生活。此外，外国学生还可以通过观看视频、影视剧、阅读图书和杂志等方式来了解和学习中华文化全面地理解中国社会和文化。

外国学生要想积极融入中国人的社会文化圈，可以从以下两方面入手：一是培养自我认知能力，进行清晰地自我定位。外国学生需要在保持本国文化立场和独立人格的同时，学会接受和理解中国的主流文化。通过明确自己在文化融合中的位置，外国学生能更清楚地辨识哪些中华文化和活动是他们应该融入的，从而有效减轻跨文化交际的压力。

二是用心体会中华文化，积极主动融入中国人的社会文化圈。外国学生要善于对中华文化进行细心观察和客观分析，从而做出有选择性的融合决策。外国学生可以通过多种方式深入了解中华文化，如与本土中国人密切接触和交流，学习当地的音乐、历史、生活方式、饮食习惯以及思维方式，甚至学习地道的方言。同时，外国学生也可以与有丰富跨文化交际经验的外国学生交流，分享经验和策略，以帮助新来的外国学生更快适应中国的社会和文化生活。

4.及时总结与中国人交际的心得体会

在汉语学习中，外国学生在与中国人交流后，应及时反思和总结自己的交际经验，从而深化对中华文化的理解和提升交际技巧。

及时总结与中国人交际的心得体会，可以帮助学生识别和理解文化差异。通过回顾与中国人的交流情境，学生可以更清楚地看到自己的文化观念和行为习惯与中国人之间的差异。例如，学生可能会注意到中国人在交际中的礼貌规范、表达方式或者话题选择与自己的文化背景有所不同。

及时总结交际经验可以帮助学生更好地适应中华文化环境。通过分析交际过程中的成功和不足之处，学生可以逐步调整自己的交际方式，以更加贴合中华文化的交际习惯。这不仅有助于提高语言表达的准确性，还有利于增进与中国人的关系。因此，学生及时总结与中国人交际的心得体会，不仅有助于学生更好地融入中华文化，还能提升他们的语言应用能力和跨文化适应能力。教师应该引导学生进行这样的总结，提供反馈和建议，以促进学生在跨文化交际方面的成长。

（二）教师层面

1.加强跨文化知识的传授

（1）利用体态语及新媒体教学。在对汉语水平较低的外国学生进行教学时，教师可以采用一系列生动直观的方法来提升学生的学习效果。例如，在教授词语如"看""瞅""瞥"时，教师可以运用夸张的目光动作来展现这些词语之间细微的语义差异，这种体态语的使用使得词语学习直观易懂。在教授中国人常用的打招呼方式如握手时，教师可以通过与班上几位同学亲身演示握手，然后让学生互相练习，以此来增强学生对该文化习俗的理解和实践能力。这种互动式教学不仅提升了学生的学习兴趣，也加深了他们对文化习惯的认识。此外，教师还可以利用多媒体工具来丰富教学内容。例如，播放中国学生与外国学生交流的视频或中国传统节日庆祝活动的视频，可以帮助外国学生更好地理解和适应中华文化。通过听、看、行动等多种感官学习，学生能够全面地融入到学习环境，从而提高的跨文化学习积极性。

（2）组织丰富的游戏活动。枯燥、沉闷的课堂氛围只能令外国学生产生抵触心理，这就要求教师要注意课堂的趣味性，组织各种各样的游戏活动，注意营造轻松活跃的课堂气氛，让外国学生轻松学习，提高外国学生交际表达的欲望和积极性。

①"你猜我划"。将学生分为两组，每组轮流派出一名代表来表演中国成语，如"画蛇添足""亡羊补牢""刻舟求剑"等。表演者通过肢体语言或其他非语言方式来表达成语的含义，而对方组的成员则需猜测所表演成语的名称。这不仅可以考验学生对成语的理解，也能锻炼学生的观察能力和创造力。比赛可以根据猜对成语的数量来决定胜负，并为获胜组提供一定的物质奖励。通过"你猜我划"游戏，留学生可以在轻松愉快的氛围中学习中华文化，同时也增强了他们之间的沟通和协作。这种游戏形式既寓教于乐，又强化了文化教学的互动性和实践性，有助于提高学生的学习兴趣和参与度。

②"击鼓传花"。在"击鼓传花"游戏中，老师用一块手帕或一个网球作为传递物件，控制游戏的暂停时机。当音乐停止时，手中拿着物件的学生需要完成一个任务，比如唱一首中文歌、念一段绕口令、朗诵一首诗歌或讲述一个民间故事。对于表现出色的学生，教师可以给予奖励，以进一步激发他们的学习动力；对于那些比较害羞的学生，教师应给予更多的鼓励和支持，帮助他们建立自信。通过这样的游戏，学生不仅能在轻松愉快的氛围中学习汉语，还能提高交际能力和文化理解。

③模拟情境。教师可以利用教具和多媒体等教学辅助工具，在课堂导入阶段通过情景表演来展现中外文化相关内容。这样的教学方式不仅生动有趣，还能有效地帮助学生在实际的语言交际环境中进行学习和实践。教师可以将学生分成若干小组，并分配不同的角色，让他们自己编写并表演一个情景交际片段，让学生更加主动地参与学习过程，同时能促进学生对汉语及其文化背景的理解和掌握。这种教学方法有效地结合了语言学习和文化体验，为学生提供了一个全面且富有成效的学习环境。

（3）充分利用教材中的文化版块，组织学生排练课本剧。在特殊节日如元旦、中秋节或端午节期间，对外汉语教师可以利用这些时机，结合教材内容，组织学生排练课本剧，以此深化学生对中华优秀传统文化的理解。在排练过程中，教师的角色是指导学生深入理解并表现剧中人物的心理状态、说话方式和体态语言，确保他们的表演既符合人物的时代背景、社会地位和性格特点，又展现出其独特的思维方式和文化特征。通过这种互动和实践的学习方式，外国学生不仅能够在剧本创作和排练中自然而然地掌握中华优秀传统文化知识，还能主动地比较和理解本国文化与中华文化的异同。此外，通过亲身体验和表演，学生可以深刻地感受中华文化的魅力，增强自己的语言运用能力和文化适应能力。

2.注重汉语交际特点的介绍

（1）隐私意识。在跨文化交际中，理解和尊重不同国家的传统观念和习惯至关重要。例如，在中国，讨论薪资、信仰、年龄和婚姻状况在传统文化中相对开放，而在其他国家如俄罗斯，这些话题通常被视为个人隐私，在公共场合进行讨论可能会让人感到不适。为了避免交际中的尴尬和误解，外国学生在中国可以主动表达自己的观念和偏好，向中国朋友清楚地阐述自己国家的交流习惯。同时，若外国学生希望与中国人进行友好的交流和沟通，双方都需要相互尊重和理解对方的文化习俗和语言习惯。考虑到外国学生已经来到中国，并将在此进行长期的语言学习，他们也可以选择适度地适应当地的文化和习惯。只要适应不违反基本的礼仪道德，以一种开放的态度去接受和学习新的文化知识，学生的跨文化交际能力自然会得到提升。

（2）送礼文化。在中国，无论是表达观点还是赠送礼物，人们通常采取较为含蓄的方式。接收礼物的人一般会等到客人离开后才打开欣赏，这体现了中华文化中的谦逊和礼貌。然而，在法国、德国、俄罗斯等国家，赠送礼物的方式更为直接。这些国家的人倾向于希望接收者能立即打开礼物，共享收到礼物的快乐与激动。送礼文化的差异可能导致跨文化交际中的误解或冲突。因此，让外国学生了解这些文化差异，是解决潜在冲突的关键。只有当双方都能相互理解并尊重对方的送礼习俗时，才能有效避免这类文化冲突，为友好的跨文化交流奠定基础。通过比较和理解中外两国在送礼方面的文化差异，外国学生可以更好地适应并融入中国的社会和文化环境，同时也能在与来自不同文化背景的人交往时，展现出更高的文化敏感性和适应性。

（3）面子文化。面子文化是中华优秀传统文化的重要组成部分，涉及到个人的尊严、社会地位和他人的认可。在中华优秀传统文化中，面子不仅关系到个人荣誉，还与家庭和集体的荣誉密切相关。因此，理解和适应中国的面子文化对于外国学生在中国的交际活动中至关重要。在对外汉语教学中，教师应引导学生了解如何在交际中给予对方足够的面子，例如，在表扬、批评或拒绝时采取委婉和尊重的方式。这不仅是语言表达的技巧，更是文化理解和适应的体现。另外，面子文化也体现在中国人的礼貌习惯和社交行为中。例如，在宴请、赠送礼物或办理公务时，考虑面子因素至关重要。外国学生通过学习这些文化习惯，可以更好地理解中国人的行为动机和交际策略，从而有效地避免文化冲突。

3.适当引入跨文化交际的案例，进行案例教学

由于历史传统和社会文化的影响，外国学生在与中国人日常交往中可能遇到认知差异，导致交际误解甚至冲突。通过引入实际的跨文化交际案例，教师不仅能使课堂更加生动有趣，还能帮助学生深入理解不同文化背景下的交际方式和文化习俗。通过分析和讨论具体案例，学生可以学习如何在不同文化背景下进行有效沟通，避免文化误解，并在实际交际中灵活应用所学知识。这不仅增强了学生对汉语语言的掌握，也拓宽了他们的文化视野，为他们未来在多元文化环境中的交流和融合打下坚实基础。

例如，在讲授《东郭先生与狼》时，教师可以引导学生讨论故事的深层含义，如故事真正想要表达的是什么，故事中的狼代表了什么，以及狼吃掉东郭先生展现出的品质是什么。通过讨论，有助于学生从不同角度理解故事内涵。从生物学角度来看，狼为了填饱肚子而吃人，这是一件很正常的事情，不存在善恶之说。但在中华优秀传统文化中，狼通常象征着恩将仇报的负面人格特征，这与生物学上对狼的客观描述有所不同。通过这种文化对比式教学，学生不仅能够理解故事背后的文化意义，还能够对中外不同文化之间的差异有更清晰的认识。通过对传统寓言故事的深入探讨，学生不仅学习了语言，还提高了对中华优秀传统文化的理解和尊重，这对于他们在多元文化环境中的交流和融合具有重要意义。

（三）学校层面

在对外汉语教学中，外国学生学习汉语的最终目标是进行有效交流，更好地服务于人们的工作或者生活，这就需要教师充分重视外国学

生的汉语补语在真实环境中的使用情况。由于课堂时间有限，无法提供充分的真实语境练习，因此教师需要鼓励学生在日常生活中积极使用汉语，从而更好地将课堂上学到的知识应用于实际生活和工作场景中。教师应该引导外国学生将学习的重点放在汉语在现实环境中的实际运用上，比如在购物、就餐、社交等日常活动中使用汉语。在真实的语境中练习，可以帮助外国学生加深对汉语的理解，增强他们的交际能力，最终实现其学习汉语的交流目标。具体可以从以下三个方面入手：

1. 组织多样化的课外文化体验活动

通常来说，大部分外国学生对第二课堂和课外活动非常感兴趣，为了更好地满足外国学生的学习需求，教师可以设计多样化的课外文化体验活动，主要体现在以下三个方面：

（1）开展中国电影周。在对外汉语教学中，开设中国电影周活动是一种极为有效的方法，能够激发外国学生对中国传统文化的兴趣。通过在课程较少的一周集中放映展现中华优秀传统文化情节的电影，学生不仅能在放松的氛围中学习汉语，还能更深入地了解中华文化。第一，中国传统武侠电影，如《英雄》《功夫》《黄飞鸿》《卧虎藏龙》等，这些电影不仅展示了中国功夫的魅力，还融入了丰富的文化元素，如武侠精神、道德观念和历史背景，通过激动人心的武侠动作场面可以吸引外国学生的注意。第二，美食类纪录片，如《舌尖上的中国》《外国人在中国》等，这些纪录片不仅仅是对美食的介绍，更是对中华饮食文化深度的探讨。第三，地方特色传统文化，如《长安三万里》《榫卯》等，让外国学生了解更多鲜明的地方特色文化。第四，由中国经典文学或者民间故事改编的电影，如《骆驼祥子》《或者》《西游记之大圣归来》《哪吒之魔童降世》《骆驼祥子》《活着》等。通过观看这些电影，外国学生不仅能够学习汉语，还能深入了解中国的文化和民间故事，从而增加对中华文化的兴趣和理解。

（2）举办跨文化讲座和辩论赛。在对外汉语教学中，通过举办围绕中国传统节日的跨文化讲座和辩论赛，不仅可以让外国学生详细了解元宵节、清明节、端午节、中秋节、七夕、重阳节、除夕夜等节日的起源、发展和庆祝方式，还能深入探讨这些节日的文化意义。为增加互动性和趣味性，讲座中还可以包含实践活动，如端午节讲座中的包粽子环节，中秋节讲座中的制作月饼环节，以及七夕节讲座中关于古代爱情表达方式的讲述，可以极大地提升学生的学习兴趣，帮助他们生动、直观地理解中华优秀传统文化和节日习俗，从而促进他们在汉语学习和文化适应方面的能力提升。

针对外国学生感兴趣的社会话题，如中华文化与外国文化的异同、如何成功开展跨文化交际等，可以定期举办校园辩论赛。辩论赛不仅能激发学生的学习热情，还有助于培养学生的跨文化交际能力和意识。在辩论赛中，参与者可以是外国学生之间，或者是外国学生与中国学生之间的辩论。这样的设置有助于学生从不同文化背景出发，深入探讨和理解跨文化交际中的问题和挑战。为了让辩论更加高效和公平，应选择汉语水平相近的学生作为辩论对手，并鼓励学生通过电脑、手机、纸质报刊和视频等多种媒介进行辩论准备。辩论形式可以灵活多样，如两队辩论或圆桌会谈式辩论，以满足不同学生的喜好和需求。如此一来，外国学生可以在一个开放和多元文化的环境中自由表达观点，同时学习如何在跨文化交流中进行有效沟通和互动。

（3）开展跨文化读书报告会。在对外汉语教学中，定期举办跨文化交际读书报告会可以增加学生对中华文化的了解，培养学生的独立思考能力。教师要允许外国学生自主选择中国文学作品进行阅读，激发外国学生对汉语学习的兴趣。教师可以根据学生的汉语水平和阅读能力推荐适当难度的文学作品，确保作品既不过于困难，也不过于简单，帮助学生更好地理解和吸收中华文化的精髓。中国文学作品通常体现了社会的主流价值观、风俗习惯等内容，通过阅读这些作品，外国学生可以深入了解中国的主流文化和亚文化，以及东西方文化的差异性。例如，通过解读中国人递茶的礼节，学生可以学习到尊重和礼貌在中华文化中的重要性。此外，在读书报告会中，教师要鼓励外国学生对所阅读图书的部分内容进行讲解，并发表自己的看法。这不仅是对他们阅读理解能力的考验，也是对其文化理解和独立思考能力的培养，有助于学生在理解文学作品的同时，也学会从跨文化的角度审视和评价这些作品。

2. 适时举办跨文化交际座谈会

在对外汉语教学中，适时举办跨文化交际座谈会可以增强外国学生对跨文化交际的理解和实践能力。跨文化交际座谈会以小组形式进行，每组由 6～10 名外国学生组成为宜，可以在教室或会议室内举行。座谈会采用非结构化的群体访谈方式，主持人通过类似聊天的交流形式，引导学生探讨与跨文化交际相关的话题。座谈会的成功在很大程度上取决于主持人的能力。首先，主持人需要具有亲和力，能够迅速与参与者建立信任关系，创造一个开放和舒适的交流环境。其次，主持人应具备良好的控制能力，确保讨论能够围绕既定主题展开，避免偏离主题或陷入无关话题。最后，主持人应具备出色的提问和倾听能力，能够通过合适的问题引导讨论深入，准确理解参与者的非语言信息，如肢体语言和面部表情，从而更好地把握讨论的方向和深度。通过举办跨文化交际座谈会，外国学生不仅可以加深对中华文化和跨文化交际难题的理解，还能提升自己的交际技巧和文化适应能力。这种互动性强、参与度高的活动，对于提高学生的跨文化意识和语言实际运用能力非常有帮助，同时也为他们未来在多元文化环境中的有效沟通打下坚实基础。

3. 扩大兄弟院校间的横向联谊范围

为了扩大兄弟院校间的横向联谊范围，可以举办春游、文化讲座、圣诞晚会、足球赛、篮球赛、茶话会、徒步旅行等活动，增进学生间的互动和友谊，为学生提供轻松愉快的交流环境。与此同时，可以成立专门的联合社团来负责组织和协调这些活动，有效地提高活动的规范性和连续性。通过丰富多样的横向联谊活动，新入学的外国学生可以向学长学姐们学习跨文化交际经验、生活技能以及学习方法。这种师徒式的交流模式有助于新生更快地适应新环境，也促进了学生间文化知识和经验的交流，丰富了他们的校园生活和学习经历，为构建和谐多元的校园文化环境打下坚实基础。

第六章　跨文化背景下对外汉语教学的教师发展

第一节　对外汉语教师的基本素质

一、个人素质

（一）责任心和事业心

汉语国际教育不仅是一种职业，更是一项需要教师全心投入的事业。在汉语国际教育领域，优秀的教师应当将其视为生活的一部分——既是职业，也是乐趣和荣耀。这种全方位的投入不仅能够维持教师长期的工作热情，还能促使他们积极地反思和解决教学过程中遇到的各种问题，不断提高自己的教学和科研能力，实现个人的全面发展。在汉语国际教育中，事业心的重要体现之一是用心准备和精心授课，确保每一节课都能对学生有所帮助，真正提高学生的汉语交际能力，加深学生对中华文化的理解和认识。

（二）亲和力

亲和力是对外汉语教师的基本素质。亲和力不仅是教师个人魅力的体现，也是职业成功的关键因素。教师的亲和力能够极大地增强师生、师师间的互动，从而提升教学效果和职业成就。亲和力的主要表现可以分为两个方面：一是善待学生；二是善待同事、同行。

1.善待学生

教师需要对学生保持友好和尊重的态度，理解和满足学生的学习需求。教师应该通过观察学生的反应和了解他们的背景，及时调整教学内容和方法，使教学活动符合学生的实际情况。例如，面对不同文化背景的学生，教师可能需要采取不同的教学策略来保证信息的有效传递。此外，善待学生并不意味着迎合或取悦学生。真正地善待是基于公平和尊重的原则，关注每一位学生的成长和发展。

2.善待同事、同行

在教育领域，合作与交流是促进教师专业成长的重要途径。具有亲和力的教师能够跨越性格和文化的差异，与同事建立良好的合作关系。这不仅包括日常的沟通和协作，还包括在专业发展、教学研究等方面的相互支持和鼓励。通过建立和谐的工作关系，教师可以在同行中形成良好的口碑，为自己的职业发展创造更多机会。

（三）良好的心理素质

国际汉语教育领域充满了挑战，尤其是当教师面临完全陌生的国家和多样化的学生群体时。这些挑战不仅来自语言和文化的差异，还包括解决教学过程中可能出现的各种预料之外的问题。因此，汉语教师需要培养一系列关键能力：一是良好的心理素质。教师可能会遇到文化隔阂、语言障碍、教学理念差异等问题。在这样的环境中，保持积极的心态、耐心和韧性是非常重要的。教师需要有能力适应新环境，保持开放和包容的心态，以理解和尊重不同文化背景的学生。二是良好的预判能力。教师需要能够准确地预见可能出现的困难和挑战，并提前做好准备。这包括了解学生的文化背景，预测可能的误解和冲突，并提前准备解决方案。三是解决问题的能力。无论是教学中的小问题还是大的挑战，教师都需要能够迅速而有效地找到解决办法。这要求教师不仅要有丰富的教学经验，还要具备创新和灵活思考的能力。

二、知识储备

（一）汉语知识

对外汉语教师作为汉语教学的实施者，不仅是语言知识的传播者，也是文化的桥梁。因此，对于汉语的各个方面——语音、词语、语法和汉字都需要有深入地理解和掌握，以确保能够有效地教授并解决学习过程中出现的问题。

第一，掌握现代汉语语音知识。这包括了解普通话的音素、声调以及语音变化规律。对于非母语学习者来说，正确的语音是学习汉语的第一步，也是最具挑战性的部分之一。对外汉语教师需要能够准确地教授和纠正学生的发音，帮助学生克服母语的影响，掌握标准的普通话发音。第二，掌握词语知识。教师需要了解和传授各种词语的含义、用法和搭配，同时要考虑到词语在不同文化和语境中的差异。此外，教师应能够教授学生如何有效地扩充词语量，包括通过阅读、日常对话和媒体资源等方式。第三，掌握语法知识。对外汉语教师需要清晰地向学生介绍和解释汉语的语法规则，包括词序、句式结构和时态等。良好的语法基础是进行有效沟通的关键。教师应能够通过各种教学方法和实例帮助学生理解和运用这些语法规则。第四，掌握汉字知识。对外汉语教师需要指导学生理解汉字的结构、笔画和组合规则，以及如何正确书写和识别常用汉字。由于汉字与其他语言文字的显著差异，教师在这一部分的教学中需要特别耐心和创新。

（二）外语知识

教师具备相应的外语知识，不仅能促进与非母语汉语学习者的有效沟通，更重要的是，能够帮助教师在教学中进行汉语与学生母语的对比分析，进而有助于揭示学生在语音、词语和语法等方面的母语迁移现象，并据此调整教学策略。以"一点"和"有点"的词语教学为例，很多非母语汉语学习者可能会错误地使用"一点"来表达"有点"的意思，如"我一点累"。原因在于，许多语言中与"一点"和"有点"相对应的词只有一个，如英语中的"little"。由于缺乏对汉语这一细微差异的认识，学生很容易将"一点"错误地用于所有类似情境中。此外，教学顺序也可能影响学习者的理解和使用。通常情况下，"一点"会比"有点"更早地被教授，导致学生在早期阶段过度依赖"一点"。面对这种情况，教师如果了解学生的母语，就能更好地识别和解释这种语言迁移现象。教师可以通过对比分析，说明汉语中"一点"和"有点"的不同用法，并通过具体的例子来加深学生的理解。例如，可以指出"一点"通常用于强调数量的少，而"有点"则用于表达程度上的轻微。教师还可以设计针对性的练习，帮助学生区分和正确使用这两个短语。

（三）跨学科知识

汉语国际教育作为一门多学科交叉的新兴学科，要求教师不仅仅掌握语言知识，而且需要具备教育学、心理学、跨文化交际学等相关学科的基础知识。其中，语言学知识是汉语国际教育的核心。教师需要理解语音、语法、词语等基础知识，以及语言的社会属性和文化属性。这种知识不仅帮助教师教授语言本身，还能够帮助他们理解语言学习的过程和原则。教育学知识使教师能够设计和实施有效的教学策略和方法。了解不同的教学理论和模型，教师可以根据学生的需求和背景选择最合适的教学方法，如任务型教学、合作学习等，以提高教学效果。心理学知识对于理解学生的学习动机、认知过程以及情感因素至关重要。这些知识帮助教师识别和解决学生在学习过程中可能遇到的心理障碍，如焦虑、动力不足等，从而提高学生的学习效率和成就感。跨文化交际学的知识使教师能够在不同文化背景下有效沟通。了解不同文化的交际习惯和价值观，教师能够更好地适应国际教育环境，建立和学生的良好关系，增进相互理解。通过对多学科知识的综合运用，教师能够更有效地促进学生的语言学习和文化理解，实现教学目标。

（四）中华文化知识及才艺

语言与文化密切相关，教师对中华文化的深入理解和展示能力对于教学成效至关重要。深入了解中华文化的基本知识，教师能够更加准确和客观地向学生介绍和解释中国的文化现象、习俗和文化产品。首先，教师应该掌握中华文化的核心元素，如传统节日、历史故事、文学作品、艺术形式等。通过对这些文化元素的展示和解释，教师可以帮助学生理解汉语中的文化内涵和语境背景，从而使学生更好地掌握语言。其次，具备一定的中华文化才艺对于教师而言是一个巨大的优势。例如，能够演奏传统乐器、展示中国舞蹈、书法或太极拳等。这些才艺不仅能够为语言教学增添生动有趣的元素，还能直观地展示中华文化的独特魅力。通过文化才艺的展示，教师能够激发学生对中华文化的兴趣和好奇心，从而促进学生对汉语的学习。最后，教师应当努力做到在文化教学中保持客观和真实。在向学生介绍文化现象时，应避免个人主观色彩和文化偏见，努力展现中华文化的多样性和深厚内涵。这样，学生不仅能学习到语言，还能对中华文化有一个全面和客观的认识。

（五）世界文化知识和跨文化交际知识

世界文化知识使对外汉语教师能够更好地理解和尊重来自不同文化背景的学生。每种文化都有其独特的价值观、传统习俗、行为模式和交流方式。教师对这些文化特点的了解有助于建立更加和谐的师生关系，减少文化误解和冲突。同样，对西方文化价值观和教育方式的了解有助于教师在欧美国家有效地进行教学。

跨文化交际知识是对外汉语教师有效教学的关键。这包括了解不同文化间的交际规则、非语言交流习惯、沟通风格等。教师需要具备跨文化敏感性和适应性，能够在不同文化环境中灵活应对，有效传达信息。例如，一位了解西方直接沟通风格的教师可以有效地与欧美学生交流，同时能够教会学生如何在与中国人交流时采用委婉的方式。

三、能力结构

对外汉语教师能力，以往认为包括三种：教学能力、跨文化交际能力、研究能力。

（一）教学能力

教学能力是对外汉语教师能力结构的核心，主要包括三部分内容：一是海内、海外汉语教学能力；二是教学组织；三是课堂管理能力。以下从备课、教学实施、测试三个角度入手进行讨论。

（1）备课。教师需要具备强大的教学设计能力，能够依据教学大纲制定合适的教学计划。这包括选择和适当调整教材，以确保内容与学生的需求和背景相契合。教师还应具备对教学资源的综合利用能力，能够灵活运用多种教学媒介和材料，增加教学的趣味性和有效性。此外，合理设计教学活动，编写详尽规范的教案，都是备课过程中不可或缺的环节。

（2）教学实施。教师需具备出色的课堂管理能力，能够掌控教学节奏并营造课堂氛围。通过有效的课堂互动，教师应能激发学生的学习兴趣，引导他们完成教学目标。与此同时，教师还需要具备较强的口头表达能力和熟练使用现代教育技术的能力，这有助于提升教学的吸引力和互动性。对于课堂上可能发生的意外情况，教师也应有能力进行恰当处理。

（3）测试。测试主要用于评估教学效果。教师应掌握各种测试和评估方法，能够根据教学目标选择或设计合适的测试方式。这不仅包括对学生学习成果的评价，还包括对教学过程本身的反思和调整。教师还应知道如何科学地分析测试结果，并根据这些结果调整和改进教学方法和内容。

（二）跨文化交际能力

每个第二语言教师都需要对多元文化有深入的理解和尊重，具备全球化思维和开放的心态，以减少文化冲突，促进不同文化间的有效融合。在全球化的背景下，第二语言教师很可能会面对来自不同文化的学生，这就要求教师不仅了解自己的文化，还应对学生自己的文化有足够地认识。

（三）文化传播能力

语言是文化的重要载体，语言教学伴随文化传播。因此，汉语教师必须具备良好的文化传播能力。中华文化传播能力可分为"内功""外功"。"内功"指的是教师对中华文化的深入了解和正确认识。这要求教师通过持续的学习和积累，掌握丰富的中华文化知识，如历史、哲学、艺术、习俗。"外功"是指教师恰当和有效地进行文化传播。这不仅仅是简单地灌输文化知识，更重要的是通过吸引人的教学内容和方式，激发学生对中华文化的兴趣和理解。

首先，要能选择合适受众的传播内容。有效的文化传播必须是以需求导向的，即根据学习者的兴趣和需求来选择教学内容。如果教师仅根据自己的想法选择内容，而忽视学习者的实际需求和兴趣，那么传播效果可能大打折扣。如果学生更加感兴趣的是与现代生活密切相关的文化知识，教师可以为学生讲解如中国人的日常交往礼节、招待客人的习俗、不同场合的恰当言语文化。这类"活的文化"内容不仅贴近学生的日常生活，而且能够直接应用于实际的语言交际场景，从而有效地促进学生对汉语以及中华文化的理解和应用。

其次，对外汉语教师在传播中华文化时，采用适合受众的方式和手段至关重要，特别是在激发学习者兴趣方面。例如，在欧美国家，教师可以利用学生喜欢动手实践的特点，设计富有创造性和互动性的教学活动，包括中国传统手工艺制作、中国菜烹饪课程，或者是模拟中国节日庆典等。通过这些活动，学生不仅能够体验中华文化的独特魅力，还能够在实践中更好地理解和记忆所学内容。

最后，引入目的语文化时，应当考虑与当地文化的结合。教师可以通过比较分析中西文化的异同，帮助学生在多元文化背景下理解和适应不同文化。对比式教学不仅能增强学生对文化差异的认识，还能促进学生对目的语文化的深入理解和适度融合。

（四）教学研究及创新能力

首先是教学观察和教学研究能力。教师需要具备观察力，能够在日常教学中准确地发现和识别问题。例如，教师可能注意到学生在使用"很多"这一表达时存在误解，将其错误地用于表示频率，而非仅仅数量。这种敏锐的观察是开展教学研究的第一步。

其次是教师需要学习、使用相关的理论、方法来分析、解决问题。例如，针对"很多"的使用误区，教师可以参考语言学和第二语言习得理论，分析为什么学生会产生这种误解，从而设计有效的教学策略。又如，学生可能在学习汉语的动词时态上遇到困难，因为汉语的时态表达与他们的母语有所不同。教师可以通过对比分析，帮助学生理解这些差异。

具备良好研究能力的教师可以通过实证研究，寻找解决教学中实际问题的策略。例如，教师可以通过设计小型实验或调查，收集数据来验证某种教学方法的效果；或者通过案例研究深入探索特定学习障碍的成因。如此一来，教师不仅能解决教学中的具体问题，还能将研究成果应用于教学实践，促进教学活动的改进和创新。

第二节 对外汉语教师的文化移情

一、移情与文化移情

（一）移情

"移情"一词源于德语。在心理学领域，移情是指个人能够深刻理解并感知他人的情感状态，并据此做出适当响应。这种能力涉及到强烈的同情心和情感认知，是人际交往中重要的一个方面。在语言学领域里，移情指的是在言语交际过程中，沟通双方能够情感相通，各自能够站在对方的角度来解读和表达信息。这不仅包括了语言本身的使用，还涉及到语用语言学和社会语用学的层面，强调了理解对方的情感和观点的重要性。无论是在心理学还是语言学中，移情都体现了深层次的同理心和理解能力，对于建立有效的人际关系和进行有效的沟通都是重要的。

（二）文化移情

在跨文化交际学领域，基于跨文化交际学的学科特点，"移情"被严格定义为"文化移情"。高永晨强调交际主体需要自觉地转换文化立场，摆脱原有文化的约束，真正融入另一种文化模式，这不仅是一种情感上的共鸣，更是一种文化层面的深入理解和适应。① 王敬提出："跨文化移情是有关个体在跨文化交流中自身情感与认知的心理活动，在近年来被许多学者所关注与讨论。"② 郭钰指出："文化移情能力是跨文化交际能力的重要组成部分，发展文化移情能力是为了保证交际主体能够顺利地在跨文化交际沟通交流中进行的一种认知转换和情感的位移。"③

综合已有文献研究，笔者认为，文化移情是一种跨文化沟通的艺术和技巧，它要求个体在尊重和理解异文化的基础上，通过细致地观察和深入地感受，实现真正的文化融合和自我认知的重建。文化移情的实现，不仅仅是理解对方的言语或行为，更重要的是基于对这些言行背后

---

① 高永晨.文化全球化态势下的跨文化交际研究 [M].南京：东南大学出版社，2006：229-230.

② 王敬.跨文化移情理论研究 [D].石家庄：河北经贸大学,2022.

③ 郭钰.信息技术支持下初中英语文化移情能力培养研究 [D].桂林：广西师范大学,2020.

文化的深入理解和尊重，做出恰当的情感反应和行为反馈。这个过程涉及到超越自身文化的限制，重新建构自我认知，进而真正达到理解和体验另一种文化的目的。

二、对外汉语教师文化移情的方式

在人际交往中，信息的传递主要依赖于语言和非语言两种方式。交流双方通过编码和解码这些语言和非语言符号，形成一个动态的互动过程。这种互动不仅涉及言语的表达，还包括肢体语言、面部表情、姿态等非语言元素。在跨文化交际中，这种信息的传递和解读尤为重要。对于对外汉语教师而言，其在教学过程中不仅传授语言知识，更是通过语言和非语言的方式来进行文化移情。这意味着教师不仅传递汉语语言本身，还包括通过非语言行为来展示和传达中华文化。

（一）语言交际

语言交际是有声交际中的主要形式，即交际双方使用由语音、词语、语法和语用构成的语言系统进行信息的传递。对于对外汉语教师来说，在跨文化交际的环境中，不仅要使用汉语这一教学的主要语言，还需要学习教学对象的母语。通过双语的交际方式，教师不仅能够更有效地教授汉语，同时也能更好地理解学习者的文化背景和语言习惯，使得对外汉语教师在跨文化教学中能够更有效地沟通和教学，从而增强教学的互动性和效果。

非汉语学习者的母语通常不直接指向汉语学习者所处的社团文化事务，因此，它更多地被视作一种沟通交流的渠道，而不是文化移情的直接媒介，以间接达至汉语学习者所属社团文化。相比之下，汉语学习者的母语与其所属的社团文化有直接的关联。这种关系使得对外汉语教师可以通过汉语学习者的母语深入地产生文化移情，从而有效地促进跨文化理解和交流。这不仅有助于教师更好地理解学习者的文化背景，还能促进教学内容和方法的适应性，使之贴合学习者的文化和语言背景。因此，将汉语学习者的母语作为对外汉语教师文化移情的语言方式更有价值与意义。

（二）非语言交际

非语言交际即交际双方所呈现出来的非语言符号信息流动。在交际中，非语言符号不仅补充和加强了语言交际的效果，而且在很多情况下还能够独立于语言交际，传递更深层次的信息。非语言交际主要包括副语言、时空语和体态语三大类。

1. 副语言

副语言是指不以人工创制的语言为符号，而以其他感官诸如视觉、听觉、嗅觉、味觉、触觉等的感知为信息载体的符号系统。副语言具有联系性、立体性、模糊性、真实性。在跨文化交际中，由于不同文化背景下副语言的使用习惯可能存在差异，因此理解和适应这些差异是非常重要的。

2. 时空语

时空语是指不同民族和文化有不同的时间观念和空间观念以及相应的行为方式。时间观念可以反映一个人的态度和价值观，如对时间的严格控制可能表示专业性和效率。空间观念主要涉及个人领域和隐私，不同文化中对于舒适的个人空间距离有着不同的标准。

3. 体态语

体态语，是指在交流中运用身体的变化，如表情、动作、体姿、身体空间距离等作为传递信息、交流思想感情的辅助工具的非语言符号。在不同文化背景下，体态语的含义和接受方式存在显著差异，尤其是手势、身势和面部表情。例如，手势中的"OK"符号，在美国文化中通常表示认可或"好"，而在法国文化中表示"零"或没有价值。同样，竖大拇指在中华文化中是一种夸奖的表达，但在美国文化中，它更多用来示意打车。在身势方面，文化差异也非常明显。在美国，随意坐下或斜靠可能被视为友好和轻松的行为，而在德国文化中，保持身体笔直、举止得体更被认为是友好和礼貌的表现。对德国人来说，没精打采的坐姿或站姿可能被视为不礼貌。在面部表情方面，尤其是微笑，在不同文化中的解读也各不相同。美国人可能将微笑看作一种高兴或幽默的表达，而德国人通常在熟悉的人面前微笑。中国人有时候会用微笑来掩饰尴尬，而日本人可能用微笑来遮掩生气、厌恶或抱歉的情绪。在跨文化交际中，理解和尊重不同文化对体态语的不同诠释重要。忽视这些差异可能导致误解和沟通障碍。

三、对外汉语教师文化移情的内容

在跨文化交际中，对外汉语教师的角色不限于语言的教学，更重要的是成为文化的传递者和桥梁。这要求教师不仅要通过文化移情的方式，即利用语言和非语言符号来分析、判断并反馈交际对象的信息，还需要深入了解并尊重交际对象所属文化。文化移情的过程中，教师需要有意识地了解并尊重学习者的文化背景，认识到每种文化都有其独特的历史和社会发展背景，从而形成了不同的价值观、习俗和行为模式。对外汉语教师需要体会到，不同文化背景下的行为和想法有其内在的逻辑和原因。这种理解不仅是对事实的接受，更是一种心理上的共鸣和情感上的共感。教师在这个过程中的任务是将心比心，站在学习者的角度去理解他们的言行，以合适的、符合交际对象文化习惯的言行进行交际反馈，这样才能有效地进行文化交流和语言教学。因而，就文化移情的过程来说，交际对象所属社团的文化即对外汉语教师文化移情的内容。

四、对外汉语教师文化移情的重要意义

在跨文化交际活动中，对外汉语教师通过有效的文化移情，不仅能够促进与学习者之间的有效沟通，还能够形成一种复杂而多元的"第三空间"思维方式。

（一）促进有效交际的达成

在跨文化交际活动中，对外汉语教师的交际包括其与交际对象的互动状况和其自身的交际状况两方面。相应地，对外汉语教师的文化移情效果表现为人际关系的融洽构建和自身跨文化交际心理障碍的缓解或克服。

1.有助于构建和谐融洽的人际关系

人际关系本质上是人们在心理层面上的关系，指的是人们通过交际活动所产生的结果或心理接触——心理距离。当两个陌生人开始交流时，存在一定的心理距离是正常现象。有效地进行移情，即深入理解并感受对方的情感和观点，是缩短这种心理距离的关键。通过有效移情，可以建立更紧密和深入的人际联系，促进相互理解和信任的建立。

在跨文化交际的活动中，对外汉语教师作为主动移情者，通过初步的文化移情对学习者（被移情者）进行细致的判断和理解。当教师根据学习者的需求、习惯和文化背景，用适宜的言语和文化内容进行情感和行为上的反馈时，这种行为会对学习者产生深远的影响。学习者感受到自己的交际努力、情绪和观念被重视和关注，认为教师能够用他们可以接受、熟悉甚至期待的方式进行回应。这种体验让学习者感到轻松和自在，从而更愿意开放自己的情感和观念，信任地与教师分享，这是因为人们天生就有寻求理解和被群体接纳的需求。学生当需求得到满足时，会向那些能够理解他们的教师靠近。继而，由于在交际的一开始，对外汉语教师就是以主动移情者的形象出现，他们通过主动展示理解和同情，能够有效地推动交际的持续升温和进展。随着时间的推移，教师与学习者之间的心理距离会逐渐缩短，从而建立融洽和紧密的人际关系。

2.有助于缓解教师跨文化交际的心理障碍

在跨文化交际中，对外汉语教师面临的挑战不限于语言教学，还包括克服文化定势、偏见等交际心理障碍。这些障碍源于个体对本国或本民族文化的深层认同，以及对其他文化的不熟悉或误解。而通过文化移情的实践，教师可以有效地克服这些障碍。文化移情首先要求教师在知识和技能层面上，对异文化中的语言及非语言符号进行理智的察觉、注意和记忆。这包括对异文化的整体了解和对交际对象具体言行的判断。其次，在情感层面，教师需要将自己投入到异文化的环境，体验并理解这种文化的独特性，感受并共鸣他人的情感和情绪，从而以开放和包容的心态去理解和接纳不同的文化观念。

在此基础上，有效的文化移情使对外汉语教师在跨文化交际中主动而自然地运用所掌握的知识和技能，基于理性的思维分析和判断各种问题，深入地从教学对象的文化和角度出发进行感性体验和共鸣。通过综合的认知和情感参与，教师能够有效地缓解甚至克服自身在跨文化交际中可能遇到的心理障碍，如文化定势、民族中心主义、偏见和歧视。同时，这有助于减轻由文化差异和交际障碍引起的冲击和跨文化焦虑。通过有效的文化移情，教师不仅提升了自身的跨文化交际能力，也为学生提供了开放和包容的学习环境，促进了不同文化之间的理解与尊重。

（二）促进教师第三空间思维方式的形成

在跨文化交际的背景下，对外汉语教师经历的不仅是两种或多种语言文化的融合过程，更是一种思维方式的转变。每个人的生活经验、成长环境以及所处的社会文化和时代特点共同构成了他们独特的语言文化空间。对外汉语教师在跨文化交际中，不可避免地会经历从第一空间（自己的文化）到第三空间（融合多种文化）的思维转换。这一转换是一个渐进的过程，涉及六个阶段：否定（文化差异）、自我保护、弱化（文化差异）、接受（文化差异）、适应（文化差异）和整合（文化差异）。在初始阶段，教师可能会感受到文化差异带来的冲击，甚至产生否定或自我保护的反应。随着时间的推移，他们开始逐步弱化对差异的抵触感，逐渐接受并适应这些差异，最终实现不同文化特征的整合。有效的文化移情在这一过程中起着重要的作用。它使教师能够深入地理解和体会不同文化背景下的学生，从而灵活地调整自己的教学方法和交际方式，不仅在认知层面上超越文化限制，更在情感层面促进了对不同文化的共鸣和理解，最终促使教师形成第三空间的思维方式。

五、对外汉语教师文化移情能力的培养

（一）知识运用层面

基于语言、非语言为对外汉语教师文化移情的方式，交际对象所属社团文化为对外汉语教师文化移情的内容，因而，从知识运用层面来看，对外汉语教师文化移情能力的培养主要包括以下几方面：对外汉语教师对语言、非语言、异文化的掌握和分析能力，即对外汉语教师熟悉掌握有关交际对象所属社团的语言、非语言、文化等基础知识，且能在实际的交际中，有效辨别交际对象异于自身所属社团文化的语言、非语言行为及文化特点。

1.基础知识的获得

对外汉语教师应建立全面的语言、非语言（包括副语言、时空语、体态语）以及异文化知识系统。如果暂时没有赴任国或教学安排，教师首要任务应是广泛了解各种文化社团的语言、非语言和文化特征，以便在面对不同文化背景的学生时，能够迅速调整教学策略和沟通方式。如果已有具体的赴任国或教学安排，教师应重点学习该地学生所属文化社团的语言、非语言和文化特征。针对性的知识准备能够使教师有效地进行文化适应，提高教学质量和交际效率。

就日常训练而言，在构建语言、非语言和文化知识系统的过程中，对外汉语教师可以采取以下学习和记忆方法：在接受知识点的初期，在语言学习方面，教师应按照"语音、词语、语法、语用"这一语言系统的框架来理解和记忆交际对象所属社团的语言特征。这包括对方的发音习惯、词语的选择和使用、句子的构造方式以及语言在特定文化背景中的使用习惯。在非语言系统的学习中，教师应关注"副语言、时空语、体态语"的脉络，深入了解和记忆交际对象所属社团的非语言文化

特点。这涉及对方的声音特征、时间观念和空间感，以及身体语言等方面的知识。在文化系统学习方面，教师需要广泛涉猎"物质文化、文艺作品、习惯行为、政治及经济制度、人际关系、法律、观念文化"等领域，不仅要对交际对象所属社团的物质文化和艺术表现有所理解，也要对更深层的社会习俗、政治经济背景、人际交往方式、法律观念等方面进行分析和记忆。在接受知识点的中期，将以点为单位储存于头脑中的语言、非语言、文化知识，梳理、构建为整体的知识框架，形成以"知识点构建框架"的知识梳理模式。在接受知识点的后期，教师应从构建的框架出发，回顾和强化之前以点为单位记忆的知识。这一阶段的重点是将知识点之间的相互联系加以勾连，从而将这些知识点融入到一个系统性的框架中，形成"框架带动知识点"的巩固模式。通过这种方法，教师能够更加深入地理解语言、非语言和文化知识，并将这些知识内化为自己的认知结构的一部分。

就课程培训来说，开展专业的语言、非语言和异文化课程以及举办社会文化专题讲座等，都是对外汉语教师获取和深化这些知识的有效途径。通过这些形式多样的学习渠道，教师不仅能够获得基础知识，还能够拓宽视野，增进对不同文化背景下语言和文化现象的深入理解。

2.基础知识的运用

在掌握了一定的有关交际对象的语言、非语言、文化的基础性知识后，对外汉语教师要具备准确辨别交际对象呈现出的以文化个别特征的能力。为此，可在日常训练和课程培训中采取多种措施：进行模拟交际练习，以实际情境模拟异文化交流，提高对语言细微差别和非语言符号的敏感性；参加文化研讨会和工作坊，深入了解不同文化的特点和习俗；通过案例分析训练，学习如何在实际交际中快速准确地识别和适应文化差异。这些措施有助于教师在跨文化交际中更有效地理解和应对异文化个别特征。基于此，对外汉语教师将对在基础知识获得阶段存储的知识点进行灵活的运用，从而渐进性地提高自身对实际异文化行为的敏感度。

（二）技能层面

在文化移情的过程中，对外汉语教师通过语言和非语言手段与交际对象进行信息的传递，这一过程凸显了交际技能对于对外汉语教师的重要性。

在狭义看，由于每个个体都拥有独特的社会角色，不仅包括种族、民族、家庭出身、性别等先赋角色，还包括通过个人努力获得的职业身份等自致角色，因此每个人都展现出不同的行为方式、语言表达和价值观念，归属于不同的文化体系。对于对外汉语教师而言，运用交际技能与不同文化背景的个体进行有效交流，是文化移情训练的一个重要方面。

就日常训练来说，对外汉语教师可在日常交际活动中采用如下思路。当与陌生个体初步交往时，教师首先需要在心理上根据对方的社会角色预设一套交际期望。这意味着教师要根据对方可能的文化、社会背景和个人身份，预想一系列适合的交际话题、语言表达方式和行为举止，使得教师在初次交往时快速建立沟通的桥梁，降低交流障碍。随后，在实际的交流过程中，教师需主动观察和记录对方的语言特征，如话题的选择、沟通的深度和方式，以及非语言行为的特点，包括面部表情、手势、身体姿态等。同时，教师需留意对方所展现的个体文化特色，如思维逻辑、时间观念、价值观和审美取向等。于是，在实际真实的交往中，交际者的人物模式大致浮现。因而，在之后的交际中，对外汉语教师以交际对象的个体文化特征为出发点，深入理解其言行和情绪，使用对方习惯的话题和语言表达方式进行相应的言行和情感反馈，从而实现跨文化交流的顺畅性、高效性和有效性。

就课程培训来说，对外汉语教师可参加设有教授理论的沟通学课程与文化移情交际实践类课程。在沟通学理论课程中，教师可以学习人类行为学的基本原理、沟通的过程、影响沟通的因素、有效沟通技巧和方法等。这些理论知识为教师提供了沟通和交际的科学基础，帮助他们理解交际过程中的复杂性和多样性。在文化移情交际实践课程中，教师有机会将理论知识应用于实际情境中，增强他们运用文化移情技巧的能力。通过模拟练习和实际案例分析，教师能够在实践中学习如何有效地理解和适应不同文化背景下的交际对象，从而有效地进行跨文化沟通。值得注意的是，受训的对外汉语教师可以按照交际的不同阶段（初期、中期、后期）系统地记录和分析与思想观念、表达逻辑、价值观念、行为方式等方面存在显著差异的交际对象（他者）的特点。这包括对方在交际中展现的语言和非语言特征、双方的文化观念差异，以及在交流过程中出现的矛盾、处理方式和效果等方面。记录的过程不仅是对交际事件的客观记录，更是一种深入的分析和反思。受训者可以通过定期的课堂讨论，如每周一次或其他规律性的时间安排，来进行文化移情交际的汇报和分享。通过这种重复的练习和反思，受训者将逐渐形成一种机械性的分析习惯，在面对新的交际情境时，能够自然而然地运用这些分析技能，按照已形成的分析习惯进行交际移情。

（三）思维层面

就日常训练来说，对外汉语教师在日常生活中与不同文化系统的个体交往的过程中，遇到矛盾和冲突是不可避免的。这些矛盾和冲突往往源于价值观念和行事方式的差异。对此，教师可以采取细致的态度来处理这些问题，将其视为提升跨文化交际能力的机会。

首先，当面临矛盾时，教师应保持冷静，从而有效地分析和处理问题。这一分析过程包括探究矛盾的本质是什么、双方的观点分别是什么以及这些观点背后的价值观是什么。这种深入的探究有助于理解对方的立场和观点，从而找到解决矛盾的方法。

其次，当矛盾尖锐化，显示出价值观念的显著差异时，教师需要冷静分析并清晰地认识到这些差异的核心要素。这种认识使得教师能够根据矛盾的本质进行有效的调节和协商，同时能够更好地理解对方的价值认知体系。

最后，通过这种认识和理解，教师可以在交际中进行适当的退让和体谅，运用移情能力促进交际的继续和改善。这不仅有助于解决矛盾，还能够加深教师对不同文化的理解和适应，从而在多元文化的教学环境中更加得心应手。在此基础上，在双方就问题进行多次的共同探讨、协商后，对外汉语教师及其交际对象的思维方式和价值观念将逐渐发生变化。这种变化体现在：双方原本独立的文化空间开始相互渗透和融合，最终形成复杂和多元的第三空间思维方式。这个过程不仅是理论和实践的结合，也是生活经验转化为跨文化交际能力的体现。

就课程培训来说，首先，参加思辨性的话题小组讨论。在这种讨论中，教师将与来自不同文化背景的同事一起探讨具有争议性的主题，通过这种交流，教师不仅能够学习到不同文化背景下的思维模式，还能够锻炼自己的批判性思维和辩论技巧。其次，社会事件探因性分析训练。在这类训练中，教师被鼓励从不同层次或受众群体的角度出发，对某一事件的利弊和线性时间发展进行详细分析。这种多角度的分析有助于教师深入理解社会事件背后的复杂性和多样性，从而增强他们的全局观念和社会洞察力。最后，参加角色扮演。在角色扮演中，教师可以如身临其境般体验不同文化背景下的人物角色，运用文化移情的交际技巧来解决文化冲突和思想观念的差异。这种实践不仅帮助教师在具体情境中应用所学知识，还有助于他们在角色扮演后的复盘讨论中，深入理解行事差异背后的价值观念成因。通过多样化地训练，对外汉语教师能够逐步形成多元化和复杂的思维方式，对世界上多样的文化持有包容和理解的态度。

第三节　对外汉语教师的专业发展

跟一般教师比，对外汉语教师的发展成长有其独特性。根据《对外汉语教师标准》所指出的汉语教师的职业能力标准，本节将详细讨论对外汉语教师的专业发展。

一、培养反思教学的能力

反思教学是指教师以旁观者身份，对教育教学实践的再认识、再思考，并以此来总结经验教训，提高教育教学水平。反思教学旨在融合"教学"与"学习"的过程，不断提升教学实践的合理性和效果。通过反思教学，教师不仅能够深入理解教学中的问题和挑战，还能够掌握如何有效地促进学生的学习。持续地自我反思和改进是使教师成为学者型教师、成长的重要途径。反思型教师成长路径主要包括以下几种方式：

1. 撰写反思日志，建立成长档案

这是一种持续记录和审视教学实践的方法。撰写反思日志有三大益处：首先，它帮助教师记录和跟踪自己的成长过程，使得教师能够清晰地看到自己的发展轨迹；其次，系统地整理教学经验，使教师能够更好地总结和提炼教学中的有效策略和方法；最后，它提供了一条便利的途径来反思和评价自己的教育行为和理念。这种文档化的过程，是进行深入反思和持续自我提升的基础。

2. 微格教学

微格教学是一种创新的教学反思方式，它要求教师选取简短的教案实践环节或真实的教学视频片段，然后向同事或学生展示。在这个过程中，教师将从新的视角审视自己的教学方法、学生的反应和课程内容。这种呈现不仅是教学展示，更是一个与同事、专家和学生交流的过程，旨在发现并解决教学中的问题。通过这样的展示、交流和讨论，教师能够达到全方位深入反思的目标，促进教学方法的改进和创新。

3. 行动研究

行动研究是一种实践导向的研究方法，特点在于教师对自己的教学行为进行实时监控和调整。通过行动研究，教师能够及时发现并解决教学过程中的问题，这种研究模式不仅增强了教师在实际教学中发现问题和解决问题的能力，而且能够立即展现反思教学的效果。行动研究的实施有助于教师将理论知识与实践经验相结合，提高教学质量和效率。

4. 叙事研究

叙事研究是一种通过讲述个人或他人在教育领域的故事并进行分析的方法。叙事研究可以包括想象叙事、口头叙事和书面叙事等多种形式。通过叙述个人在教育背景下的故事，教师能够将个人的经历和体验与更广泛的社会生活联系起来。叙事研究方式不仅使反思过程生动具体，而且能够赋予个人经历更深远的社会意义。叙事研究鼓励教师在社会文化背景下进行个人教学、生活和学习的深入反省，从而获得全面的自我理解和专业成长。

5. 建立教师专业共同体

教师专业共同体聚焦于教育实践，采用共同学习和研讨的形式，通过团体成员之间的持续沟通和交流，促进个体和整体的成长。专业共同体可以基于单一学校，也可以跨越学校、区域形成更广泛的职业联盟。在教师专业共同体中，每位教师都能够贡献自己独特的经验和知识，同时从他人的实践中学习和吸收。通过这种互动，教师们可以将自己潜在的知识和经验外化、确认和整理，实现知识的共享和相互促进。这不仅有助于提高教师在专业领域的反思能力，还能增强团队工作的能力，从而在跨文化教育的复杂环境中高效和自信地工作。教师专业共同体的建立是促进教师持续成长和发展的有效途径，对提升教育质量和教师职业满意度具有重要意义。

二、培养跨文化意识

在当今日益全球化的教育环境中，教师的跨文化意识变得尤为重要。尤其是对外汉语教师应具备跨文化意识，了解他国文化，避免出现文化冲突。

以《愚公移山》和《阿凡提借锅》这两个故事为例，不同文化背景的学生可能会有截然不同的理解和感受。中国人认为《愚公移山》的故事启发人们通过不懈努力能够克服任何障碍；而对于不同文化背景的西方学生来说，这个故事可能被解读为效率低下和不切实际。《阿凡提借锅》这个故事在我国通常被解读为阿凡提以智慧惩治贪婪的财主，体现了对智慧和机智的赞扬；而对于不同文化背景的留学生来说，阿凡提的行为可能被视为不诚信和欺骗，而财主成为了值得同情的受害者。差异化的解读为教师提供了在跨文化教学中的一个重要教学机会。教师可以利用这个故事来探讨和比较不同文化中对诚信、智慧和正义的不同理解和评价，加深学生对中华文化特有价值观的理解，促进学生思考和理解文化多样性和相对性。

在某种意义讲，学会着装也是跨文化意识体现之一。在跨文化教学环境中，对外汉语教师的着装选择不仅反映了个人风格，更是文化适应和尊重的重要方面。在不同国家和文化中，着装标准和习惯可能存在显著差异，这些差异在教育环境中尤为突出。首先，教师的着装应符合一般的专业和教学环境要求，如避免暴露的或艳丽的服饰。这些基本原则有助于维持课堂的正式和专业氛围。其次，教师需意识到不同文化对着装的特殊看法。例如，在西方文化中，教师每天更换不同的衣服被视为基本的职业要求，以展现个人的专业性和对工作的尊重。在韩国，穿运动服和运动鞋上课可能被视为对学生的不尊重。因此，对外汉语教师在选择着装时，应考虑到学生的文化背景和期望。适当的着装不仅是对学生的尊重，也是展示教师跨文化意识和适应能力的一种方式。教师应尽量选择得体、专业且符合文化敏感性的服装，以营造一个尊重多元文化的教学环境。通过这种方式，教师不仅在外形上展现其专业性，还在无形中强化了教学的有效性和学生的尊重。

三、提高教学水平和管理能力

（一）因材施教

"因材施教"是孔子两千多年前就提出的教育方针，在当代教育中仍显得至关重要。"因材施教"强调教师在选择教材、备课和授课时必须充分考虑学生的个性、心理、能力水平和学习特点。每位学生都是独特的，其需求、兴趣和学习风格各不相同，因此，教师应使用符合学生实际情况的教材和教学方法。无论效果多显著的教学方法，都不能一成不变地应用，教师需要灵活调整，不断寻找新的教学策略以保持学生的兴趣和参与度，激发学生的学习热情，提高教学效果，使学生能够在一个充满创新和启发性的学习环境中不断成长和进步。因材施教是教师专业素养的重要体现，对促进教师专业发展具有重要意义。

（二）提高对学生的观察力

"聪明"原意是"耳聪目明"；要使自己变聪明，首先要提高观察力。在课堂教学过程中，教师的观察力重要。教师需细致地观察学生是否真正理解了课程内容，他们对教学内容的兴趣程度，以及他们的学习态度和行为。教师观察不限于学生的语言表达，更要关注他们的非言语反应，如面部表情和身体语言。

在跨文化背景下，学生对于提问的反应可能截然不同。东方学生可能因为性格内敛而不愿意表达不解，而西方学生倾向于主动提问。因此，"懂了吗？"这类直接的提问并不总是有效的。相反，教师应使用巧妙的方法来判断学生是否真正理解了所教内容。这可以通过观察学生的表情和进行恰当的练习来实现。例如，在教授"把"字句时，教师可以先让学生将给定的句子转换成"把"字句，然后设置一些真实情境让学生进行实际应用。通过这些实践练习，教师可以更准确地发现哪些学生还未完全掌握知识点。一旦发现学生在练习中有明显问题，教师就需要进行针对性的辅导和训练。这种基于观察的教学方法不仅能够提高教学效果，还能帮助教师了解学生的学习需求，从而实现个性化和高效的教学。

（三）提高教学管理能力

在跨文化背景下，对外汉语教师提高教学管理能力是一个复杂而富有挑战的任务。对外汉语教师教学管理能力的提升可以从以下几方面入手：第一，深入理解并尊重学生的文化背景。在跨文化环境中，学生们来自不同的国家和文化，他们的学习习惯、行为规范、价值观念以及沟通方式各不相同。教师应投入时间和精力去学习这些文化的特点，并在教学中考虑这些差异。例如，东方学生可能倾向于群体合作和遵循权威，而西方学生可能习惯于独立思考和批判性对话。教师需要设计适合不同文化背景学生的教学方法和活动，以确保每位学生都能在课堂上得到充分发展。第二，提高跨文化沟通能力。有效沟通不仅是传递信息的手段，也是建立信任和理解的桥梁。教师需要掌握如何以尊重和敏感的方式与不同文化背景的学生交流。这包括了解和避免可能的文化误解或冒犯，以及如何在沟通中体现对学生文化背景的尊重和包容。第三，对学生个体差异的敏感性。在跨文化的教学环境中，学生的学习需求和能力水平可能差异很大。教师应通过观察、评估和与学生的沟通来了解每个学生的特点和需求，并据此调整教学方法和策略。例如，对于语言基础较弱的学生，教师可以提供更多的语言支持和个性化的学习材料；对于语言能力较强的学生，则可以提供更多有挑战性的任务和项目。第四，管理多样化学生群体的能力。教师需要设计和实施有效的课堂管理策略，以确保积极和包容的学习环境。这包括建立明确的课堂规则和期望，以及采用公正和一致的管理方式。同时，教师应鼓励学生之间的相互理解和尊重，通过小组活动、讨论和合作项目来促进不同文化背景学生之间的交流和学习。

（四）提高解释难点的能力

解释难点的能力指的是教师在教学过程中识别和解释学科知识中难

以理解或容易引起误解的部分的能力。解释难点的能力不仅涉及对教学内容的深入理解，还包括能够以适合学生理解水平的方式来阐释这些难点。对外汉语教师为了提升解释难点的能力，可以从以下几方面入手：

首先，对汉语的难点有深入认识，包括语法、词语、发音甚至是汉字书写等方面。例如，对于非汉语背景的学生来说，汉语的四声、繁复的汉字结构或者是特定的语法结构可能都是学习的难点。教师在识别这些难点时，应结合学生的母语背景进行分析，找出可能的学习障碍，这要求教师不仅对汉语有深刻理解，还要对学生的母语和文化背景有一定的了解。

其次，采用适合学生的教学方法，包括使用生动的例子、类比、故事讲解，或者是通过互动活动和实践练习来帮助学生理解和掌握难点。例如，对于语法难点的教学，教师可以通过比较学生的母语和汉语的不同之处来帮助他们理解；对于汉字书写，可以通过分解汉字结构、讲解笔画顺序和演变过程来辅助学生学习。教师还可以使用多媒体工具，如视频、图表、软件等，来提高教学的直观性和互动性。

最后，关注学生的反应和理解程度。这要求教师在教学过程中进行持续的观察和评估，及时调整教学策略。如果学生在某个难点上遇到困难，教师可以通过提问、小测验或者是课后辅导来帮助学生理解。教师还需要鼓励学生提出问题，积极回应学生的疑惑，以及创造支持和鼓励的学习环境，让学生不畏难点，敢于挑战。

四、培养科研素养和能力

要在汉语国际教育行业有所建树，不搞科研是万万不行的。对外汉语教师的科研素养和能力主要包括以下几方面：

第一，面对教学中的疑难问题，对外汉语教师需要具备高效的文献查找和研读能力。这意味着教师应该熟悉相关领域的主要网站、专业杂志和图书，能够从前人的研究中找到解决问题的方案。了解哪些理论、方法和手段适用于自己的研究，是进行科学研究的基础。

第二，对外汉语教师在研究过程中需要收集和整理各类语料和材料，如如汉语母语者语料、双语语料、中介语语料、教材语料、课堂教学实况材料、跨文化交际案例材料、各类学校的教学管理资料、国际汉语教育史料等。这些资料的收集和整理不仅有助于深化对教学内容的理解，也是开展科研活动的重要基础。

第三，教师需要学会使用理论和方法来分析收集到的材料，并从中得出解决问题的答案和令人信服的结论。这一过程往往需要教师深入地挖掘和思考，因为许多教学中遇到的问题是无法在现有研究中找到直接答案的。

第四，教师需要掌握现代教育技术，以便更有效地进行材料的收集、整理和统计。例如，了解和使用汉语母语语料库、双语或多语平行语料库、中介语语料库、教材语料库、教学案例库等，这些工具对于语言教学和研究都重要。在某些情况下，教师甚至需要学会自建小型的语料库或资源库，以支持特定的研究项目。

科研素养和能力的提升是长期的过程，需要教师不断地思考、询问和写作。在遇到难题时，勤于思考、善于提问、积极书写是提高科研能力的有效途径。通过持续不懈的努力和实践，教师可以逐渐提高自己的科研素养和能力，为汉语国际教育的发展做出更大的贡献。

五、后方法理论与教师发展

后方法理论是一种现代语言教学理论，强调教师在教学过程中应摆脱传统教学方法的局限性，灵活运用各种教学策略和技巧，根据学生的具体需求和教学环境的实际情况来调整教学方法。后方法理论的核心在于认为没有单一的、普适的教学方法能适用于所有的教学情境，教师应根据具体情境的变化灵活地调整自己的教学方式。

在后方法理论指导下，对外汉语教师的专业发展路径呈现多样性和个性化特征。首先，对外汉语教师需要不断地学习和探索各种教学理论和方法，以丰富自己的教学工具箱。这包括对传统的教学方法和最新的教育技术的深入了解，同时也要关注跨文化交际、二语习得理论等领域的最新研究。通过持续的学习，教师能够在教学实践中更加灵活地运用不同的教学策略。其次，后方法理论鼓励教师根据学生的实际需求和特点进行个性化教学。在这一过程中，教师不仅要关注学生的语言水平，还要充分考虑他们的文化背景、学习风格和个人兴趣。例如，对于初学者来说，教师可能需要更多地使用直观生动的教学材料；而对于高级学习者，则可以引入更多的文化内容和讨论活动。这种以学生为中心的教学方法有助于提高学生的学习兴趣和参与度，同时能提升教学效果。最后，后方法理论鼓励教师积极参与专业发展活动，如教育研讨会、学术会议和教师培训。通过这些活动，教师不仅能够更新自己的教育知识和技能，还能够与其他教育工作者交流和合作，从而获得新的灵感和想法。这种持续的专业发展有助于教师在教学实践中不断创新和进步。

第七章　基于跨文化背景的对外汉语教学的新发展

第一节　采取网络教学

一、网络教学的概念与特点

（一）网络教学的概念

网络教学是指充分利用多媒体和网络技术，通过教师、学生和媒体之间的多边、多向互动，再利用对多种媒体教学信息的收集、传输、处理和共享，来实现既定教学目标的一种教学模式。网络教学改变了传统教育的局限，提供了广阔和灵活的学习平台。网络教学打破了时间和空间的限制，学生可以随时随地访问在线课程和资料，不再受到地理位置的限制。这对于那些无法亲临课堂的学生尤其有益，如远程地区的学生、工作繁忙的成人或有特殊需求的学习者。网络教学提供了丰富多样的学习资源。学生不仅可以访问传统的教科书内容，还可以浏览视频讲座、互动模拟、论坛讨论等多种形式的教学材料。这种多媒体学习方式有助于适应不同学习风格的学生，使得学习过程更加个性化和高效。

（二）网络教学的特点

网络教学的特点主要包括以下几点，如图 7-1 所示。

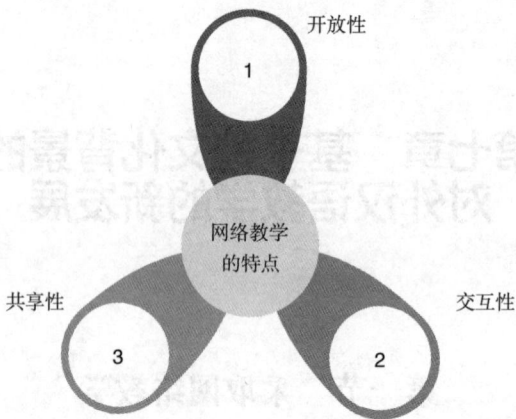

图 7-1　网络教学的特点

1. 开放性

在自由开放的网络时代，教育的面貌正在发生深刻的变化。教师不再仅仅是知识的传递者，学生也不再是被动的知识接收者。四通八达的网络世界为师生提供了更多的自主选择机会。教师在传授学科理论（"道"）、授予参与社会实践的技能（"业"）以及解答面对新矛盾和问题时的困惑（"惑"）的过程中，面临着高层次的挑战：如何有效地引导学生学习，如何培养他们的能力和解决问题的技巧。在信息时代，教学的核心已经从单纯的知识传授转变为激发学生的学习兴趣，提升学生的思考和创新能力。教师需要扮演引导者和启发者的角色，促进学生的主动学习和全面发展。

2. 交互性

网络教学系统下，教师可以通过"电子讲座"的方式，有效地将教学内容和要求传达给学生，不仅提高了教学的效率，还能通过智能化的评估系统，迅速掌握学生的学习情况，从而及时调整教学计划和实施方法，以更好地满足学生的需求。学生在这个系统中拥有更大的主动性，可以根据自己的需要，从提供的教学内容中选择最适合自己的部分。这不仅促进了学生的自主学习，还增强了学习的个性化和针对性。学生遇到问题或有感悟时，可以通过"电子举手"的方式及时向教师反馈，这样的直接交流大大提高了问题解决的效率和质量。此外，同学之间可以通过"电子论坛"进行讨论，这不仅促进了知识的深入理解，还增强了学生之间的互动和合作。在这种网络教学环境下，教与学不再是简单的单向传递，而是一个双向的、动态的互动过程。教师和学生在这个过程中不断调整和发展，共同推动教育的进步。

3. 共享性

计算机辅助教学已经引领教育界迈入了一个新时代，不仅打破了传统的以粉笔和黑板为中心的教学方式，还以其生动的画面和形象的演示为学习过程带来了前所未有的活力。网络教学模式不仅能有效替代某些传统的教学方法，而且在很多方面实现了超越，达到传统教学难以企及的效果。如果教师间在教学中缺乏有效的分工与协作，就会导致教学内容和方法的重复，从而降低教学效率。而网络教学的兴起，为课堂教学提供了开放、互动的新模式。它不仅使教学过程灵活多样，而且促进了教师之间的协作和资源共享，有效提升了教学质量。这种开放型的教学方式为现代教育提供了广阔的发展空间，预示着教育模式的重大转变和持续创新。

二、网络教学的模式

（一）网络自主接受模式

网络自主接受模式的组成要素包括学生个体、学习内容以及学习指导者。需要注意的是，在网络自主接受模式中，学习指导者的角色并非仅限于传统意义上的教师，而广泛地包括了计算机和教师的结合体。这种模式下的教学重点在于传授客观性强的知识和技能，其中包括各种练习，如填空、选择题和拖动配对等，它们都具有明确答案。通过设置计算机的识别和反馈程序，学生的错误可以被自动批改和矫正，并且提供相应的解答。这种自动化的教学过程不仅提高了学习效率，还为学生提供了即时反馈和指导。而且，计算机程序还能自动探测学生的学习背景和风格，根据这些信息提供适合的学习材料和学习路径。在这个过程中，计算机扮演了"智能导师"的角色，不仅辅助教师工作，还为学生提供了个性化和高效的学习体验。除此之外，对于学生在网络学习过程中遇到的问题，尤其是那些个性化的难题和人际情感沟通上的困难，需要教师通过网络交流工具来解决。工具如学习论坛等不仅为学生提供了提问和讨论的平台，也使教师能够有效地介入，帮助学生克服学习障碍。

（二）网络自主探索模式

网络自主探索模式的组成要素主要包括学生个体、具体的语言任务或问题、参考资料以及学习指导者。在网络自主探索模式下，学生学习的主要内容是完成具体的、完整的语言任务，或者是针对某些问题来阐明自己的观点。例如，学生可能会独立观看一段原版影片然后撰写影评，或者翻译一段文学作品。这样的任务不仅促使学生深入实际的语言使用环境，而且帮助学生在实际语境中理解和应用语言。为了支持学生的自主学习，有必要获得一些提示和指引，如可以参阅网络资源或图书列表，帮助学生在完成任务的过程中建立和巩固知识。教师在这一过程中扮演着关键的角色。通过电子邮件、论坛等交流工具，教师不仅可以检查并督促学生的学习进度，还可以指导学生解决在学习过程中遇到的问题，给予必要的评价与总结，使学生能够在实践中矫正和探索，从而更加深入地理解语言在复杂情境中的正确用法。

（三）网络集体传递模式

网络集体传递模式以学生群体、学习资源和学习指导者为主要组成要素。该模式主要分为两种教学过程："自学＋集体指导型"和完全虚拟的网络课堂。在"自学＋集体指导型"的过程中，学生首先在自选的时间里独立观看教师布置的学习资源，然后在约定的时间，通过网络实时教学系统接受教师的集体指导。这种方式既保证了学生的自主学习，又兼顾了集体讲解与答疑的需要，使学习更加灵活高效。在完全虚拟的网络课堂中，教师和学生群体同时登录到特定的网络"班级"中。在这个虚拟的教室里，教师不仅展示和讲解新课程的内容，还组织练习、讨论等学习活动，解答学生的问题，并提供必要的指导。这种模式仿佛重现了传统课堂的场景，但其实是在网络空间中进行，给学生提供了更加直观和互动的学习体验。

（四）网络协作探究模式

网络协作探究模式通过团队合作完成复杂的项目或任务，以此提升学生的语言综合应用能力和团队协作能力。项目或任务是网络协作探究模式的核心要素。在网络协作探究模式中，学生不仅学习语言，还通过实际应用来深化理解和技能。当学生小组着手完成特定的任务或项目时，教师需要给予学生必要的引导和支持，比如帮助小组合理分工，提供可用的资源索引，以及对学生的语言应用中的错误进行矫正。此外，教师还需协调团队内可能出现的矛盾，督促项目的进度，并组织对完成的任务进行评估和反馈。

在网络协作探究模式中，学生的任务主要包括完成规定的项目或任务，同时在过程中进行总结发言，并最终提交以目的语撰写的作品。为了更有效地促进语言学习，相关的参考资源也主要以目的语提供，帮助学生加深对目的语的理解，提高学生运用语言的能力。在设计任务或项目时，教师需充分考虑学生的兴趣和语言能力水平。如果学生小组的语言应用水平较低，那么任务的设计应与他们的语言能力相匹配，避免过度难度，以确保学生能够有效参与并从中受益。

（五）网络综合教学模式

在现代网络教学实践中，通常是根据可用的师资力量、明确的教学目标以及技术开发的水平，灵活地综合运用不同的教学模式。其中，网络综合教学模式巧妙地融合了网络自主接受模式和网络自主探索模式的教学手段，创造了全面和有效的教学环境。网络综合教学模式利用网络自主接受模式中的操练和练习，使学生能够在规定的框架内自主学习，同时通过反复的操练来巩固知识点。这种方法非常适合于那些需要记忆和重复练习的学科内容，如语言学习、数学公式等。同时，这种模式整合了网络自主探索模式中的案例研习等手段，鼓励学生在实际的情境中探索和应用所学知识。通过案例研习，学生不仅能够深入地理解理论，还能够提高他们解决实际问题的能力，增强学习的实用性和相关性。

三、跨文化背景下对外汉语网络教学的实施

随着科技的迅速发展，网络技术已经在对外汉语教学领域发挥了革命性的作用，不仅优化了教学资源和环境，还显著提高了学习效果和效率。对外汉语网络教学的特点体现在全球化、信息化和个性化上。全球化意味着学生和教师可以跨越地理界限，进行交流和学习；信息化指的是广泛利用网络和数字技术来获取、处理和分享教学信息；个性化则强调提供符合每个学生特定需求和兴趣的学习内容。这些特点共同构建了高效、灵活、互动性强的教学环境，为对外汉语教学的未来发展奠定了坚实的基础。跨文化背景下对外汉语网络教学的实施可以从以下几方面入手：

（一）制定教学目标

在开展对外汉语的网络教学之前，教师首先需要对教学目标进行详细的分析，明确学习内容，制定与课程和单元相关的具体教学目标，并明确主题来组织教学。对外汉语作为一门具有强烈实践性质的学科，其教学应遵循语言发展的规律，注重听、说、读、写、译五项技能的相互联系和综合发展。在对外汉语学习中，听和读是语言输入的过程，而说、写、译则是语言输出的过程。基于此，教师应根据自身条件和资源，构思完成教学目标的有效手段，并在实践中不断调整以达成这些目标。教学目标的难度应基于大多数学生的水平，并设有不同层次，以适

应不同程度学生的需求，确保所有学生都能在自己的能力范围内获得成长和提升。

此外，教师应引导学生将较大的任务细化，以便学生能够分步骤、有序地进行学习。通过细化处理帮助学生更好地理解和掌握学习内容，有效提高学习的效率和质量。如此一来，对外汉语教学不仅能够贴合学生的实际水平，还有利于学生的语言技能和综合素质的提升。

（二）创设真实情境

建构主义学习理论强调学习是一个与社会情境密切相关的过程。在学习过程中，学生通过利用他们已有的知识和经验来同化和索引新的信息，从而给这些新知识赋予新的意义。即个体把外界刺激所提供的信息整合到自己原有认知结构内的过程。而当现有的知识和经验不足以同化新的信息时，就需要一个"顺应"的过程。"顺应"是指个体的认知结构因外部刺激的影响而发生改变的过程，有助于学生在更深层次上理解和掌握新知识。"同化"和"顺应"是学习新知识的两个关键步骤。通过这两个过程，学生不仅能够吸收和整合新的信息，还能够调整和优化的认知结构。基于构建主义学习理论的指导下，对外汉语教学可以利用各种技术，通过创设真实情境，为学生提供相关信息，并将这些信息整合到学生已有的认知结构当中，以促进学生知识结构的优化。

在对外汉语教学真实情境的创设中，技术的应用有助于提高情境的吸引力，尤其是多媒体材料的应用，可以极大地丰富教学内容和方法。一是视频材料。视频是展示真实语言环境和文化场景的强大工具，可以用来演示日常对话、文化活动、历史片段等，让学生在视觉和听觉上全面体验汉语环境。例如，播放中国传统节日的庆祝活动视频，可以让学生感受节日的氛围并学习相关词语。二是音频材料。音频材料如对话录音、歌曲、诗朗诵等，有助于提高学生的听力理解能力和语音语调的模仿能力。例如，通过听不同地区口音的对话，学生可以了解汉语的多样性。三是图片材料。图片可以提供关于中国地理、美食、民俗等方面的直观信息，帮助学生在学习语言的同时了解文化背景。例如，通过食物图片教授相关的词语和表达方式，帮助学生了解中国饮食文化。

（三）实行自主学习

自主学习在对外汉语教学中尤为重要，因为它鼓励学生在教师的指导下自行探索和学习，这不仅有助于提高他们的汉语水平，还能增强他们的独立学习能力和跨文化理解。

首先，为了保证学生有效进行自主学习，教师需要为学生提供自学计划指导。第一，制订学习计划。教师应指导学生如何根据个人学习目标和时间安排来制定具体的学习计划。这包括选择合适的学习资源、设定合理的学习时间表和目标。第二，选择自学资源。引导学生如何根据自己的水平和兴趣选择合适的学习材料，如在线课程、教科书、视频教程等。同时，应教授他们如何有效利用这些资源。第三，进行评估和调整。教授学生如何评估自己的学习进度和效果，以及在必要时如何调整学习计划。这有助于学生自我监控学习过程，及时发现并解决问题。

其次，在对外汉语网络教学中，技术工具的应用是提升教学效果的关键因素之一。尤其是在线学习平台和互动工具，它们为学生提供了灵活和个性化的学习体验。一方面，在线学习平台主要有以下功能。一是提供个性化学习体验。在线学习平台可以根据学生的学习习惯和能力提供个性化的学习推荐。例如，在线学习平台可以根据学生的学习进度和测试结果推荐适合的课程和练习，从而帮助学生更高效地学习。二是学习进度追踪。在线学习平台通常具备进度追踪功能，允许学生和教师实时监控学习进度。这不仅帮助学生了解自己的学习状态，也方便教师提供针对性地指导和帮助。三是资源丰富。在线学习平台通常提供丰富多样的学习资源，如视频讲座、互动练习、模拟测试等，满足不同学生的学习需求。另一方面，互动工具为学生自学提供了便利条件。一是论坛和博客。论坛和博客等工具为学生提供了分享观点、讨论问题的平台。学生可以在这些平台上发布自己的学习心得、疑问或讨论话题，与其他学习者或教师进行交流互动。二是社交媒体。社交媒体工具如微信、微博等，不仅促进了学生之间的交流，还能让学生接触到更多真实的语言使用场景。例如，通过关注中文媒体或参与中文讨论组，学生能够在日常生活中不断接触和实践汉语。

第二节　实施个性化教学

一、个性化教学的性质

个性化教学的性质主要体现在以下几方面，如图 7-2 所示。

图 7-2　个性化教学的性质

（一）适应性教学

个性化教学的实质在于为每个学生提供定制化的教学方法和内容，目标是促进学生在个性化、社会性和学术性等方面的成长，超越传统非个性化教学的限制。在个性化教学中，教师和学校管理者需要不断探索和实施适应每个学生独特需求的教学策略，这意味着教育不再是单向的、标准化的传递知识的过程，而是动态的、互动的、以学生为中心的学习过程。个性化教学过程的核心是教师适应学生。教师要了解每个学生的兴趣、能力和学习风格，并据此调整教学内容和方法，包括提供不同难度的学习材料、采用多样的教学手段（如视觉、听觉或动手操作），以及提供个性化的反馈和支持。

（二）分化性教学

分化性教学即用分化适应学生差异性的个性化教学。分化性教学强调在班级内部以异质分组的形式来调整个体差异，进而实现个性化教学。在分化性教学中，学生的差异性不仅被认为是一种合理的存在，而且是教学过程中需积极应对的关键因素。在实施分化性教学时，一开始可能采用随机分班分组的方法，让学生在各自的小组内开展学习活动。教师通过一段时间的观察和测验，了解学生各自的成绩和能力水平，进而根据这些信息重新组织小组。在这个过程中，一部分学生可以借助视听工具等教学手段自主完成作业，而成绩特别好或特别差的学生由教师给予更加个性化的指导。

分化性教学的特点在于它不是单纯地否定同质分组，而是将同质分组和异质分组有机地结合起来。这种结合既考虑了学生能力水平的不同，也充分利用了同质分组在提高学习效率方面的优势。因此，分化性教学能够有效地满足学生的个性化需求，同时提升整体的教学效果，促进每位学生的全面发展。

（三）全纳性教学

不同学生对不同类型的学习活动，如理念性学习、经验性学习、创造性学习等有不同的偏好；课堂作业没有任何标准，仅有对学生个体的尊重。因此，教师应具有如下几条信念：

（1）尊重不同学生的禀赋水平。教师要认识到学生在学习能力、兴趣和学习风格上的差异，以及这些差异对他们学习过程的影响。因此，教学方法和材料应根据每个学生的特点和需求进行调整。

（2）期望并支持所有学生的持续成长。这不仅包括学术成长，也涵盖情感和社会能力的发展。教师应鼓励学生探索自己的兴趣，挑战自己的能力，并在学习过程中提供持续的支持和鼓励。

（3）为所有学生提供在不同难度级别上形成基本理解和技能的机会。这意味着教学内容应足够灵活，以适应不同学生的理解力和技能水平，促进他们的全面发展。

（4）为所有学生提供同样有趣、重要和吸引人的学习任务。平等的教学理念有助于确保所有学生都能获得高质量的教育经验。

二、个性化教学的优势

（一）可以提升学生的学习兴趣

个性化教学的实施强调尊重和培养每个学生的个性，创造条件以促进学生的个性化发展。在个性化教学模式下，学生因为感到自己的需求和兴趣被重视，更容易集中注意力，从而激发了对学习的热情和兴趣。与传统的课堂教学相比，个性化教学更注重师生之间以及生生之间的互动。学生在学习过程中遇到的问题能够得到及时的提问和解答，这种即时的反馈机制不仅帮助学生解决学术问题，还增强了学生的学习动力。由此可见，个性化教学通过创造更加包容和互动的学习环境，让学生的学习兴趣得到更大程度地重视和发展。

（二）易于营造平等和谐的课堂氛围

个性化教学模式突破了传统教学模式中师生地位的不平等，强调教师与学生之间的互动与共鸣。在这种教学环境中，学生的主体性得到了充分地尊重和发挥，他们被鼓励主动表达自己的观点，积极参与课堂讨论。教师在这一过程中更多扮演着引导者和协助者的角色，而非单向的知识传授者。这种教学方式有效地消弭了传统师生之间的权威距离，使教师和学生在相互尊重的基础上，共同为实现教学目标而努力。因此，个性化教学能够创造出平等和谐的课堂氛围，这不仅有利于学生自信心和学习动力的提升，还促进了有效的知识交流和情感联结。

（三）有利于个性化人才培养

个性化教学强调将学生的个性发展、职业规划与社会需求紧密结合，以满足知识经济与和谐社会的高标准。特别是在对外汉语教学中，个性化教学方法能够为学生提供有利于个性发展的学习环境。教师通过个性化的教学策略，让学生有机会发掘和展示自己的独特优势，这不仅有助于他们当前的学习，也为他们未来的职业生涯做好准备。通过个性化教学，学生能够更好地了解自己，发现自己的潜力，从而在未来的工作和生活中发挥出自己的最大潜能。

三、个性化教学的原则

（一）尊重学生个性的发展

个性化教学的首要原则就是尊重学生个性的发展。在对外汉语教学中，教师要意识到个性化教学对学生素质发展的影响。通常，尊重学生个性的发展应做到如下几点：

从情感方面来说，学生对学习汉语的情感态度、动机和自信心各不相同。教师应通过鼓励和积极的反馈来培养学生对汉语学习的兴趣和热情，同时注意观察学生的情绪变化，提供必要的支持，帮助学生在遇到挑战时保持积极态度。

在社交方面，学生的交际技巧和团队合作能力也表现出个体差异。对外汉语教学应通过小组合作、角色扮演等活动，促进学生间的交流与协作。这种教学方式不仅能够帮助内向或社交焦虑的学生提升自信，也能让那些天生善于交际的学生发挥自己的长处，为不同个性的学生提供展示自己的平台。

在认知方面，学生的学习风格、理解能力和认知速度等方面存在差异。教师应根据学生的认知特点，设计不同类型的教学活动和材料，如视觉辅助、听力练习、动手操作等，确保不同类型的学习者都能从中受益。同时，教师还需要对教学进度和难度进行适时调整，以适应不同认知水平的学生。

（二）尊重学生的主体地位

在个性化教学中，教师要尊重学生的主体地位，在设计和实施教学时，应将学生置于中心位置，注重满足他们的个性化需求和兴趣。以学生为本的教学方法要求教师与学生进行平等的对话，鼓励学生表达自己的想法和观点，同时要求教师与学生积极合作，共同探索学习内容。如此一来，教师能够有效地引导学生，使学生在对外汉语学习的过程中取得更好的成绩，同时有助于学生个性的发展和自主学习能力的提高。具体来讲，在个性化教学中尊重学生的主体地位主要体现在以下三个方面：

（1）教师在教学中应帮助学生认识到自己的主体地位，并注重培养学生的自主学习能力和自我管理能力。这意味着教师需要引导学生积极主动地参与学习活动，同时教授他们主动思考和独立解决问题的技巧。通过教师正确的引导，学生不仅能够提高学习效率，还能在学习过程中发展独立和批判性思维。

（2）教师在安排和设计教学活动时，必须充分考虑学生的实际情况和个人爱好。这包括选择和甄别符合学生兴趣和需求的教学材料、设计能够激发学生兴趣的教学活动。

（3）教师在整个教学过程中应以学生的需求为中心，教学活动的设计和实施应基于学生的实际需求，确保教学内容和方法能够满足学生的学习目标和期望。

（三）尊重学生的自尊心

自尊心不仅关系到学生的情感状态，还直接影响到他们的学习行为和成就。当学生拥有健康的自尊心时，他们更有可能积极参与学习，展现出自信和独立的态度。教师在教学过程中应认识到，每个学生都有自己的独特价值和潜力，因此在教学过程中需要充分发挥学生的优势，同时对学生的不足表示理解和包容。

尊重学生的自尊意味着教师要在学习过程中提供积极、正面地反馈，鼓励学生表达自己的观点和想法，使学生感受到自己的意见被重视。此外，教师应避免任何可能伤害学生自尊的言行，如负面批评或不恰当地比较，转而采鼓励和支持的方式来引导学生。

四、跨文化背景下对外汉语个性化教学的策略

在跨文化背景下的对外汉语教学中，适应学生个体差异是实现有效教学的关键。鉴于学生在能力、态度、兴趣、学习进度等方面存在着差异，教师需要采取灵活多样的教学策略。那么，跨文化背景下对外汉语教学要怎样适应学生的个体差异呢？可以采取以下几大策略，如图 7-3 所示。

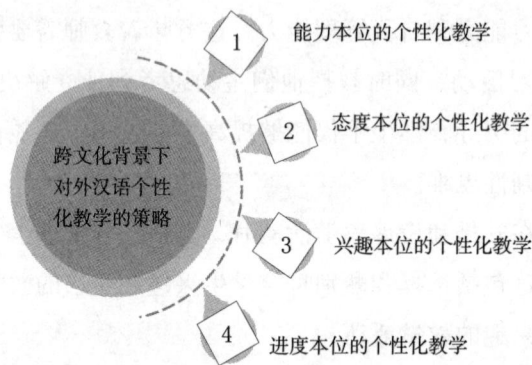

图 7-3　跨文化背景下对外汉语个性化教学的策略

（一）能力本位的个性化教学

依据能力本位的对外汉语个性化教学，需要教师深入理解每位学生的语言能力水平，并据此设计相应的教学内容和方法。这种教学策略的核心在于识别并适应学生在汉语学习方面的个别差异，以确保每位学生都能在其能力范围内取得最大的学习进步。

对学生汉语能力水平的准确评估是能力本位个性化教学的基础。在

跨文化教学环境中，学生的语言背景、先前的学习经验以及学习动机各不相同，这些因素都会影响他们的汉语学习能力。教师需要通过一系列评估方法，如课堂观察、测试或者访谈，来了解学生的汉语水平和学习需求。这种评估不仅关注学生的语言技能，如听、说、读、写的能力，还包括他们的文化适应能力和学习风格。

在了解了学生的能力水平之后，教师接下来的任务是设计符合学生能力水平的教学内容和方法。这可能意味着教师要对教材和课程内容进行调整，以适应不同水平的学生。对于基础水平的学生，教师可能需要更多地注重基础语言知识的教授和实用性的语言练习；而对于中高级水平的学生，可以引入复杂的语言结构、文化内容和批判性思维的训练。

除此之外，在实施能力本位的个性化教学的过程中，教师需要考虑到学生的文化背景对其学习能力的影响。不同文化背景的学生在学习汉语时可能面临不同的挑战。例如，对于母语与汉语差异较大的学生，教师可能需要在语音和语法教学上投入更多的精力。对于那些对中华文化有一定了解的学生，教师则可以在教学中融入更多的文化比较和分析，以深化学生的文化理解。

（二）态度本位的个性化教学

在跨文化背景下，以态度为本位的个性化教学强调教师不仅要关注学生的语言学习能力，更要深入了解和适应学生的学习态度和风格。这种教学策略旨在充分认识学生的学习态度，如兴趣、动机、自信心以及对汉语学习的态度，对学生的学习效果有着直接影响。

了解学生的学习态度和风格至关重要。这包括学生对学习汉语的兴趣程度、学习动机的来源，以及他们对自己学习能力的信心。教师可以通过问卷调查、个别访谈或课堂观察等方式来收集这些信息。例如，一些学生可能对学习汉语非常热情，他们的学习动机可能来自于对中华文化的兴趣或者对将来职业发展的需求；而另一些学生可能对学习汉语感到焦虑或不自信，他们可能需要更多的鼓励和支持。在理解了学生的学习态度之后，教师的下一步是设计符合这些态度的教学内容和方法。对于那些有强烈学习兴趣的学生，教师可以设计富有挑战性和创造性的学习任务，如研究项目、文化探索活动或模拟情景演练，以激发他们的兴趣和动力；而对于那些可能感到焦虑或缺乏自信的学生，教师则需要提供支持和鼓励，如通过小步骤的教学、明确指导和正面反馈来增强他们的信心。

（三）兴趣本位的个性化教学

兴趣本位的个性化教学在跨文化背景下对外汉语教学中具有重要意义。通过了解和利用学生的兴趣点，教师可以设计贴近学生需求的教学内容和活动，利用多样化的教学工具和方法激发学生的学习热情，鼓励他们进行自主探索，从而提高教学效果，增强学生对汉语学习的兴趣和参与度。通过这种方式，学生不仅能够在语言技能上取得进步，还能在文化理解和跨文化交流能力上得到增强。兴趣本位的个性化教学的实施可以主要分为以下几个步骤：

第一，了解学生兴趣。在多元文化的教学环境中，学生的兴趣点可能与他们的文化背景紧密相关。因此，教师需要通过调查问卷、个别访谈或课堂互动等方式，深入了解学生的兴趣爱好、文化背景及其对汉语学习的个人期望。例如，一些学生可能对中国的历史文化特别感兴趣，而另一些学生可能对当代中国的社会和经济发展更感兴趣。

第二，在掌握了学生兴趣点后，教师可以设计与这些兴趣相关的教学内容和活动。例如，对于对历史文化感兴趣的学生，教师可以通过讲述历史故事、展示文化遗产的图片或视频，或者组织相关的角色扮演活动来增强学习的吸引力；对于对现代社会感兴趣的学生，则可以通过讨论当代社会话题、观看新闻报道、分析社会现象等方式来吸引他们。

第三，教师可以利用技术手段来丰富教学内容，使之符合学生兴趣。利用多媒体教学工具如视频、音频、互动软件等，不仅能够提供更加生动的学习材料，还能够创造互动性和参与性更高的学习环境。通过这些工具，学生可以主动地探索自己感兴趣的领域，并在学习过程中获得更多的乐趣和满足感。

（四）进度本位的个性化教学

在跨文化背景下的对外汉语教学中，进度本位的个性化教学强调根据每位学生的学习节奏和能力来调整教学进度，以确保教学内容既不会让学生感到压力过大，也不会让学习进度过于缓慢而失去兴趣。实施态度本位的个性化教学策略需要教师具备较高的灵活性、创造性和敏感性，特别是在处理来自不同文化背景学生的差异时。

第一，了解学生的学习基础和能力。教师需要对学生的汉语水平、学习经历以及他们对汉语学习的态度进行初步的评估。这可以通过课前调查、测试或者课堂互动来实现。例如，一位学生可能已经有一定的汉语基础，而另一位学生可能是初学者，这些差异将直接影响他们对教学内容的理解速度和深度。

第二，教师应根据学生的学习进度来设计和调整课程内容。主要包括对学习材料进行不同程度的简化或挑战，或者调整课堂活动的难度和深度。对于那些学习进度较快的学生，教师可以提供更多的挑战性任务和深入的话题探讨；而对于那些学习进度较慢的学生，则可以提供更多的重复练习和基础知识的巩固。

第三，教师需考虑文化背景对学习进度的影响。不同文化背景的学生可能在学习习惯、接受新知识的方式以及交流风格上存在差异。因此，教师需要灵活运用多种教学方法和手段，如分组讨论、角色扮演、互动游戏等，以适应不同文化背景学生的学习风格和节奏。

需要注意的是，在实施进度本位的个性化教学时，教师应不断收集反馈，以便及时调整教学策略。这包括对学生的学习进展进行定期评估，以及鼓励学生对教学内容和方式提出建议和反馈。通过这种双向交流，教师可以更好地理解学生的学习需求和挑战，从而有效地调整教学进度和内容。

第三节　鼓励开展自主学习

一、自主学习的概念与特点

（一）自主学习的概念

自主学习是一种现代化的学习方式，与传统的被动式学习形成鲜明对比。在自主学习的过程中，学生是学习的中心和主导者。这种学习方式强调学生的主动性和自我管理能力，倡导学生在学习过程中发挥主动作用，而不是仅仅作为知识的被动接收者。在自主学习方式通常通过阅读、听讲、研究、观察和实践等多种手段来实现。除了知识和技能的提高，自主学习还能帮助学生更好地掌握学习方法，促进学生情感和价值观的培养和升华。

（二）自主学习的特点

自主学习强调培育学生的学习动机和学习兴趣，从而进行能动的学习，即主动地自觉自愿地学习，而不是被动地或不情愿地学习。自主学习的特点主要包括以下几点，如图 7-4 所示。

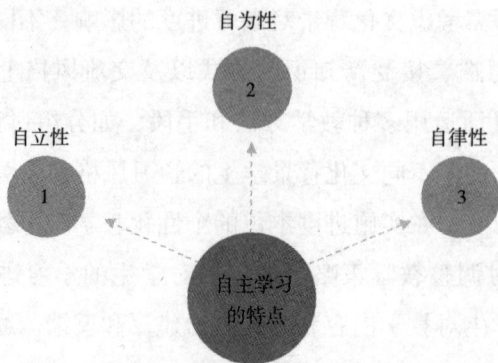

图 7-4　自主学习的特点

1. 自立性

自立性是"自主学习"的基础和前提，是学习主体内在的本质特性，是每个学习主体普遍具有的。作为每个学习者共有的品质，自立性在学习活动的各个方面表现出其重要性，并且贯穿于整个学习过程之中，因此被视为自主学习的灵魂。自立性的含义可以从四个层面理解：第一，学习主体的独立性，在自主学习过程中，学习者是独立的承担者，负责自己的学习决策和进程。第二，独特的心理认知结构。这是自主学习的思维基础，帮助学习者以独特的视角理解和消化知识。第三，独立性的强烈渴望。这种渴求是自主学习的动力源泉，促使学习者不断寻求知识和技能的提升。第四，学习主体的学习潜能和能力。这是自主学习的能力基础，使学习者能够有效地吸收和应用新知识。

2. 自为性

学习自为性是独立性的体现和展开，它包含四个重要层面：自我探索性、自我选择性、自我建构性和自我创造性。这四个层面共同构成了自为学习的结构关系，突显了学习过程的主体性和主动性。在自为学习中，自我探索性强调学习者对自己的兴趣、能力和需求的深入理解，为学习路径提供方向。自我选择性涉及学习者在众多学习资源和方法中做出选择，以符合其个人目标和风格。自我建构性指的是学习者根据自己的理解和经验，对知识进行重组和内化，形成个性化的认知结构。自我创造性体现在学习者在学习过程中的创新和应用上，通过实际操作将理论知识转化为实际成果。

3. 自律性

自律性是指学习者对自己的学习过程实施自我约束和规范。在自主学习中，自律性主要表现为学习者自觉地、有目的地参与学习活动，而不是依赖外部的强制或指导。自主学习的自律性主要体现在学习者清晰的责任感和对学习过程的自主控制上。学习者不仅需要自发地探索和选择合适的学习资源，还要积极地参与知识的建构和创造过程。这种主动性和自律性是自主学习成功的关键因素，促使学习者持续地提高和完善自己的学习方法，同时增强了学习者对知识的内在理解和应用能力。自律性不仅提高了学习效率，还培养了学习者的独立思考和问题解决能力。通过自我管理和自我激励，学习者能够更好地适应不断变化的学习环境，成为终身学习者，这对于个人的成长和适应未来社会挑战至关重要。

二、自主学习的必要性

（一）信息化社会的发展需要自主学习

进入 21 世纪，随着科技的飞速发展和职业领域的快速变化，社会对个人的知识和技能要求也在不断提升。基于此背景，人们越来越认识到，仅依赖学校教育所提供的知识和技能已不足以应对这些迅速变化的挑战。因此，"终身学习"的概念逐渐成为人们关注的焦点。而终身学习能力是适应这一变化的关键，这一能力强调个人必须具备持续学习、不断更新知识和技能的能力，以应对职业转换和知识更新的频繁需求。在未来的社会中，终身学习将成为每个人必备的基本素质，是实现终身教育的基础。学生是否具备竞争力、潜力以及在信息时代轻松驾驭知识的本领，根本上取决于他们是否具备终身学习的能力。因此，让学生在学校期间学会如何学习，成为了全球许多国家教育改革的重点。教育系统的目标不仅仅是传授知识，更重要的是培养学生的自主学习能力，使学生能够在未来的学习和职业生涯中自我引领和适应。

（二）对外汉语教学目标的实现离不开自主学习

在当今时代，对外汉语教学的目标不再局限于简单的语言知识传授，而是更加注重学生的综合语言应用能力，文化理解力以及跨文化交际能力的培养。这种转变要求学生不仅要掌握语言本身，还要能够在真实的语境中灵活运用，理解和尊重不同文化背景，以及在多元文化的交流中有效沟通。在这一过程中，自主学习显得尤为重要，它是实现对外汉语教学目标的关键。

首先，自主学习能够促进学生对汉语知识的深入理解和长期记忆。与被动接受知识不同，自主学习鼓励学生主动探索、发现和解决问题，这种学习方式可以加深对语言结构、词语和语法的理解。此外，通过自我设定学习目标和计划，学生能够根据个人需求和兴趣调整学习内容和速度，从而提高学习效率。

其次，自主学习有助于培养学生的跨文化交际能力。对外汉语学习不仅是语言的学习，更是文化的交流。学生通过自主探索中华文化、历史和社会习俗，可以更好地理解语言背后的文化内涵，增强跨文化交际的敏感性和适应性。

最后，自主学习能够提升学生的语言实际应用能力。在自主学习过程中，学生可以通过模拟真实情境、参与语言实践活动等方式，将学到的知识应用于实际的语言使用场景中。这种实践性学习不仅可以提高语言运用能力，还能够增强学生的自信心和学习动力。

（三）学生个体的发展需要自主学习

1.有助于促进学生个体的发展

促进学生的自我发展是自主学习的最终目标。在自主学习的过程中，学生不仅是知识的接受者，更是学习的主导者。自主学习鼓励学生根据自身的学习特点和能力，选择适合自己的认知策略，从而有效地吸收和应用知识，不仅有助于学生掌握科学文化知识，更重要的是可以帮助学生了解自己、发现自己的潜能，并在此基础上进行个性化发展。此外，自主学习强调学生在改造环境和变革社会的过程中的积极作用。学生通过自主学习不仅可以实现个人的成长和发展，还能够在广泛的社会环境中发挥作用，推动社会历史的进步。这种教育观念突破了传统的教学模式，强调学生的主体性和实践性，重视学生在社会实践中的能动作用。

2.有助于促进学生主动性的发展

主动性的发展在自主学习中主要表现为适应性、选择性、竞争性、合作性和参与性这五个方面。通过自主学习，学生能够更好地适应不断变化的学习环境，学会在众多选项中做出明智选择，同时在竞争和合作中找到自己的定位，并积极参与各种学习活动。自主学习的过程是在有目的、有计划和有理性地指导下进行的，这不仅符合人类改造社会和促进个人发展的基本规律，还培养了学生的主动意识和精神。通过自主学习，学生不仅能够获得知识和技能，还能够培养创新精神，这对于他们的个人成长和未来的社会参与具有深远的影响。

3.有助于促进学生自觉性的发展

自觉性的主要目的在于培养学生深厚的学习兴趣、掌握有效的学习方法，并能在学习过程中实现自我驱动和自我控制。在自主学习的环境中，学生的学习不仅是基于兴趣的主动探索，而且涉及到多种学习技巧和方法的掌握，这有助于他们更自觉、更有效地吸收和应用知识。而且，自主学习鼓励学生进行自我评价，他们学会了如何正确、客观地评估自己的学习进展，并适时对自己的学习行为进行激励和调节。这不仅涉及知识技能的提升，也涵盖了健康心理品质的培养。通过自主学习，学生能够在自我认识和自我管理方面取得显著进步，这对于他们的个人成长和终身学习具有重要意义。

三、对外汉语自主学习过程中师生的定位

在自主学习模式下，对外汉语教学中师生的角色和定位发生了显著变化。为了有效培养学生的自主学习能力，教师和学生都需要重新明确并担当各自的职责。下面通过表7-1说明对外汉语自主学习过程中师生的基本定位。

表7-1 对外汉语自主学习过程中师生的基本定位

自主学习模式的内容	教师的定位	学生的定位
确定目标和学习内容	激发学生的学习动机,引导学生树立积极向上的人生目标;教师预先布置好学习内容,确定预期目标	根据教师选定的内容进行自主细化,设定自己预期实现的目标
设置学习策略	将调动学生自主学习情绪、赏识学生的能力作为主要策略,并且讨论效果显著的学习方法,帮助学生找到最优学习对策	根据自身特点分析学习内容,探索与自身条件相符的学习策略,采取积极向上的学习态度
监控策略执行	有目的地采用不同方式,如汉语测试、主题讨论,对学生学习策略的效果进行监控	增强对自主学习策略的执行力,探索合乎自己条件的学习方法
监控策略结果	采取多样化方式来检查学生自主学习的效果,积极表扬与推广学生的有效方法	经常总结检查自己的学习效果,不断优化与完善自主学习策略

四、跨文化背景下指导学生开展自主学习的方法

(一)创设自主合作学习情境,营造良好课堂气氛

在对外汉语教学中,教师创设自主合作学习情境不仅能够提高学生的汉语水平,还能够增强学生对中华文化的理解和尊重。第一,提供互动和合作机会。教师可以通过小组讨论、角色扮演、项目合作等形式,为学生提供更多的互动和合作机会,学生不仅可以互相学习、分享知识,还能够在实践中运用汉语,增强对语言的理解能力和运用能力。合作学习的方式对于跨文化背景下的学生尤为重要,不仅可以帮助学生克服文化差异,还能促进文化相互理解和尊重。第二,精心设计课堂活动和学习材料。教师可以根据学生的兴趣和需求选择合适的话题和内容,如中国的节日、传统习俗、流行文化等,这些内容不仅能够激发学生的学习兴趣,还能够增加学习的实际应用性。此外,教师可以利用多媒体工具和网络资源,如在线视频、音频、社交媒体等,来丰富教学内容,提供更加生动和真实的学习体验。

在创设自主合作学习情境的过程中,教师的角色非常关键。教师不

仅是知识的传授者，更是引导者和协调者。教师需要引导学生参与讨论，鼓励他们表达自己的观点和想法，同时需要协调小组成员之间的合作，确保每个学生都能够积极参与。在这个过程中，教师还可以提供必要的语言支持和文化背景知识，帮助学生更好地理解和运用汉语。

（二）提升学生的参与意识，学会自主质疑

学起于思，思源于疑。教学的主要目的在于引导学生主动的思考，而思考的起点就是疑问。"疑"可以让学生在认知上感到困惑，出现认知冲突，形成探究性反射，从而产生思维活动。因此，在对外汉语教学中，教师要注重培养学生自主质疑的意识，为学生自主学习奠定基础。

第一，创造开放和包容的学习环境。在这种环境中，学生感到自己的观点和疑问都被尊重和重视。教师可以通过提出开放式问题、鼓励学生提问和表达不同观点来激发学生的思考。例如，在讨论中国的历史或文化时，教师可以引导学生探讨不同历史事件的多重视角，或对中国的传统习俗提出自己的看法和疑问。第二，指导学生提出有效和有深度的问题。这不仅仅是问"是什么"，更要问"为什么"和"怎样可以不同"。教师可以通过示例和指导，帮助学生学习如何提出有洞察力的问题，这些问题应该能够引发深入地讨论和思考。例如，在学习汉语词语时，除了理解其字面意义外，教师可以引导学生探究这些词语背后的文化含义和语境。第三，综合运用多种教学方法。教师可以利用案例研究、角色扮演和辩论等教学方法，让学生从不同的角度去看待一个问题，理解不同的观点，从而提高学生的批判性思维能力。例如，教师可以设计一个关于中国传统节日的案例研究，让学生从历史、文化和社会的角度分析这个节日的意义和影响。

（三）为学生留有充足的时间，创造自主思索的空间

在跨文化背景下指导学生开展对外汉语自主学习的过程中，为学生创造自主思索的空间是重要的。自主思索的空间不仅保证了学习的自由度，还鼓励学生深入探索、思考和理解汉语及其背后的文化。在这样的学习环境中，学生能够根据自己的节奏和兴趣进行学习，这对于提高学习效果和激发学生的学习兴趣重要。

首先，在教学设计上给予学生足够的自由。这包括选择学习材料、确定学习目标和方法等方面。在对外汉语教学中，教师可以提供多样化的学习资源，如文学作品、电影、音乐、新闻报道等，让学生根据自己的兴趣和需要选择最适合自己的学习材料。如此一来，学生不仅能够学习汉语，还能够从中了解中华文化、历史和社会现状。其次，采取开放和灵活的教学方法。教师需要减少对学生的直接指导，而是通过提问、讨论和反思等方式鼓励学生自己思考问题。在这样的教学环境中，学生可以自由地表达自己的观点，分享自己的想法和经验，这不仅有助于汉语技能的提升，还能够增强学生的批判性思维和创新能力。最后，关注学生的情感和心理需求。在跨文化的学习环境中，学生可能会遇到语言障碍、文化冲突等问题。教师需要提供支持性和包容性的学习环境，鼓励学生表达自己的感受，帮助他们克服困难和挑战。通过这种方式，学生不仅能够在语言学习上取得进步，还能够在心理和情感上得到成长。

（四）让学生体会到成功带来的快乐，师生分享成果

师生分享成果的过程也是一种跨文化交流和理解的过程。对于不同文化背景的学生来说，通过分享他们对汉语和中华文化的理解和体验，不仅能够增进自身的文化认知，还能促进不同文化背景的师生之间的相互理解和尊重。教师可以引导学生探讨和比较不同文化之间的相似性和差异性，从而增强学生的跨文化交际能力。

首先，强调学生学习的主体性。在师生分享成果的过程中，学生不仅是知识的接收者，也是知识的创造者和传播者。通过准备和展示他们的学习成果，学生能够深化对汉语知识的理解和应用。例如，学生可以通过演讲、研究报告、艺术作品或视频制作等多种方式来表达和展示他们对汉语及中华文化的理解和体验。这些成果的展示不仅是对学生学习成效的一种展现，更是对他们创造力和批判性思维能力的一种锻炼。

其次，教师提供必要的支持和引导。教师的角色是激发学生的兴趣，指导他们如何有效地收集资料、整合信息和展示成果。教师可以在课堂上安排定期的成果分享会，鼓励学生以小组或个人形式展示他们的作品。同时，为了使分享成果的过程更加丰富和多元，教师可以鼓励学生运用多种媒介和表现形式。例如，学生可以通过摄影、绘画、音乐或戏剧等艺术形式来表达他们对汉语学习或中华文化的理解。这种多元化的表达方式不仅能激发学生的创造性思维，还能使学习过程生动和有趣。

最后，注重反思和总结。每次成果分享后，教师和学生都应该进行反思，评估学习过程中的成就和不足，制定改进策略。这种反思和总结不仅有助于学生对所学知识的巩固，还能提高他们未来学习的效率和质量。

第四节　应用人工智能

一、人工智能的概念及主要技术

人工智能（AI）是研究、开发用于模拟、延伸和扩展人的智能的理论、方法、技术及应用系统的一门新的技术科学。人工智能可以分为两大类：弱 AI 和强 AI。弱 AI，也称为窄 AI，指的是专门为完成特定任务而设计的系统，如语音识别或游戏玩家。而强 AI，或通用 AI，指的是具有广泛认知能力的系统，能够在多种任务和环境中表现出人类级别的智能。随着技术的发展，AI 正成为推动新一轮科技革命和产业变革的重要力量，改变着工作方式、休闲活动和社会交往。然而，它也带来了道德、隐私和就业等挑战，需要在全球范围内进行深思熟虑的探讨和管理。

（一）机器学习

机器学习是人工智能的一个分支，与传统的编程方法不同，机器学习不依赖于硬编码的决策逻辑，而是通过算法自动从大量数据中识别模式和关系，从而做出判断或预测。机器学习按照学习方式的不同，可以分为监督学习、非监督学习和强化学习等。监督学习依赖于标记好的训练数据来教会模型识别输入与输出之间的关系。非监督学习则处理未标记的数据，寻找数据中的模式和结构。强化学习则是通过奖励和惩罚的机制，让模型在一定环境中自我学习和适应。随着计算能力的提升和数据量的增长，机器学习正在迅速发展。深度学习作为机器学习的一个分支，已经在图像和语音识别等领域取得了突破性进展。深度学习使用了多层的神经网络，能够处理和识别复杂模式，这在传统算法中是难以实现的。

（二）自然语言处理

自然语言处理（NLP）是人工智能领域的一个重要分支，专注于使计算机能够理解、解释和生成人类语言。NLP结合了计算机科学、语言学和数据科学的技术和理论，目标是缩小人类与机器之间的交流鸿沟。自然语言处理的核心挑战在于语言本身的复杂性。人类语言不仅包含了复杂的语法结构，还蕴含着丰富的文化、情感和语境因素。为了理解和生成语言，NLP系统必须能够处理这些复杂的多维信息。早期的NLP系统依赖于一系列硬编码的语法和规则来解析文本。然而，这种方法在处理语言的多样性和复杂性方面受到限制。随着机器学习，尤其是深度学习技术的发展，NLP领域出现了革命性的变化。现在NLP系统能够通过学习大量文本数据来自动识别语言模式，大大提高了处理语言的能力。

（三）机器人技术

机器人技术指的是设计、构造、操作及使用机器人的科学。机器人是能够执行任务的自动化机械装置，通常具备一定程度的智能或自主性。这项技术融合了机械工程、电子工程、计算机科学和人工智能等多个学科，其目标是创造能够辅助或替代人类工作的机器。机器人技术的发展历程可以追溯到20世纪中叶，最初的机器人主要用于工业环境，执行重复性、危险或对人类工作者来说过于繁重的任务。随着技术的发展，机器人的应用领域已经迅速扩展到包括医疗、服务业、农业、军事、空间探索等多个领域。在医疗领域，机器人被用于精密的外科手术，帮助医生进行精准和稳定的操作。在服务业，机器人作为服务员、接待员或清洁工，正变得普遍。在农业领域，机器人用于作物的种植、管理和收割，提高农业生产效率。同时，军事和空间探索领域的机器人承担着侦察、搜救和探索等任务。

（四）语音识别

语音识别技术致力于让计算机能够理解和处理人类的语音。这项技术涉及将语音信号转换为可被计算机处理的文本或命令，结合了信号处理、模式识别、自然语言处理和机器学习等多个学科的理论和技术。语音识别技术的发展经历了从简单的模式匹配到复杂的深度学习模型的转变。早期的系统依赖于有限的单词集和简单的语法规则，而现代语音识别系统使用先进的机器学习算法，尤其是深度神经网络，来处理大量复杂的语音数据。

（五）生物识别技术

生物识别技术主要指利用人体的独特生理特征或行为特征进行身份认证的技术。这项技术包括指纹、虹膜、面部、声音、手势甚至心跳等个人特征的识别。生物识别技术结合了图像处理、模式识别、机器学习和安全技术等多个学科的理论与实践。生物识别技术的优势在于其提供的安全性和便利性。与传统的基于知识（如密码）或基于物品（如钥匙）的认证方式相比，生物识别技术难以被复制或伪造，因为它基于每个人独一无二的生理或行为特征。

（六）人机交互

人机交互研究计算机技术的设计和使用，重点是人（用户）与计算机之间的接口。人机交互不仅关注技术本身，还包括了对用户体验、设计原则和交互方法的研究。HCI的目标是创造出能够自然、高效、易于使用并满足用户需求的交互系统。随着人工智能和相关技术的发展，

HCI 已经从早期的基于命令行和图形用户界面的交互方式，衍化到复杂和多样化的交互形式。这包括触摸屏操作、语音交互、手势控制、虚拟现实和增强现实等。

二、人工智能的历史进程

（一）人工智能的起源

人工智能的起源和发展是一个跨越数个世纪的长期进程。早在 1633 年，法国哲学家勒内·笛卡儿（René Descartes）提出灵魂存在于大脑松果体中的观点，这可以被视为对智能本质早期的哲学探索。① 但人工智能作为一个科学概念的诞生要迟得多。1950 年，美国科学家马文·明斯基（Marvin Lee Minsky）和他的同学邓恩·埃德蒙（Dunn Edmund）共同创建了世界上首台神经网络计算机，这一里程碑事件标志着人工智能研究的开始。同年，英国"计算机之父"艾伦·麦席森·图灵（Alan Mathison Turing）提出了著名的图灵测试。图灵测试的核心思想是，如果一台机器能够在交流中不被识别出其机器身份，那么它就可以被认为具有智能。1956 年是人工智能历史上的一个关键节点。在这一年的达特茅斯会议上，美国约翰·麦卡锡（John McCarthy）首次提出了"人工智能"这一术语，并将其定义为一个专业领域。② 这次会议不仅确立了 AI 的概念，也为该领域的未来研究奠定了基础。麦卡锡与马文·明斯基（Marvin Lee Minsky）随后在麻省理工学院创立了世界上首个人工智能实验室——MIT AI LAB 实验室，进一步推动了人工智能的发展。

（二）人工智能的发展与困难

人工智能的第一次高峰：自 1956 年的达特茅斯会议之后，人工智能

---

① 笛卡儿.第一哲学沉思集全新译本 [M].徐陶泽，译.北京：中国社会科学出版社，2009：69-72.

② 吴飞.回望人工智能原点：达特茅斯会议 [J].科学，2023（4）:49-52, 4.

领域迎来了其发展的第一次高峰期。在接下来的十几年中，计算机技术在数学和自然语言处理领域取得了显著的进展，成功解决了一系列复杂的代数和几何问题。这些成就极大地激发了研究人员和学者对智能机器未来的信心和期待。在这一时期，计算机的应用范围迅速扩大，它们的能力在处理各种逻辑和数学问题上展现了惊人的潜力。许多研究者开始乐观地预测，机器在不远的将来将能够模仿甚至超越人类的智能水平。这种乐观主义基于对技术进步速度的高估和对智能本质的简化理解，许多学者认为，不到二十年的时间内，机器就能够实现人类智能的所有功能。

人工智能的第一次低谷：在 20 世纪 70 年代，人工智能领域经历了其发展的第一次低谷期，通常被称为"AI 冬天"。这一时期的挫折主要源于对人工智能项目难度的低估，以及与美国国防部高级研究计划局（DARPA）合作计划的失败，不仅技术上遭遇了重大挑战，同时严重打击了公众和学术界对人工智能未来发展的信心。由于预期目标未能实现，社会舆论对人工智能的看法变得越来越悲观。这种负面情绪导致了对人工智能研究的资金支持出现显著减少，许多原本用于 AI 研究的科研经费被转移到其他领域。在这一时期，在 20 世纪 70 年代，人工智能发展遭遇了几个关键的技术瓶颈：首先，当时的计算机性能限制了人工智能的进展。由于硬件的限制，许多早期设计的程序无法有效应用于复杂的人工智能任务。其次，问题复杂性成为了一个重大障碍。初期的人工智能程序主要针对特定的、低复杂性问题，但当面对更高维度和高复杂性的问题时，这些程序表现得并不理想。最后，数据量的缺乏成为了制约发展的又一大问题。对于深度学习等先进的人工智能技术而言，大量的数据是必不可少的，但在当时，获取足够大规模的数据集是一项极具挑战性的任务。

（三）人工智能的崛起与低谷

在 20 世纪 80 年代初期，人工智能经历了一次显著的崛起，标志性事件之一是卡内基梅隆大学为数字设备公司开发的 XCON 专家系统。这个系统代表了当时人工智能技术的一个重要突破，它结合了丰富的专业知识和经验，以知识库和推理机的形式实现了高效的决策支持。XCON 能够自动化完成复杂的配置任务，使公司的运营效率得到显著提升。到 1986 年，该系统被报告为每年为公司节省超过 4000 万美元的费用。

不幸的是，这一曾经轰动一时的人工智能系统在短短的七年之后就结束了它的历史进程。1987 年，苹果和国际商业机器公司生产的台式机的性能都已超过了 Symbolics 等厂商生产的通用计算机。自此，专家系统失去了往日的风光，人工智能进入了第二次低谷期。

（四）人工智能的爆发

自 20 世纪 90 年代中期以来，人工智能领域，特别是神经网络技术不断发展和成熟。人们对人工智的认识逐渐变得客观和全面，使得这一技术开始稳步发展。1997 年，国际商业机器公司开发的计算机系统"深蓝"击败了国际象棋世界冠军加里·卡斯帕罗夫（Garry Kasparov），这一事件不仅再次激发了公众对人工智能的兴趣，也标志着 AI 在处理复杂策略游戏方面的重大进步。此后，2006 年，英国皇家学会院士杰弗里·辛顿（Geoffrey Hinton）在神经网络的深度学习领域取得了突破性的成就，为人工智能的进一步发展铺平了道路。2011 年，国际商业机器公司的"沃森"程序在一档智力问答节目中战胜了人类冠军，显示出人工智能在处理语言和知识方面的强大能力。到了 2016 年，阿尔法围棋（人工智能机器人）在围棋比赛中战胜了世界冠军，这不仅是人工智能领域的又一里程碑，也象征着机器智能在理解和执行高度复杂及直觉性决策方面的巨大进步。

三、人工智能赋能下对外汉语教学的新特征

（一）教育资源共享化

首先，人工智能的集成使得对外汉语教学资源能够更容易地被收

集、整合和共享。借助先进的技术，从传统的教科书到互动式学习工具，各种资源可以被数字化、标准化，并通过互联网平台实现全球范围内的共享。这不仅提升了资源的利用效率，也使得学习者无论身在何处，都能够方便地获取高质量的学习材料。其次，人工智能技术在处理语言学习数据方面的优势，为创建个性化和动态更新的教学内容提供了可能。通过分析大量的语言学习数据，人工智能系统能够识别学习者的需求和偏好，并据此调整教学资源的内容和难度，实现真正意义上的个性化教学。这种动态适应性不仅使学习过程更加高效，也让学习者能够根据自己的进度和兴趣学习。再次，人工智能还促进了教学资源创新的多样性。利用人工智能，教师可以更加容易地创造包括虚拟现实、增强现实、游戏化学习等多种形式的教学内容。这些创新的教学方式不仅能够提升学习者的兴趣和参与度，也能够帮助他们更好地理解和掌握复杂的语言知识。

（二）教学过程个性化

在人工智能的赋能下，对外汉语教学正迈向更加个性化的教学过程，这一特征正在彻底改变传统的语言教学模式。个性化教学过程的核心在于根据每个学生的学习能力、兴趣和需求来定制教学内容和方法，从而提高学习效率和效果。一方面，个性化教学的实现得益于人工智能在数据收集和分析方面的能力。通过分析学生的学习行为、进度和成绩，人工智能系统能够准确判断每个学生的学习水平、优劣势和兴趣点。基于这些数据，教学系统可以自动调整教学计划和内容，确保每个学生都能在适合自己的节奏和难度下学习。另一方面，人工智能技术使得教学内容的动态调整成为可能。在传统的教学模式中，所有学生通常需要跟随统一的教学进度和内容。而在人工智能赋能的个性化教学中，教学内容可以根据学生的实时表现和反馈进行调整。例如，如果一个学生在某个语法点上表现出困难，系统可以自动提供额外的练习和解释，直到学生掌握为止。

（三）人机交互拟人化

在人工智能赋能下的对外汉语教学中，人机交互的拟人化是一个显著的新特征。这种拟人化不仅提升了学习体验的自然性和互动性，而且在某种程度上模拟了传统教学环境中师生互动的特点。

第一，拟人化的人机交互通过模拟人类教师的行为和交流方式，为学习者提供了自然和直观的学习体验。利用先进的语音识别、自然语言处理和机器学习技术，人工智能系统能够理解学生的查询、回应学生的问题，并提供相应的教学反馈。例如，学生可以通过语音与AI教师进行交流，AI教师能够理解学生的问题并用自然的语言回答，使得学习过程类似与真实教师的互动。

第二，拟人化的人机交互还包括使用虚拟角色或代理来模拟人类教师的角色。这些虚拟教师可以具有特定的个性和表情，能够进行眼神交流、手势表达等，增强交互的丰富性和趣味性。通过这种方式，学习者不仅能够获得语言知识的学习，还能够在一定程度上体验到文化交流和情感互动。

第三，人工智能的拟人化还体现在对学习者情感和心理状态的关注上。通过分析学习者的语音、表情和学习行为，人工智能系统能够识别学习者的情感状态，并据此调整教学策略，如提供鼓励、调整学习难度等，从而创造人性化和支持性的学习环境。

（四）考核评估智能化

在人工智能赋能下的对外汉语教学中，不仅提高了评估的效率和准确性，而且为学生和教师提供了个性化反馈。

首先，智能化的考核评估通过利用机器学习和数据分析技术，可以更准确、快速地评估学生的学习成果。传统的考核方式往往依赖于标准化测试和教师的主观评价，这可能导致评估结果的偏差。相比之下，智能化的系统能够客观地分析学生的答案，甚至能够评估学生的发音、语调和语法结构等复杂的语言特征。

其次，智能化考核系统能够提供即时反馈。学生在完成练习或测试后，系统可以立即给出评分和建议，这有助于学生及时了解自己的强项和弱点，并做出相应的调整。这种即时反馈对于语言学习尤其重要，因为它能够帮助学生快速纠正错误，加深对语言规则的理解。

最后，智能化的考核评估能够实现个性化和动态的评估。通过分析学生的学习历程和进度，人工智能系统可以定制适合每个学生的测试，确保评估内容既具挑战性，又不超出学生的能力范围。这种个性化的方法不仅能够激发学生的学习兴趣，还能够提高评估的有效性。

四、智能技术与传统对外汉语教学的结合及优势

人工智能的融入为传统的对外汉语教学注入新的活力。如图像识别和语音语义识别技术在批改作业、阅卷、口语评测和发音纠正等方面发挥着关键作用，极大地提高了教学效率和准确性；人机交互技术为汉语教师提供了强大的支持，使他们能够有效地解答学生的疑问，帮助学生克服学习难点。将这些先进技术与传统的汉语教学相结合，不仅丰富了教学内容和方式，还显著提升了学生的学习体验和成效。

（一）形成人机协同模式

1.帮助教师备课

智能技术能够通过大数据分析和机器学习，为教师提供关于学生学习习惯、文化背景和学习效果的深入洞见。例如，基于学生的学习数据，智能系统可以推荐适合不同文化背景学生的教学资源和策略，帮助教师更好地理解学生的需求。同时，人工智能还能辅助教师设计课程内容，通过分析大量的语言学习资料，智能系统能够生成针对性强、覆盖面广的教学材料，减轻教师在课程设计和材料准备上的负担。另外，智能技术还能帮助教师跟踪最新的教育趋势和技术发展，确保教学内容的时效性和前沿性。在跨文化交流的环境下，这种智能化辅助备课的方法不仅提升了教学质量，还增强了教师与不同文化背景学生之间的互动和

理解，为对外汉语教学提供了广阔的发展空间。

2. 帮助教师教学

在对外汉语教学领域，虚拟数字人技术的应用，通过构建不同的虚拟角色，如教师或学生，数字人能够参与多种汉语教学活动，这一切都得益于其背后强大的人工智能模型。这些虚拟角色不仅能够进行互动式教学，还能提供模拟真实语境的学习体验。智能技术的应用还扩展了教学的边界，如通过语音合成技术辅助教师讲解，自动识别和翻译学习者的语言，极大地提高了教学的效率和质量。学生在这样的环境下可以有效地理解和吸收汉语知识，同时，教师也能专注于教学内容的深入探讨和创新。

在对外汉语教学中，尤其是在大班课的情境下，口语教学面临着显著的挑战。由于学生众多，个别学生的口语练习机会和教师的个性化辅导都相对有限，这不仅增加了学生的心理压力，也可能降低学生练习口语的信心和能力。在这种背景下，人工智能技术的应用展现出巨大的潜力。通过利用语音识别和交互技术，人工智能可以提供类似于辅助教师的汉语口语交互界面，通过模拟真实对话环境，为学生提供个性化的口语练习机会。学生可以通过与人工智能进行互动练习，接收即时的发音和语调反馈，从而在无压力的环境中提升口语能力。这不仅有助于提高学生的口语水平，还能增强学生的学习动力和自信心，对于提升整体的汉语教学效果具有重要意义。

3. 教学过程中可无时空限制

在人工智能辅助的对外汉语教学中，"双师"模式——人类教师和虚拟数字人共同教学——正成为一种新兴趋势。这种模式将传统教学方法与现代技术完美结合，极大地提升了教学效率和质量；教学材料也由传统的纸质课本转变为具有远程交互功能的电子课本，这不仅便于学生随时随地学习，还提高了学习的互动性和趣味性。

在多元文化背景下的对外汉语教学中，学生使用不同母语带来的沟通障碍是一大挑战。数字人技术在此方面展现出巨大优势，能够对学生的多种语言进行实时转译，使教师能够理解并有效回应学生的需求。这种即时翻译功能不仅打破了语言壁垒，还促进了教学过程中的流畅沟通。此外，在无法在学校进行面对面教学的情况下，人工智能和数字人技术提供了远程交互式教学的解决方案。通过这种技术，师生可以跨越地理限制，实现灵活高效的在线汉语学习。无论是在提高教学质量、增强学习体验还是在促进教育资源的均衡分配方面，人工智能和数字人技术都为对外汉语教育提供了创新的途径和可能性。

（二）承担大数据分析工作

人工智能可以接入汉语学习者和对外汉语教师之间的课程学习资源共享平台，系统通过深入分析学习者的数据，包括人口统计学特征、汉语知识点的掌握情况、学习行为模式以及测试答题表现等，能够生成详尽的个性化学习报告，为对外汉语教师提供深入了解每位学生的学习特点和需求的依据。这些学习报告不仅反映了学生的学习进度和难点，还揭示了他们的兴趣倾向和个性化学习需求。利用这一信息，智能课程系统能够为不同的学习者定制化教学策略和内容。它可以根据每个学生的能力差异、兴趣取向和具体的学习需求，推荐合适的学习材料和进度安排。这种个性化的教学方法不仅提升了学生的学习效率，还增强了他们的学习动力，因为课程内容更符合他们的实际情况和兴趣。

此外，智能系统的这种应用也极大地提高了教师的教学效率。教师可以依据系统提供的数据和分析，有针对性地进行教学设计，精准地满足学生的个性化需求。同时，这有助于教师更有效地监控和评估学生的学习进展，及时调整教学方法。

（三）满足学生个性化学习需求

人工智能与教育的融合正在成为教学发展的一个不可逆转的趋势。尽管面临着作弊和过度依赖的风险，但关键在于如何正确引导和利用这些技术，从而创造健康、有趣的学习环境。针对整个班级统一教学的方式很难满足学生个性化学习需求。而人工智能技术的应用，尤其是在对外汉语教学系统中，提供了一种创新的解决方案。智能技术具有强大的数据收集和分析能力，能够根据每位汉语学习者的特点进行精准建模。这种建模不仅涵盖了学习者的基础知识水平，还包括了他们的学习习惯和偏好。基于这些数据，人工智能系统可以实现自适应学习、智能测评和精准推荐。自适应系统能够根据学生的学习进度和理解能力调整教学内容和难度，智能测评系统可以提供即时和准确的学习反馈，精准推荐系统则能够根据学生的兴趣和需求推荐合适的学习材料。

在汉语学习过程中，学生需要依赖于教师的指导和作业指令，这可能导致学生在学习过程中的被动性和盲目性。而随着人工智能的融入，对外汉语教学环境正在发生根本性的变化。在智能化的课程系统中，对外汉语教师可以发布丰富的教学资源，学生则有更多的自由选择自己感兴趣的学习内容和方式。这样的系统不仅提供了高度定制化和个性化的学习体验，而且能够显著激发学习者的主动性和参与度。学生在智能化的学习环境中可以根据自己的兴趣和需求，选择合适的汉语课程，这种自主选择的过程本身就是对其自我驱动能力的培养。此外，智能系统通过提供个性化的学习路径和反馈，增强了学习者对学习内容的掌握。

（四）实时反馈和评估机制

人工智能能够模拟学习者的行为和思维，甚至感知其情感状态，从而实现在教学过程中的智能化交互。这种交互不仅限于文字和语音形式，还包括对学习者的实时反馈，极大地提升了学习效率和体验。利用人工智能技术，汉语教师可以根据反馈和评估报告的结果，制定出科学、合理的教学计划。在教学过程中，教师能够根据学生的学习状况灵活调整难度和内容。此外，人工智能和数字人系统通过分析学习者的数据，能够精准地识别学习者的弱点和错误，并与教师共同为学生提供改正建议和指导。这些系统还能生成详细的学习报告，帮助教师深入了解学生的学习进度和掌握情况。这种详尽的分析不仅为教师提供了有价值的信息，以便更好地指导学生，也为学生自己提供了对自身学习进程的深刻洞见。通过这种方式，学习者不仅可以获得个性化的学习体验，还能够有效地改进自身的。

参考文献

[1] 陈东平 . 跨文化视角下对外汉语教学理论与实践 [M]. 北京：中国原子能出版社，2021.

[2] 胡晓晏 . 基于跨文化适应性的对外汉语教学研究 [M]. 长春：吉林人民出版社，2020.

[3] 江淑青 . 跨文化背景下对外汉语教育教学研究 [M]. 北京：北京工业大学出版社，2019.

[4] 耿潇 . 全球化视域下我国高等院校对外汉语教学模式研究 [M]. 武汉：华中师范大学出版社，2022.

[5] 刘文燕 . 中国高校对外汉语教师教学评价模式研究 [M]. 银川：宁夏人民出版社，2019.

[6] 刘继红 . 汉语国际教育视域下的跨文化传播 [M]. 上海：中西书局，2020.

[7] 李娅菲 . 对外汉语教学与策略研究 [M]. 延吉：延边大学出版社，2019.

[8] 乐守红 . 中国传统文化传播与对外汉语教学 [M]. 长春：吉林人民出版社，2019.

[9] 程翠翠，赵昭 . 融入现代教育技术的对外汉语教学研究 [M]. 北京：九州出版社，2020.

[10] 王青静.对外汉语教学领域的文化类慕课研究 [D]. 北京：北京外国语大学，2022.

[11] 赵依玲.对外汉语教学中的现代汉语问候语研究 [D]. 贵阳：贵州财经大学，2022.

[12] 娄文静.线上对外汉语教学非言语行为调查研究 [D]. 长春：吉林外国语大学，2022.

[13] 何天娇.地域文化融入对外汉语教学的应用探究 [D]. 郑州：华北水利水电大学，2022.

[14] 梁荷雨.非语言交际在对外汉语教学中的影响研究 [D]. 秦皇岛：燕山大学，2022.

[15] 刘莉莉.体验式教学法在对外汉语文化教学中的应用 [D]. 绵阳：西南科技大学，2022.

[16] 王仟.地域文化在对外汉语教学中的应用 [D]. 重庆：重庆师范大学，2021.

[17] 杨陈贝妮.中国陶瓷文化在对外汉语教学中的应用研究 [D]. 南昌：江西科技师范大学，2021.

[18] 薛晓风.山西民俗文化在对外汉语教学中的应用研究 [D]. 烟台：烟台大学，2021.

[19] 陈佳佳.中原文化在对外汉语教学中的应用研究 [D]. 安阳：安阳师范学院，2021.

[20] 曹静迪.对外汉语文化课教材文化点的研究 [D]. 大连：大连外国语大学，2021.

[21] 李书涵.跨文化视角下短视频在对外汉语教学中的应用 [D]. 武汉：中南民族大学，2021.

[22] 张娟.非语言交际在对外汉语课堂中的应用 [D]. 武汉：湖北工业大学，2020.

[23] 吴炳璋 . 国内在线对外汉语教学发展现状分析 [D]. 哈尔滨：黑龙江大学，2020.

[24] 高若瑜 . 基于活动理论的对外汉语教学设计研究 [D]. 上海：华东师范大学，2020.

[25] 刘阳，纪峰 . 地域文化与对外汉语文化教学研究：以吉林省为例 [J]. 吉林省教育学院学报，2023（11）：141-147.

[26] 昌帅 . 跨文化交际视角下对外汉语节日词语教学研究 [J]. 汉字文化，2023（15）：90-92.

[27] 张嫱 . 对外汉语教学中的文化课教学设计：以中国结文化体验课为例 [J]. 教育教学论坛，2023（25）：79-82.

[28] 王刚 . 跨文化视域下对外汉语教学中的文化传达技巧探析 [J]. 大学，2023（13）：50-53.

[29] 家中媛 . 基于文化传播视角的对外汉语成语教学探索 [J]. 石家庄职业技术学院学报，2023（1）：67-70.

[30] 家中媛 . 对外汉语教学中的中华文化传播研究 [J]. 邢台职业技术学院学报，2023（1）：14-17.

[31] 董一歌 . 对外汉语教学中初级阶段文化因素导入分析：以《发展汉语·初级综合》为例 [J]. 吉林化工学院学报，2022，（12）：47-50.

[32] 韩静 . 基于跨文化意识的对外汉语教学：评《对外汉语教学传播路径与跨文化交际模式探究》[J]. 中国教育学刊，2022（7）：117.

[33] 朱祺 . 跨文化理念下的对外汉语教学思路：评《对外汉语教学传播路径与跨文化交际模式探究》[J]. 中国教育学刊，2022（5）：151.

[34] 曹铁娃，宋冰，陈家宁 . 对外汉语线上教学的跨文化互动有效性初探：以 T 大学为例 [J]. 天津大学学报（社会科学版），2022（3）：237-245.

[35] 廖清清 . 跨文化交际中手势在对外汉语课堂教学中的应用对比研究：

以国内教师常用的课堂手势为例 [J]. 产业与科技论坛，2021（21）：113-115.

[36] 张素红. 对外汉语教学的信息化课堂模式构建 [J]. 品位·经典，2021（20）：132-134.

[37] 刘畅，王英杰. 体验型文化教学在对外汉语教学中的应用 [J]. 品位·经典，2021（18）：134-137.

[38] 陈泓妃. 浅析对外汉语教学中的文化因素教学 [J]. 文学教育（下），2021（9）：160-161.

[39] 张芝兰，李晓琴. 文化视域下的对外汉语教学研究 [J]. 汉字文化，2021（16）：85-86.

[40] 栗望舒. 对外汉语教学中的中国精神导入研究 [J]. 文学教育（下），2021（8）：173-174.

[41] 潘乐英. 中国传统文化与对外汉语教学结合之探：评《对外汉语文化教学研究》[J]. 中国高校科技，2021（8）：108.

[42] 张慧芬. 浅谈对外汉语教学中的文化因素 [J]. 文学教育(上)，2021(8)：78-79.

[43] 张芝兰，李晓琴. "翻转课堂"教学模式在对外汉语教学中的应用研究 [J]. 汉字文化，2021（15）：90-91.

[44] 闫雪微，杨维良. 留学生对外汉语课堂中教学用语分析 [J]. 科学咨询（科技·管理），2021（8）：262-264.

[45] 孙世娟. 对外汉语教学中的隐性文化教学研究 [J]. 文学教育（下），2021（7）：58-59.

[46] 高航. 对外汉语听说课文化教学的重要性及注意事项分析 [J]. 文化学刊，2021（7）：183-185.

[47] 王家锋. 汉语认知隐喻分析及其对外汉语教学的启示 [J]. 海外英语，2021（13）：14-15, 22.

[48] 刘雅丽. 高校对外汉语教学中多媒体技术运用探讨 [J]. 电脑知识与技

术，2021（17）：198-199.

[49] 尹梅.论对外汉语教学中跨文化意识的培养 [J].产业与科技论坛，2021（10）：178-179.

[50] 刘飞.对外汉语教学中的跨文化意识培养：评《跨文化交际与国际汉语教学》[J].热带作物学报，2021（4）：12-70.

[51] 康永超，马珍，张孟杰，等.20 世纪 80 年代以来对外汉语文化教学研究述评 [J].文化创新比较研究，2021（11）：191-194.

[52] 杨柠，刘巍.高级阶段留学生古代汉语教学设计：以《郑伯克段于鄢》为例 [J].汉字文化，2021（7）：91-92.

[53] 徐熙蔓，薄彤.对外汉语教学中教师体态语的应用研究 [J].科学咨询（科技·管理），2021（4）：188-189.

[54] 朱淑仪.文化因素教学的柔性策略及其在汉语教材文化因素导入中的运用 [J].邯郸学院学报，2021（1）：99-104.

[55] 韩玲.来华留学生中华文化认同培养路径探析 [J].浙江交通职业技术学院学报，2021（1）：82-86.

[56] 刘立.汉语国际传播背景下对外汉语教师的综合素养探析 [J].辽宁农业职业技术学院学报，2021（2）：27-30.

[57] 马敏.对外汉语课堂冲突及汉语教师课堂管理能力提升路径研究 [J].湖北开放职业学院学报，2021（3）：124-126.

[58] 龙曼莉，吴桐.基于在线学习体验的对外汉语教学策略探究 [J].汉字文化，2021（3）：65-66.